ALUN WYN BEVAN

ATGOFION OES YMYSG Y CAMPAU

Alun Wyn Bevan

ATGOFION OES YMYSG Y CAMPAU

Gwasg Carreg Gwalch

Argraffiad cyntaf: 2017

Dymuna'r awdur ddiolch am bob llun a roddwyd iddo'n rhad ac am ddim ar gyfer y gyfrol hon. Gwnaed pob ymdrech i olrhain perchnogaeth rhai o'r lluniau hynaf – os tramgwyddwyd unrhyw hawlfraint yn ddiarwybod inni, ymddiheuriadau am hynny.

Rhif Llyfr Safonol Rhyngwladol:
978-1-84527-634-8

Cyhoeddwyd gyda chymorth Cyngor Llyfrau Cymru

Dylunio'r clawr: Eleri Owen

Cyhoeddwyd gan Wasg Carreg Gwalch,
12 Iard yr Orsaf, Llanrwst, Dyffryn Conwy, Cymru LL26 0EH.
Ffôn: 01492 642031
e-bost: llyfrau@carreg-gwalch.cymru
lle ar y we: www.carreg-gwalch.cymru

Argraffwyd a chyhoeddwyd yng Nghymru

I'r wyrion:

Gwenno, Ifan, Math ac Owen

Cynnwys

Cyflwyniad

Gwyn eu byd y ffanatics, canys hwy a gânt eu gwefreiddio.

Ffanatic yw Alun Wyn Bevan o'i gorun i'w sawdl. Gŵr â'i wybodaeth a'i ddealltwriaeth a'i frwdfrydedd a'i angerdd yn tasgu ohono ymhob gair ac ystum, ymhob gweithred a chymwynas. Ac nid ffanatig cul, 'chwaith, ond gŵr â'i ddiddordebau'n eang a'i brofiad yn helaeth mewn sawl maes, er taw gyda byd y campau y bydd y mwyafrif ohonom, mae'n siŵr, yn cysylltu'r crwt o Frynaman a fu'n ddyfarnwr rygbi dosbarth-cyntaf (ac yn llumanwr yn ystod un o gemau rhyngwladol Gareth Edwards, cofiwch).

Tystia ei gyn-ddisgyblion ei fod e'n athro a phennaeth cynradd ymroddgar, egnïol ac ysbrydoledig, ei fod e'n fachan y filltir ychwanegol. Yr un yw tystiolaeth y sawl sydd wedi cydweithio ag e yn y swyddi a gyflawnodd ers hynny, yn ei waith fel sylwebydd, cyflwynydd ac awdur. Felly hefyd dystiolaeth y sawl a gafodd ei gwmni mewn clwb, neu bwyllgor neu bractis côr dros y blynyddoedd.

A chwmni difyr iawn yw'r cwmni hwnnw, oherwydd ble bynnag y mae Alun, y mae clonc a chlecs. A phle bynnag y mae Alun, y mae cwestiwn cwis a stori. Ac, fesul stori, mae'r hanesion, yr atgofion a'r ffeithiau'n mynd yn un mabinogi mawr, lliwgar.

Fel yn achos chwedlau'r Cymry, byd gorchestion yw byd y campau, wrth gwrs. Byd rhagori ar eraill. Byd ymffrost. Ond yn groes i'r darlun sydd gennym o rai o sêr y campau a'r cyfryngau, nid ef ei hun yw testun sgwrs Alun. Na, synnu a rhyfeddu at orchestion pobol eraill yw ei arddull ef bob tro.

Wrth dderbyn y gwahoddiad i gasglu'r atgofion hyn ynghyd, pa ryfedd, felly, i Alun ddewis adrodd hanes ei fywyd ei hun, nid trwy gyfrwng naratif fyfïol, ond trwy gyfrwng cyfres o *cameos* o fyd y campau, a'r rheini'n cynnwys yr enwau mawr i gyd, megis Brian Lara, Olga Korbut, Jonathan Davies a'u tebyg. Mwy na hynny, mae'n adrodd talp o hanes y byd wrth fynd heibio, a'r byd hwnnw â'i ganolbwynt wrth odre'r Mynydd Du:

> Gellid fod wedi cymharu Brynaman fy mhlentyndod â pharadwys, a'r ca' criced o'dd yn gyfrifol am hynny... yn gyfuniad o Barc yr Arfau a Wembley yn y gaea' a'r MCG ym Melbourne yn ystod yr haf... Y nod o'dd ceisio efelychu arwyr. A phwy o'dd rheiny? Wel, cricedwyr y pentre' wrth gwrs...

Ie, arwyr lleol oedd arwyr cyntaf Alun Wyn Bevan. Ac mae gallu Alun i gydbwyso'r lleol a'r rhyngwladol yn un o nodweddion y gyfrol hon, gan atgoffa dyn fod modd cael ymlyniad at ddarn o dir ar garreg drws heb golli golwg ar y gorwel pell, 'chwaith. Mae'n cydbwyso hefyd asbri'r plentyn a doethineb y tad-cu wrth ail-fyw'r eiliadau a roddodd wefr iddo, ac oherwydd ei frwdfrydedd heintus, cawn ninnau wefr fesul tudalen.

Mae gen i feddwl mawr o Alun Wyn Bevan, ac mae'r llyfr hwn, yn ei ffordd wylaidd iawn, yn Alun Wyn Bevan o glawr i glawr.

Ceri Wyn Jones

Tîm Rygbi Brynaman 1922: Jac Elwyn Evans, brawd mam-gu, yr ail o'r chwith ar y fainc.

Pennod 1

1952: Y campau yn y gwaed!

Maggie Williams o Hewl Glyn-beudy, Brynaman o'dd mam-gu ochr mam, ac fel mae'n digwydd, roedd yn hen fam-gu i Shane Williams, un o hoelion wyth y bêl hirgron ledled byd. Ro'dd ei brawd Jac Elwyn, a enillodd un cap i Gymru yn 1924, yn asgellwr clou a thwyllodrus i Abertawe a Llanelli cyn llofnodi cytundeb proffesiynol â Broughton Rangers ym Manceinion ar ddiwedd tymor 1926/27. Roedd e'n sgoriwr cyson i'r Scarlets (17 cais yn nhymor 1922/23; 23 cais y tymor canlynol). Yn bump oed des i w'bod pob dim am Wncwl Jac ar arffed mam-gu a hynny'n cynnwys manylion un gêm ar y Strade pan 'waraeodd ei brawd yn erbyn un o fawrion byd y bêl hirgron, George Nepia o Seland Newydd.

Ganwyd Jac Elwyn yn Nhai Canon, Brynaman Isa', Sir Forgannwg. Gweithiai fel glöwr yng ngweithfeydd lleol Dyffryn Aman, cyn priodi â Nansi, merch Tafarn y Plough yng Nglanaman. Meddyliwch am geisio cyfuno'r gwaith beunyddiol o dan ddaear â gyrfa fel chwaraewr rygbi, heb sôn am geisio cadw'r ddysgl yn wastad o ran ei gyfrifoldeb fel gŵr a thad. Dychmygaf fod rheolwr y pwll yn gefnogwr selog! Bu rheilffordd y GWR rhwng Dyffryn Aman a thre'r sosban yn gymorth i'w alluogi i gyrraedd y Strade mewn da bryd ar gyfer gemau'r Sadwrn a'r sesiynau ymarfer.

Chwaraeodd Jac Elwyn yn erbyn y Maoris a'r Crysau Duon, ond penllanw ei yrfa, heb unrhyw amheuaeth, oedd gwisgo crys coch ei wlad yn erbyn yr Alban ar gae Inverleith yng Nghaeredin ar yr ail o Chwefror 1924. Bu'n rhaid i'r dewiswyr ei ystyried ar gyfer Pencampwriaeth Pum Gwlad 1924 gan fod Llanelli yn chwarae rygbi cyffrous a Jac Elwyn yn hawlio'r penawdau â'i gyflymdra a'i gyfrwystra.

Yn anffodus, chwalwyd gobeithion y Cymry o wyth cais i ddau, gyda'r sgôr 35-10 yn adlewyrchiad teg o oruchafiaeth yr Albanwyr. Bu'r cyfnod yn un llwyddiannus i'r Alban; y blaenwyr yn ennill meddiant cyson a'r trichwarteri Ian Smith, Phil Macpherson, George Aitken a Johnnie Wallace (y pedwar yn fyfyrwyr ym Mhrifysgol Rhydychen) yn manteisio ar bob un cyfle.

Roedd yr asgellwr de, Ian Smith, yn ddeinamo dynol, a than yn ddiweddar, ef oedd prif sgoriwr ceisiau'r Alban â 24 cais mewn 32 o ymddangosiadau. Yn y gêm yn Inverleith, sgoriodd Smith dri o'r ceisiau ac yn yr ornest rhwng y ddwy wlad yn Abertawe flwyddyn yn ddiweddarach, croesodd y *Flying Scotsman* am bedwar. Hon oedd y grasfa waetha' i Gymru oddi ar wythdegau'r bedwaredd ganrif ar bymtheg ac roedd brawd mam-gu, druan, yn y tîm. Ond rwy'n falch i ddweud mai ar yr asgell dde'r oedd Jac Elwyn, yn cadw llygad ar Wallace a hawliodd un o'r wyth cais a sgoriwyd. Ro'dd Cymru ar ei hôl hi o 22-0 ar yr egwyl a ma' 'na stori fod capten y cryse cochion Jack Whitfield o Gasnewydd wedi troi at y blaenwr Tom Jones a gofyn, "Beth allwn ni wneud?" Atebodd Jones yn ddisymwth, "Beth am stico pin yn y bêl a mynd adre'!"

Teithiodd rhai cefnogwyr i Gaeredin ar y trên am bunt a thri swllt sy'n cymharu'n dda â bargeinion presennol Ryan Air ac EasyJet. Yn ôl Wncwl Teddy o'dd wedi dala'r *Killer* (dyna'r enw ar y trên) ym Mhant-y-ffynnon er mwyn cefnogi'i frawd-yng-nghyfraith, "Ro'dd mwy o'r *committee* yn y gêm na chefnogwyr!"

Drannoeth yr ornest, yn ôl yr arfer, trefnwyd i'r chwaraewyr ymweld â phentre' Queensferry er mwyn cael cipolwg ar y bont enwog a groesai'r Firth of Forth – pont a anfarwolwyd yn y ffilm *The 39 Steps*. Mae hi'n dal yno, yn greadigaeth i'w rhyfeddu ac o bensaernïol bwys. Tawedog a digyffro oedd y chwaraewyr druain, o gofio'r canlyniad, tan i un aelod o Undeb Rygbi Cymru hawlio sylw . . . "Edrychwch arni'n fanwl bois achos dyma'r tro d'wetha' y'ch chi'n debygol o'i gweld hi ac Undeb Rygbi Cymru'n talu!"

Yn ystod ei gyfnod yng nghrys y Scarlets, chwaraeodd Jac Elwyn yn erbyn un o'i hen glybiau, Amman United, ar Gae'r Aman ar y 13eg o Fedi 1925. Byddai *bizarre* yn air priodol i ddisgrifio'r chwarae. Yn ystod yr hanner cyntaf bu'n rhaid atal y chwarae am rai munudau gan fod pedair o dda godro Friesian wedi crwydro ar y cae o gyfeiriad y Twyn.

Ac yna, â deg muned yn weddill, â'r gêm yn ddi-sgôr, bu'n rhaid i'r dyfarnwr chwythu'r chwib olaf. A'r rheswm? Ro'dd hi wedi bod yn bwrw glaw'n drwm am ddiwrnodau ac afon Aman gerllaw yn anarferol o uchel. Pan giciwyd y bêl olaf oedd ar ga'l i gyfeiriad y llif bu'n rhaid dirwyn y chware i ben. Clywir yr ymadrodd no-ball yn aml ar gae criced, a dyna'r union gri a glywyd ar gae rygbi'r Aman y prynhawn hwnnw. Ond o leia' doedd dim angen i Jac Elwyn deithio 'nôl ar y trên, roedd ei gartre' jyst lawr yr hewl yng Nglanaman!

Rhaid cyfadde' mod i'n llawn emosiwn pan dderbyniais wahoddiad Undeb Rygbi'r Alban i ddyfarnu'r ornest rhwng Stewart's Melville a West of Scotland ar gae Inverleith ym mis Hydref 1984.

Chwaraewyd yr ornest ryngwladol ola' yno yn 1925 a rhaid dweud, o astudio'r lluniau ar furiau'r 'stafelloedd newid, nad oedd y campws hanesyddol wedi newid fawr ddim ers dauddegau'r ganrif ddiwetha'. Dwi'n cofio edrych, rai eiliadau cyn y gic gynta', ar yr eisteddle hynafol a'r campws yn ei gyfanrwydd a meddwl, "Dyma lle'r enillodd brawd mam-gu ei unig gap i Gymru."

Pennod 2
Concro Everest: 29 Mai 1953

Y ddau gynta' i gyrraedd copa Everest – Syr Edmund Hillary (chwith) a Tensing Norgay.

Penawdau. Yn aml yn ddim mwy na llythrennau bras ar dudalen o bapur ond yn nefoedd ar y ddaear i blentyn ifanc oedd am feistroli'r grefft o ddarllen yn rhugl. A gan ein bod ni fel teulu wedi derbyn y *Western Mail* (y papur cenedlaethol sy wedi 'neud fawr ddim i hybu'r iaith Gymraeg) drwy gydol fy mhlentyndod, mae ambell un o'r hen benawdau yn dal i olygu rhywbeth ac yn fy atgoffa o ddigwyddiadau blynyddoedd cynnar fy mywyd. Cofiaf weld y papur â'i dalennau llydain dull *broadsheet* ar ford y gegin a finne ar y pryd yn blentyn yn Adran Fabanod Ysgol Brynaman yn trio 'ngore glas i 'neud sens mas o'r holl eirie Saesneg diarth.

Y pennawd cynta' o unrhyw arwyddocâd oedd yr un ar 29 Mai 1953 pan dda'th y newyddion o ben draw'r byd fod Edmund Hillary a Tenzing Norgay wedi cyrraedd copa Everest. Y gohebydd a deithiodd i'r ffin rhwng Nepal a Thibet ac a ddringodd i'r uchelfannau er mwyn cadw mewn cysylltiad â'r dringwyr dan arweiniad Syr John Hunt oedd James Morris o'r *Times* yn Llundain. Pan ddaeth cadarnhad fod Everest wedi'i goncro, disgynnodd y gohebydd yn gyflym, cyrraedd gorsaf radio a throsglwyddo'r neges ganlynol . . . neges a fyddai wedi achosi pen tost i staff GCHQ yn Cheltenham! "*Snow conditions bad stop advanced base abandoned yesterday stop awaiting improvement.*" Roedd brawddeg o'r fath yn fêl ar fysedd pwysigion y *Times* ac yn gadarnhad fod Hillary a Tenzing wedi cyrraedd y copa ar y nawfed ar hugain o Fai 1953. Drwy ddyfeisio cod cymhleth sicrhawyd nad oedd papurau eraill *Fleet Street* yn cael gafael ar y *scoop* o'i blaen. Heddi', mae'r gohebydd James Morris yn fwy adnabyddus i ni fel yr awdures Jan Morris a thad prifardd Eisteddfod Maldwyn 2003, Twm Morys.

Fast forward pump a deugain o flynyddoedd ac roedd hi'n tynnu am naw o'r gloch y nos pan gyrhaeddon ni westy'r Centra yn ninas Auckland. Bu'n rhaid parcio'r car mewn stryd gyfagos gan fod unedau allanol Corfforaeth Ddarlledu Seland Newydd yn amgylchynu'r adeilad. Eglurodd y ferch ifanc yn y dderbynfa fod teledaid byw yn cyrraedd ei derfyn ym mhrif neuadd y gwesty a bod cyfartaledd uchel o boblogaeth y wlad yn gwylio. Roedd yr arloeswr a'r anturiaethwr Syr Edmund Hillary yn cael ei anrhydeddu. Er fod y dyn camera Alun Morris Jones a finne yn flinedig ar ôl teithio o Sydney, llofnodwyd y ffurflenni priodol a brysiodd y ddau ohonom i'n 'stafell i wylio'r digwyddiadau oedd ar fin cyrraedd penllanw.

Fe gofiaf eiriau'r eicon am weddill fy mywyd. Roedd y gynulleidfa ar ei thraed a Syr Edmund yn ei ddagrau yn derbyn llestr gwydr hardd cwmni gwydr crisial Waterford. Eglurodd mai bwriad ei rieni oedd ei weld yn astudio'r Gwyddorau ym Mhrifysgol Auckland, tra roedd Edmund am grwydro a dilyn ei ddiddordebau. Yn y diwedd ildiodd i'w dymuniadau.

> *I started in a University but failed to complete the course. However, after deciding to concentrate on my interests I received doctorates from six of the world's foremost universities.*

Roedd Hillary yn ei elfen mas yn yr awyr agored ac ymhen rhai blynyddoedd troediodd i wledydd a chyfandiroedd eraill i ehangu'i orwelion. Dirprwy arweinydd cyrch 1953 i gopa Everest oedd y Cymro Charles Evans a fu'n niwrolegydd yn Ysbyty Walton yn Lerpwl cyn derbyn swydd fel Is-Ganghellor Prifysgol Bangor. Onibai am broblemau gyda'i offer ocsigen mae'n debyg mai Evans fydde wedi dringo'r troedfeddi ola' i'r copa ochr yn ochr â Hillary. Ychydig a feddyliais ym mis Mai 1953 y byddwn wedi bod yn yr un adeilad â Syr Edmund Hillary adeg seremoni o'r fath a thystio i eiriau arwyddocaol anturiaethwr enwoca'r ugeinfed ganrif.

Ken Jones (Casnewydd) yn sgorio cais tyngedfennol arall i'r crysau cochion ar Barc yr Arfau yng Nghaerdydd.

Pennod 3

Y fuddugoliaeth ola' yn erbyn y Crysau Duon – 19 Rhagfyr 1953

Bombardio. Ie, dyna'r gair. Yn blentyn chwech oed ym mhentre Brynaman ar odre'r Mynydd Du ces i 'mombardio â ffeithiau dirifedi am fyd y bêl a rhaid cyfadde'n dawel bach 'mod i wrth fy modd yn derbyn yr holl fanylion am geisiau, goliau, rhediadau ac ystadegau cyn eu storio'n drefnus yn seler y cof. Cyn diffodd y golau liw nos ar ôl darllen llyfrau megis *Teulu Bach Nantoer*, roedd hi'n ddefod ymestyn draw i'r cwbwrt llyfre a chydio mewn pentwr o raglenni o fyd y bêl a dysgu ar gof a chadw ffeithiau cymharol ddibwys am rai o chwaraewyr enwoca'r gorffennol – chwaraewyr o stamp Bradman, Compton a Headley; Matthews a Puskás; Kyle a Tanner. Petai sêff yn ein tŷ ni, yna trysorfa o raglenni fydde ynddi, nid casgliad o drysorau teuluol.

A dyna ni 'nôl i'r bombardio. Chi'n gweld, ro'dd 'nhad a 'nhad-cu yn bresennol yn y ddwy gêm fythgofiadwy 'na rhwng Cymru a Seland Newydd yn 1935 ac 1953 pan lwyddodd Cymru, yn groes i'r dishgwl yn ôl rhai, faeddu'r ymwelwyr o wlad y cwmwl hir gwyn. Trist cyhoeddi mai'r tro diwetha' y concron ni Seland Newydd oedd yn 1953, y flwyddyn y dringwyd Everest am y tro cynta'. Bob tro y bydden i yn y car gyda 'nhad-cu John Bevan neu 'nhad Len Bevan, roedd y ddau yn manteisio ar y cyfle i ganu clodydd tîm Bleddyn Williams ac yn fwy na pharod i adrodd hanesion perthnasol am yr ornest. Do, fe ddaeth yr *action replays* i Hewl Brynbach ymhell cyn i'r BBC ddyfeisio'r dechneg. Na, do'n i ddim yno yn y cnawd ond diolch i ddisgrifiadau'r ddau, dwi'n teimlo weithiau 'mod i wedi bod yno yn eu hymyl ac yn dyst i'r cyffro a'r ceisiau.

Fe gollodd tad-cu ei het ar Barc yr Arfau ym mlwyddyn coroni'r Frenhines; Elizabeth nid Victoria! A fynte'n treulio'r rhan fwyaf o'i fywyd dan ddaear, roedd e'n gwneud pob ymdrech i ddisgwl yn smart ar benwythnosau ac yn ôl mam-gu, Harriet Gwenllian o Fferm Fforchegel gynt, roedd e'n bictiwr pan blygodd e i sêt y gyrrwr ar gyfer y daith ar hyd yr A48 i Gaerdydd ar fore'r 19eg o Ragfyr 1953. Yn ôl pob tebyg ro'dd pob un Cymro'n dawel hyderus ar gyfer yr ornest; wedi'r cwbwl ro'dd Cymru wedi chware deirgwaith yn erbyn yr hen elyn ac yn fuddugol ar ddau achlysur.

Yn ôl yr arbenigwyr ('nhad a 'nhad-cu) Seland Newydd o'dd y tîm gore ar y diwrnod a dyna o'dd y farn gyffredinol yn y wasg. Rheolwyd yr ail hanner gan dîm Bob Stuart a phan fu'n rhaid i'r Cymro Cymraeg o'r Rhondda, Gareth Griffiths, adael y cae ar ôl datgymalu'i ysgwydd, ro'dd pethe'n dishgwl yn dywyll ar obeithion Cymru. Ond yn groes i ddymuniadau'r doctoriaid, penderfynodd Griffiths ddychwelyd i faes y gad. Ysbrydolwyd gweddill y cryse cochion gan ei ddewrder a phan lwyddodd Gwyn Rowlands chwalu Allan Elsom â thacl nerthol, fe gwmpws y bêl i gôl Clem Thomas, y blaenasgellwr agored o Frynaman (Tŷ Brynaman ar Hewl Stesion a bod yn ddaearyddol gywir – y lle erbyn hyn yn westy boutique). Â phymtheg gŵr mewn Cryse Duon yn barod i'w gladdu yn y man a'r lle, fe gyflawnodd Clem beth fydden i'n ei ddisgrifio heddi' fel *masterstroke*.

Yn hytrach nag aros am gefnogaeth a cheisio ennill tir, fe drodd arwr y Gwter Fawr (yr hen enw am Frynaman) i gyfeiriad y tir agored ac anelu cic ar draws y cae i gyfeiriad asgellwr de Cymru, Kenneth Jeffrey Jones. Disgynnodd y bêl ar bishyn 'wech i'r gwibiwr Olympaidd (medal arian yn y ras gyfnewid dros gan metr yn Llundain 1948) a thrwy led-gamu'n ddestlus heibio i Ron Jarden, roedd asgellwr Casnewydd, Cymru a'r Llewod i'w weld yn plannu'r bêl o dan y pyst ym mhen Afon Taf o'r cae. A dyna oedd yr eiliad pan gollodd tad-cu ran o'i wardrob – fe dwlws e'i het Christys' (ugen punt yn Siop Sidney Heath yn Abertawe nôl yn 1953) i'r entrychion a chyflwyno anrheg Nadolig annisgwyl i AN Other o'dd yn digwydd sefyll yn y North Enclosure oddi tano.

Cymru a'th â hi o 13-8 ond mae yna bost-script diddorol i'r hyn ddigwyddodd. A'th 'nhad mas i Seland Newydd yn 1969 ac yn 1971 i gefnogi Cymru a'r Llewod a dod yn reit gyfeillgar â chapten Seland Newydd yn y gêm uchod. Ar ôl i'r Llewod gipio'r gyfres yn Auckland yn 1971, fe gyflwynodd Bob Stuart un o'r cryse a wisgodd e ar y daith i Brydain, Iwerddon a Ffrainc i 'nhad. Rai blynyddoedd yn ddiweddarach, fe drosglwyddes i'r crys hanesyddol i gabinet tlysau Clwb Rygbi Brynaman ond yn dilyn cyfnod o addurno yn hen dafarn y Farmers (adeilad a anfarwolwyd gan George Borrow yn ei lyfr *Wild Wales*), diflannodd y crys. Tybiaf ei fod wedi'i werthu ar safle eBay. 'Sgwn i lle mae e bellach? Un oedd yno yn fachgen ifanc gyda'i dad, ac yn dyst i'r holl gyffro, o'dd y sylwebydd Huw Llywelyn Davies. Huw . . . dwi'n genfigennus!

Tîm Criced Brynaman 1958: (Rhes gefn o'r chwith): Thomas John Howells (dyfarnwr), Malvern Jones, Alun Howells, Wil Williams, Brynwell Davies, Keith Lewis, Gerwyn Rees, Gwilym Jones (dyfarnwr) Rhes ganol): Allan Bowen Evans, John Brinley Davies, Ieuan George (capten), Iorwerth Thomas, (Rhes flaen): Alwynne Evans, John Rees, Aneurin Davies.

Pennod 4

1954: Prynhawne Sadwrn ar Gae Criced Brynaman

Beth tybed fydde *Escape to the Country* neu *Homes Under the Hammer* wedi 'neud o'n tŷ ni yn 24, Bryn Avenue, Brynaman?

> *Cegin a dau barlwr; tair 'stafell wely; cwtsh dan stâr; Rayburn i gynhesu a choginio; y Mynydd Du ac ysblander y Bannau o fewn milltir neu ddwy; llwybr tarmac yn arwain i siopau amrywiol Hewl Stesion; sied lo; garej yn ogystal â WCs (tu fewn a thu fas) . . . ac un atyniad pwysig arall, atyniad a fydde wedi ychwanegu'n sylweddol at y pris – rhif 24 reit gyferbyn â cha' criced Brynaman!*

Gellid fod wedi cymharu Brynaman fy mhlentyndod â pharadwys, a'r ca' criced o'dd yn gyfrifol am hynny . . . darn tir gwastad a lwyddodd i roi oriau o foddhad i sawl cenhedlaeth, yn gyfuniad o Barc yr Arfau a Wembley yn y gaea' a'r MCG ym Melbourne yn ystod yr haf. Ces i bob haf, fel sawl un arall, oriau pleserus ar y glaswellt gwyrddlas a hynny o doriad gwawr tan fachlud haul. Y nod o'dd ceisio efelychu arwyr. A phwy o'dd rheiny? Wel, cricedwyr y pentre' wrth gwrs – pawb am fowlio'n gyflym fel Tyssul Thomas, am droelli fel Wil Shyfalo, batio'n ymosodol fel Alun Howells a Ken Davies ac am glatsho'r bêl ledr goch dros doeon y tai cownsil gerllaw yn null Gerwyn Rees, Eurfyl Williams a Howard Jones.

Fe ddechreues i ddilyn Brynaman o ddifri' tua 1954 pan o'n i'n chwech oed; y tîm a'i ddilynwyr selog yn teithio i gemau oddi cartre' yng ngherbyd Eirwyn Blaengarnant, bws a besychai'i ffordd i leoliadau yn Siroedd Morgannwg, Brycheiniog a Chaerfyrddin. Ro'dd yna hud a lledrith yn perthyn i gae bychan y Tymbl lle ro'dd pob pedwar yn ddau, a phob chwech yn bedwar. A hyd heddi' dyw Max Boyce ddim wedi madde i'r peirianwyr sifil am gynllunio'r ffordd osgoi o Lyn-nedd i Hirwaun drwy ganol ca' criced Pontneddfechan! Un o'r caeau perta' (lliw cyfoethog o wyrdd i'r maes gan eu bod yn ddigon cyfoethog i brynu *fertilizer* Fissons) oedd yr un ar Fabian Way lle ro'dd AWCO yn chwarae, cwmni o'dd yn 'neud weiars ac yn cyflogi tirmon i sicrhau fod y llain yn berffaith ac yn baradwys i fatwyr – un o'r ychydig gaeau lle ro'dd modd camu 'mla'n yn hyderus ar y dro'd fla'n a tharo'r bêl yn osgeiddig drwy'r cyfar i'r ffin.

Ar brynhawne Sadwrn ro'n i gyda'r cynta' i gyrra'dd y cae gan hiraethu am y diwrnod pan fydden i'n gwisgo'r dillad gwynion a'r cap gwyrdd a chamu â bat 'Gunn & Moore' dan fy nghesail i gyfeiriad llain o'dd wedi'i dorri'n grop gan lafnau miniog peiriant petrol Qualcast. Yn ôl yr hanes, cyn i'r clwb fuddsoddi mewn torrwr gwair o'r fath, ro'dd Oliver (brawd Wil y troellwr a thad-cu Mike Llewellyn a glatsiodd un o'r chweche pella' ac ucha' erioed ar gae Thomas Lord a hynny i Forgannwg yn Rownd Derfynol Cwpan Gillette yn 1977) yn treulio diwrnod yn torri'r ca' â pheiriant llaw. Yn grwt ifanc ro'dd hi'n ddefod troedio i bafiliwn o'dd yn drewi o olew linsîd, gosod y crêts pop a'r bocsys crisps yn drefnus, cyn bowlio ambell belen at chwaraewyr o'dd am glywed sŵn y bêl ar ganol y bat. A phan fydde'r ffyn yn cael eu gosod ac Elis Wyn a finne wedi cario'r meinciau i gyfeiriad ca' Jeff, byddem yn dishgwl yn ofalus ar Eric Bach yn recordio pob pelen, pob wiced a phob rhediad yn ei lyfr sgorio – y *Bourne's Cumulative Scoring Book.*

Ro'dd rhywbeth reit gyntefig am Ga' Criced Brynaman. Mae'n rhyfedd nad oedd yr hen bafiliwn streipiog gwyrdd a gwyn wedi llosgi'n ulw gan fod y mwyafrif o gricedwyr y cyfnod yn ddibynnol ar eu Woodbines a'u Senior Service i fagu hyder. Yn aml, wrth ymweld ag Amgueddfa Werin Sain Ffagan, dwi'n dychmygu gweld Pafiliwn Clwb Criced Brynaman wedi'i osod rhywle rhwng Rhydycar a'r Talwrn Ymladd Ceiliogod!

Uchafbwynt y prynhawn o'dd y te rhwng y ddau fatiad, gyda rhai o'r gwragedd yn cynorthwyo gyda'r brechdanau samwn coch a'r *swiss rolls*. Do'dd yna ddim trydan na chyflenwad dŵr yn y pafiliwn – hyn yn golygu fod un neu ddau yn gorfod cario *urn* i gartre' Olwen a Sam Williams er mwyn berwi'r dŵr a'i gludo 'nôl i'r pafiliwn ar gyfer y wledd. Ac ro'dd y diffyg cyfleusterau yn boen i chwaraewyr o'dd yn chwys ac yn snobs ar ddiwedd y chwarae ac am newid i ddillad glân ar ôl pum awr o gwrso pêl ar brynhawn heulog, trymaidd. Doedd dim sôn am Old Spice yn y pumdegau!

Pan o'n i fel criw o gryts ifanc yn hynach ac yn derbyn y cyfrifoldeb o werthu pop a chrisps (creision Cwmni Smiths o'n nhw bryd hynny gyda chwdyn glas yn llawn halen yng ngwaelod y bag), ro'dd yna duedd i ddefnyddio ambell un o'r poteli bychain Vimto neu Cream Soda fel meicroffon a bwrw ati i sylwebu. Meddyliwch, y chwarae'n cael ei ddarlledu'n fyw ar

Radio Gwter Fawr! Ar ddechrau'r chwedegau roedd John Arlott yn dipyn o arwr, yn enwedig pan ddarllenon ni mewn un cyfrol mai Sain Helen o'dd ei hoff ga' criced. Rhyfedd cofnodi fod tri o gyw sylwebwyr y Ca' Criced wedi bod wrthi'n ddiweddarach yn darlledu ar ystod o gampau ar donfeydd radio'r BBC gydag Alun Tuds a Bleddyn Jones yn dal wrthi'n wythnosol.

Fy nhad-cu, John Bevan (ar y dde) yng nghwmni Rendel, mab yr Athro J.D. Vernon Lewis

Pennod 5

1955: Cloncian rhythmig ar y cledrau

'Pawb at y peth y bo' medd yr hen ddihareb – rhai yn hoffi gwrando ar gerddoriaeth, eraill yn dianc liw nos i bysgota. Nirfana i ambell un yw pendroni'r symudiad nesa' ar fwrdd gwyddbwyll tra bod nifer go dda yn ymddiddori mewn adar a phlanhigion. Dywedir mai'r ffordd orau i arfer doethineb yw drwy feithrin hobi neu ddiddordeb. Yn bersonol, byd y bêl o'dd yn mynd â'm bryd i 'nôl yn y pumdegau ond bu bron i mi roi'r gorau i gwrso pêl yn saith oed ar ôl treulio pythefnos o wyliau yng nghanolbarth Cymru. Ga i egluro.

Am bron i bymtheng mlynedd rhwng 1921 ac 1935, pregethwr Capel Gibea, Brynaman o'dd yr Athro J.D. Vernon Lewis – gŵr hynod wybodus a anwyd ym Mhentre Estyll, Abertawe a derbyn ei addysg yn Ysgol Ramadeg Abertawe a Phrifysgolion Caerdydd (Gradd Dosbarth Cynta' mewn Astudiaethau Semitaidd), Rhydychen a Leipzig. Roedd e'n ysgolhaig, yn awdurdod ar y Salmau, yn bregethwr o fri, yn awdur toreithiog, yn brifathro Coleg Beiblaidd, yn cael ei gomisiynu'n gyson i gyfieithu deunydd o'r Lladin i'r Gymraeg, yn rhugl mewn Almaeneg ac yn bwysicach fyth efalle, yn ffrind agos i 'nhad-cu, John Bevan, o'dd ar y pryd yn löwr yng ngwaith yr East Pit yn Nhairgwaith!

Roedd gan y Lewisiaid ddau fab, a thrwy gydol eu cyfnod ym Mrynaman ro'dd Cyril yr ifanca' yn gyfaill i 'nhad, gyda Rendel a 'nhad-cu yn ymddiddori yn yr awyr agored. Ar benwythnosau, cerddai'r ddau ar lethrau'r Mynydd Du a'r Bannau gerllaw. Parhau wnaeth y cysylltiad rhwng y ddau deulu ar ôl i Vernon Lewis gael ei apwyntio'n Brifathro ar Goleg Beiblaidd Aberhonddu, ac yno'n hyfforddi ro'dd e pan glywodd e am farwolaeth ei fab Rendel ym misoedd ola'r Ail Ryfel Byd.

Ar ôl i Cyril Lewis orffen ei gwrs meddygaeth a threulio cyfnod yn Llundain, penderfynodd ddychwelyd i Gymru ac i filltir sgwâr ei wraig ym Machynlleth. Ro'n ni fel teulu yn dod i gysylltiad achlysurol â'r pregethwr dylanwadol gan ei fod e'n dychwelyd yn rheolaidd i bulpud Gibea. Ganol y pumdegau daeth cais i 'nhad a 'nhad-cu (oedd erbyn hyn yn berchen ar waith glo ar fynydd y Gwrhyd yn Rhiwfawr) oddi wrth Dr Cyril Lewis: "A fydde modd i Syr Angus Ogilvy a rhai o'i ffrindie ymweld â'r lofa a threulio amser dan ddaear?"

Fe gyrhaeddodd y criw dethol mewn dau gar, sef Rolls Royce a Bentley, a mwynhau pob munud o'r ddwy awr a dreulion nhw'n astudio'r wythïen lo a sawl ffas. Cyn ffarwelio, ro'dd mam-gu wedi paratoi te prynhawn gan ddefnyddio llestri o'dd erioed wedi gweld gole dydd cyn hynny. Ces inne, yn rhyw bump oed, wahoddiad i'r wledd, dim ond i mi ddweud fawr ddim a gwrando ar bob un gair. Un o'r pwysigion o'dd yr Athro J.D. Vernon Lewis, ac wedi iddo sylweddoli'n gyflym mai rhyw Saesneg bratiog o'dd gen i, gofynnodd o fla'n pawb, "Wel, machgen i, ble ry'ch chi'n byw?" Atebais gan barablu dau air a achosodd gryn embaras i'r teulu: "Dan sgiw!" Fel 'sgrifennodd

T. Rowland Hughes yn ei gyfrol O *Law i Law*, "Aethai'r sgwrs yn farw fel tân wedi llosgi allan . . . "

Ar 24 Medi 1960 a fynte'n pregethu yng nghyrdde mawr Capel Gibea, gofynnais i'r Athro J.D. Vernon Lewis 'sgrifennu rhywbeth ar un o dudalennau'r llyfr llofnodion a dderbyniais ddechrau'r pumdegau yn anrheg Nadolig gan Mark fy nghefnder (tad Shane). Mae'r llyfr yn cael lle amlwg ymhlith cant a mil o gyfrolau, yn benna' oherwydd y darn a gyfrannodd un o hoelion wyth ein cenedl:

> "Dechrau mawredd yw bod yn fach,
> Cynnydd mewn mawredd yw mynd yn llai,
> Perffeithrwydd mewn mawredd yw bod yn ddim."
> [Traethawd Matthews Ewenni ar 'Mawredd']

Ganol y pumdegau, cysylltodd Dr Cyril Lewis â 'nhad a gofyn os o'dd diddordeb 'da ni fel teulu dreulio pythefnos yn y Canolbarth yn gofalu am eu cartre', Plas Dolguog ym Machynlleth, tra ro'dd e a'i wraig a'u merch Jennifer ar wyliau tramor. Pythefnos fythgofiadwy! Ro'dd yna lôn gul, garegog yn arwain i'r plas, y golygfeydd gerllaw yn bictiwr a'r gerddi yn odidog. Adeiladwyd y plasty yn wreiddiol yn yr ail ganrif ar bymtheg . . . do'n ni erioed wedi gweld y fath le gyda'r Aga yn y gegin yn union fel y rhai yn *Upstairs, Downstairs* a *Downton Abbey*.

Roedd yna nifer fawr o 'stafelloedd difyr a diddorol yn enwedig un o'dd wedi'i ddiwallu ar gyfer diddordeb Dr Lewis mewn *model railways*. Ro'dd hon yn ystafell eang gyda bwrdd mas o bren ynddi o'dd yn llenwi'r gwagle bron yn gyfangwbl. Yno ro'dd trenau â'u cerbydau yn gwibio ar hyd y cledrau gyda chloncian rhythmig yn cyflymu ac ymbwyllo. Ro'dd y cwbl wedi'i greu â gofal. Roedd pontydd, wagenni wedi'u catrodi mewn cilffyrdd, platfforms yn gwegian dan bwysau pobol. Yn dilyn y bythefnos yn Nolguog, fe allen i fod wedi dychwelyd i Frynaman ag ysfa am droi'r atig yn 'stafell drenau! Ond nid felly y bu.

India'r Gorllewin yn Lord's mis Mehefin 1957.
(O'r chwith): Frank Worrell, yr Arglwydd Hailes, John Goddard, Clyde Walcott ac Everton Weekes – a ro'n i yno!

Pennod 6

1957: Cricedwyr y Caribî yn arwyr oes

Ro'n i'n naw mlwydd oed ar y pryd, ac ar y ffordd ar hyd yr A40 i gyfeiriad Llunden ac i ardal St John's Wood. A bod yn onest, ro'n i ar bigau'r drain! Nid teithio i'r brifddinas i ryw arddangosfa arbennig oedd pwrpas y siwrnai, nac i weld rhyw sioe yn y West End. Roedd fy nhad wedi trefnu'i wyliau ar yr union adeg y byddai tîm criced India'r Gorllewin yn ymrafael â Lloegr yn yr ail brawf o'r gyfres ar gae Thomas Lord.

Mae'r atgofion o'r holl ddigwyddiadau cyffrous yn dal mor fyw ag erioed; y cyfan fel ailredeg rîl o ffilm – ffurfio llinell drefnus ar yr hewl fawr ben bore gan obeithio y byddai ticedi yn dal ar ôl. Yn naturiol, roedd yr eisteddleoedd crand yn llawn i'r ymylon ond fe lwyddon ni i gael mynediad, ac ishte ar y porfa o fewn tafliad carreg i'r pafiliwn hanesyddol, adeilad oedd yn dipyn o ryfeddod i blentyn oed cynradd. Roedd gweld rhai o'r sêr yn y cnawd, ac o fewn hyd braich, yn brofiad bythgofiadwy o gofio mai cricedwyr Brynaman oedd arwyr bechgyn ifanc pentre'r Gwter Fawr.

Roedd nifer o hoelion wyth y pumdegau a'r chwedegau yn cynrychioli'u gwledydd – Kanhai (yn agor y batio ac yn cadw wiced), Sobers, Ramadhin, Valentine, Weekes, Worrell, Walcott ac O.G. Smith i'r ymwelwyr o'r Caribî, a Graveney, May, Cowdrey, Bailey, Trueman a Statham i Loegr. Roedd y profiad yn un gwerth chweil ond, o'r holl atgofion, mae 'na un sy'n cael ei ailchwarae'n gyson yn theatr y cof.

Am ddeng muned i chwech ar y nos Wener, camodd Everton DeCourcy Weekes mas o glydwch y pafiliwn i wynebu cricedwyr Lloegr oedd yn synhwyro buddugoliaeth ar ôl sgorio 424 yn eu batiad cynta'. Roedd partneriaeth o 174 rhwng Colin Cowdrey (152) a Godfrey Evans (82) yn golygu fod Lloegr, o dan gapteniaeth Peter May, yn dawel hyderus. Roedd angen *cameo* gan Weekes i achub y sefyllfa.

Edrychais arno drwy'r ddau-lygadur (term a fathwyd gan y Prifardd Robat Powell); dilynais y gŵr cydnerth, pum troedfedd a hanner o'r pafiliwn i'r llain. Roedd rhywbeth mas o'r cyffredin yn ei gerddediad; roedd yr edrychiad a'r osgo yn cyfleu sicrwydd, dawn a disgyblaeth. Fe berthynai iddo rywbeth magnetig. O fewn munudau roedd y cefnogwyr (cefnogwyr Lloegr, cofiwch) wedi'u swyno. Roedd Cae Thomas Lord yn fyw ac yn aflonydd. Er mor fregus y sefyllfa, roedd Weekes ar dân – trawsergyd sgwâr i'r ffin, a finne'n dychwelyd y bêl o'r rhaff i Brian Statham, oedd yn maesu yn ein hymyl. Yna'r maestro yn cadw'i lygaid ar y bêl, un ben-glin ar y llain ac yn tynnu pelen fer a fowliwyd gan Fred Trueman yn ogoneddus i gyfeiriad y Tavern.

Yna'r *coup de grâce*: pelen dda gan Trevor Bailey (un wiced ar ddeg yn y gêm) o ran hyd a chyfeiriad ond y cricedwr cyflawn yn dawnsio i'w chyfarfod, yr amseru'n berffaith a'r bêl yn cael ei chyfeirio fel mellten drwy'r cyfar i'r ffin. Roedd hwn yn fatiwr a feistrolodd yr holl ergydion ond, yn anad dim arall y noson honno, ei bresenoldeb, ei garisma, ei awdurdod a'i benderfyniad a greodd argraff arhosol ar fachgen ifanc yn dal i wisgo trowsus byr. Pan gydiodd y Cymro Cymraeg o Lanelli, Emrys Davies (batiwr llaw chwith a sgoriodd 287 heb fod mas i Forgannwg yn erbyn Caerloyw yng Nghasnewydd yn 1939) yn y ddwy gaten am hanner awr wedi chwech i ddirwyn y chwarae i ben, roedd cyfanswm Everton Weekes oddeutu'r hanner cant. Aeth yn ei flaen drannoeth i hawlio 90 o rediadau, a phob un rhediad yn gyffrous a chlasurol.

Lloegr enillodd y gêm a'r gyfres yn 1957 ond yn ystod y tridiau a dreuliais ar gae Thomas Lord, sefydlwyd perthynas glos rhwng crwt o'r Gwter Fawr a chricedwyr y Caribî. Weekes, Sobers a'r gweddill oedd yr arwyr bellach!

Yr Eirianiaid drws nesa' – Sion, y Parchedig Eirian Davies, Jennie Eirian Davies, Guto.

Pennod 7

1958: Fy newis ar *Desert Island Discs*

Plomley o'dd y *brains*. Y fe 'nath ddyfeisio'r fformiwla ar gyfer un o raglenni mwya' poblogaidd BBC Radio 4, *Desert Island Discs*. Dros ddegawdau, difyrrwyd cenedlaethau o wrandawyr o dan gadeiryddiaeth y darlledwyr profiadol Roy Plomley, Michael Parkinson, Sue Lawley a Kirsty Young. Eleni mae'r rhaglen yn dathlu tri chwarter canrif, ac ar ddiwrnod y dathlu, David Beckham oedd yn cael ei gwestiynu am ei ddewisiadau. Ro'dd y fformat yn un syml; caniatáu i'r llongddrylliedigion (ma' bown' o fod gwell gair am *castaways*) ddewis wyth record, un llyfr a gwrthrych moethus a fydde, yn nhyb Plomley, yn eu cadw'n hapus tan i'r gwasanaethau achub gyrraedd.

Prin yw'r Cymry sy' wedi cael gwahoddiad i ymddangos ar y rhaglen. Clod i'r maswr Barry John am osod datganiad Côr Meibion Treorci o 'Myfanwy' ar frig ei restr recordiau. Dewisodd John Humphrys, Petula Clark, Michael Heseltine,

Cliff Morgan, Michael Foot, Syr Geraint, Syr Gareth a Siân Phillips ddatganiadau gan gorau meibion gyda Cliff Morgan, dewin y bêl hirgron o Drebanog yn y Rhondda, yn cynnwys 'Si Lwli, Lwli' gan Meredydd Evans a Maria Korchinska, y delynores o Rwsia, ar ei restr.

Caniatawyd i John Cleese fynd â Michael Palin fel gwrthrych ar yr amod fod ei gyd-ddiddanwr yn farw ac wedi'i stwffo gan dacsidermydd. Ond sut yn y byd ma' Jools Holland, Paul McCartney, John Humphrys a Jimmy Edwards yn bwriadu cludo piano, gitâr, soddgrwth ac euphonium o sgerbwd y llong i'r ynys? Ac er fod corau a chantorion wedi cael sylw dyledus, mae'n ofid nad oes un ohonynt, hyd y gwn i, wedi dewis llyfr Cymraeg. Gallwn fadde i Siân Phillips gan ei bod wedi mynnu mynd â chopi o *Scouting for Boys* yn ei bag Mulberry er mwyn creu rafft o dan gysgod y coed palmwydd.

Dw i ddim yn debygol o dderbyn e-bost o swyddfa cynhyrchydd *Desert Island Discs* yn fy ngwahodd i Lunden i rannu'r fath gyfrinachau ond dwi'n fwy na pharod petai angen rhywun ar fyr rybudd. Os felly, bydde modd i bobol ledled byd wrando ar ddarnau Eric Jones, Robat Arwyn, Caryl Parry Jones a Huw Chiswell yn ogystal â chlywed emyn o eiddo Pantycelyn, lleisiau Bryn Terfel a Plethyn a chyfansoddiadau Carl Jenkins. Heb amheuaeth, offer criced fydde'r gwrthrychau i'm diddanu gan obeithio y bydde rhywun ar gael i fowlio! Ydi Robinson Crusoe yn dal yn fyw?

A'r gyfrol? A finne'n unarddeg oed, derbyniais lyfr yn anrheg gan y bois drws nesa'. Yr Eirianiaid o'dd ein cymdogion ar y pryd ac ysgrifen y fam, Jennie Eirian Davies, sy' mewn inc du Quink ar y dudalen gynta'. . . a ro'dd llawysgrifen hyfryd ganddi. "*I Alun Wyn oddi wrth Siôn a Guto – Nadolig 1958*". Mae'r llyfr gen i o hyd (mas o brint ers blynyddoedd): *Crysau Cochion*, wedi'i olygu gan Howard Lloyd a'i gyhoeddi gan Lyfrau'r Dryw yn Llandybïe. Bu'n rhaid gosod nofelau ditectif J. Ellis Williams naill ochor a phori drwy dudalennau llyfr o'dd yn trin a thrafod chwaraeon. Ro'dd hwn yn lyfr hanesyddol; yn atgoffa darllenwyr o gefndir y campau yng Nghymru a'r hyn ddigwyddodd yn hanner cynta'r ugeinfed ganrif. 'Smo i'n gallu dodi hwn lawr,' o'dd y floedd pan dda'th gorchymyn i ymosod ar y twrci!

Ro'n i wedi gweld Carwyn yn 'ware ar y Strade ond do'n i ddim wedi sylweddoli 'i fod e shwd gamster â geirie: " . . . daeth y bêl i ddwylo Haydn Top y Tyle . . . Ciciodd, naddo, ffug-giciodd ac i ffwrdd ag ef fel mellten gan wibio'r naill ffordd a'r llall rhwng ei wrthwynebwyr fel llysywen." Ro'dd yna bennod am Dai Davies, y cricedwr proffesiynol Cymreig cyntaf – 15,008 o rediadau, 271 o wicedi a 192 o ddaliadau. Dai o'dd y dyfarnwr pan gipiodd Jim Laker 19 o wicedi yn erbyn Awstralia yn Old Trafford yn 1956.

Ond o holl benodau *Crysau Cochion*, yr un a'm swynodd o'dd ysgrif yr athro ysgol Rhys Gabe am fuddugoliaeth Cymru yn erbyn y Crysau Duon yn 1905. Meddyliwch fod y golygydd wedi llwyddo i ga'l Gabe, o'dd yn un o ganolwyr Cymru y prynhawn hwnnw, i rannu'i atgofion a'i deimladau, a hynny yn y Gymraeg.

Mae yna berlau eraill yn y gyfrol . . . y golygydd yn 'sgrifennu am yr athletwr James William Llewellyn Alford; Gwyn Davies o Bontardawe yn ein hatgoffa am ddylanwad Abertawe fel meithrinfa i'r bêl gron; Emyr Griffith yn clodfori'r golffwr Dai Rees; cyfweliad â'r chwaraewr tennis Mike Davies yn ogystal â phennod unigryw gan wir arloeswr yn y grefft o siarad a 'sgrifennu am chwaraeon yn y Gymraeg, y dihafal Eic Davies.

Fel y dwedes i, mae'r gyfrol mas o brint ond chwiliwch ar safle Abe Books rhag ofn fod yna gopi ar ga'l mewn siop ail-law.

'Y maswr gore erio'd' – dyna o'dd barn tad-cu (yma'n sefyll o fla'n ei lori) am Cliff Jones o Gwm Rhondda.

Pennod 8

1959: Tad-cu yn canu clodydd Cliff Jones

Diddordebau John Bevan, yn enedigol o Ochr-y-Waun, Cwmllynfell, o'dd ceffyle a rygbi. Ei filltir sgwâr o'dd godre'r Mynydd Du, Parc yr Arfau a'r ffair geffyle fisol yn Llanybydder lle ro'dd e'n prynu a gwerthu merlod mynydd Cymreig. Bu farw ym mis Chwefror 1958. Ar ôl treulio diwrnod dan ddaear, dioddefodd drawiad yn dilyn cawod. Ro'dd ei gyd-löwyr o'r farn ei fod e'n farw cyn taro'r llawr. Y canolwr celfydd Bleddyn Williams, o'dd yn bresennol yn ei angladd, a'r maswr meistrolgar Cliff Jones oedd ei arwyr. Disgrifiodd, fwy nag unwaith, gais Cliff yn erbyn yr Alban yng Nghaerdydd yn 1935. Y maswr, drwy ryw ddewiniaeth, yn rhwygo amddiffyn y gwrthwynebwyr yn rhacs a gwibio fel mellten am ddeugain metr am gais bythgofiadwy.

Mae cefnogwyr rygbi ledled byd yn gw'bod am y ffatri cynhyrchu maswyr yn y cymoedd. Yn ôl y diddanwr Max Boyce, yma y crëwyd Cliff Morgan, Dai Watkins, Barry John, Phil Bennett a Jonathan Davies, ond i haneswyr y gamp, mae yna ddau arall sy'n deilwng o'u lle yn yr oriel; dau a lwyddodd i fesmereiddio amddiffynfeydd – y *city slicker* Percy Bush a'r *maestro* o Gwm Rhondda, Cliff Jones. Mae David Smith a Gareth Williams, yn eu cyfrol *Fields of Praise*, yr un mor glodforus: '*(Jones) has the cleverness and audacity associated with Percy Bush*'. I raddau, Percy a Cliff oedd y *prototypes* ar gyfer y gweddill.

Drwy gymorth y trugareddau a'r *gismos* cyfoes, mae modd gwerthfawrogi doniau'r maswyr diweddar ar sgriniau plasma anferthol ond doedd hynny ddim yn bosib yn nyddiau Cliff Jones. Mae'r unig dystiolaeth o'i athrylith yn gorwedd ar silffoedd cwmni newyddion Pathé, ond mae'r delweddau seliwloid erbyn hyn wedi llwydo a hanner rhwygo.

Yn fachgen ifanc yn y Rhondda, mynnai ganolbwyntio ar y bêl gron. Daeth tro ar fyd pan ddechreuodd fel disgybl yn Llanymddyfri. I'r Coleg ro'dd rygbi 'run mor bwysig ag academia – a gwybodaeth eang a chynhwysfawr am Virgil, Newton, Mozart a Shakespeare bron yn eilradd i gymharu â phwysigrwydd ac arwyddocâd yr ornest flynyddol yn erbyn Coleg Crist, Aberhonddu. Derbyniodd gyngor doeth a chraff gan T.P. (Pope) Williams, hyfforddwr rygbi o'dd ugain mlynedd o fla'n ei amser. Un bychan o gorff o'dd Cliff ond yn meddu ar gydbwysedd artistig a doniau ochrgamu greddfol. Sonnir mewn sawl camp am bwysigrwydd 'y cyflymdra dros y llathenni cyntaf', elfen sy'n gwahanu'r gwych a'r cyffredin.

Sylweddolodd Pope Williams, o fewn diwrnodau o'i weld ar y caeau rhwng y rheilffordd ac afon Tywi, fod y bachgen ifanc â'r gallu prin i hypnoteiddio gwrthwynebwyr a gwefreiddio cefnogwyr – ro'dd hwn yn un o'r ychydig o'dd yn gelfydd ac yn gyflym. Am bedair blynedd bu'r athro yn datblygu'r prentis. Canolbwyntiodd ar ei gael i redeg a bylchu a chreu cyfleoedd i'w ganolwyr, gwir hanfod y gêm.

Datblygu'r deunydd crai oedd bwriad yr hyfforddwr, a gan fod y bachgen ifanc yn ymateb yn bositif i'r holl drwytho, daeth eraill i wybod fod yna unigolyn hynod ddisglair ar fin goleuo'r byd rygbi. Ar sawl Sadwrn ddechrau'r tridegau, roedd bws o Gwm Tawe yn gwau'i ffordd heibio Crai a Threcastell i dre' Llanymddyfri i weld Cliff yn chware. Ro'dd e'n trafod pêl yn yr un modd â chonsuriwr yn trafod cardiau. Llwyddodd Pope Williams asio greddf a phenderfyniad y Rhondda â chywreindra Llanymddyfri. Roedd yr athroniaeth yn glir a chryno – '*a second wasted is nine yards lost*'. I ddyfynnu David Smith a Gareth Williams unwaith eto, "*Williams worked on the youngster's raw ability, cultivating it, refining it, improving it like a diamond cutter with an amethyst*".

Daeth awr fawr Cliff Jones ar 21 Rhagfyr 1935 ar Barc yr Arfau yng Nghaerdydd, a Chymru yn herio'r Crysau Duon am y trydydd tro yn eu hanes. Â deg muned yn weddill, roedd Seland Newydd ar y bla'n o 12-10. Ro'dd sgôr arall i Gymru yn annhebygol pan gariwyd Don Tarr o'r cae ar stretsiar. Ond brwydrodd Cymru i eithaf eu gallu – pàs gywrain Tanner o sgrym hanner can llath mas yn cynnig lle a chyfle i Cliff. Rhedodd y maswr ar draws y ca' a chreu symudiad a berffeithiwyd ym Mhrifysgol Caergrawnt. Derbyniodd Wooller y bêl ar y siswrn gan gicio dros ben yr amddiffyn a chwrso fel bollt. Disgwyliai fel petai'r bêl yn mynd i hobo 'nôl i gôl y canolwr ond gan fod y tir yn galed, a'th dros 'i ben. Disgyn i'r gwellt 'nath Wooller ond trodd i weld Geoffrey Rees Jones yn tirio'n fuddugoliaethus. Cymru a'th â hi o 13-12, a'r maswr Cliff Jones yn gwireddu'i botensial o fla'n tad-cu a 40,000 arall.

Plant Ysgol Gymraeg Cwm Nedd ar fin derbyn mynediad i Wimbledon. Fe chwaraeodd Ian Weaver (y crwt â'r sbectol) i dîm tennis dan 18 Cymru.

Pennod 9

1960: O Rosehill i Roland-Garros

"Yn y fan hyn o'dd Michael Davies yn practiso." Geirie Wncwl Aldwyn, brawd mam, o'dd yn byw o fewn dau gan llath i gwrt tennis Rosehill yn ardal Mount Pleasant o Abertawe. Dirywio wna'th y cwrt ar ddechrau'r chwedegau – y cwar gerllaw a'r cyfleusterau hamdden yn denu canran fechan o bobol ifanc o Townhill oedd â'u bryd ar ddinistrio a fandaleiddio.

Mewn cyfweliad â Howard Lloyd ar gyfer erthygl yn y gyfrol *Crysau Cochion*, mae Michael Davies yn ail-fyw ei ddyddiau yn Abertawe. "Penderfynwyd ar fy nhynged yr eiliad honno y cefais fenthyg raced a mynd i chwarae ar gwrt Rosehill. Mynnais dreulio pob muned yn ymarfer a phan nad o'n i ar gwrt, ro'n i wrthi yn pwno pêl yn erbyn talcen y tŷ." 'Mieri lle bu mawredd' yw hi bellach yng nghyffinie Rosehill, ond fe ellid gosod plac glas ar wal gyfagos â'r geiriau, "Yma y bu Michael Davies, un o chwaraewyr tennis gorau Cymru a'r byd, yn ymarfer."

Ro'n i wrth fy modd yn ymweld ag Aldwyn, Ray a Carolyn,

yn benna' oherwydd y croeso ac ysblander yr olygfa o'u lolfa ar yr ail lawr. Ar ôl dringo cant o stepie o'r hewl i'r drws ffrynt, ro'dd modd aros yn yr unfan a gwerthfawrogi gogoniant Bae Abertawe. Ar y pryd doedd yna fawr o gyllid ar gael i gynorthwyo chwaraewyr addawol – bu'n frwydr barhaol gan fod y dillad, yr offer a chostau hurio cyrtiau yn ddrud. Ro'dd aberth ei rieni yn sbardun iddo ddal ati.

Yn dal yn ei arddegau, ac ar ôl cipio pencampwriaethau yng Nghymru a Lloegr cafodd ei ddewis gan yr LTA i dderbyn hyfforddiant gan Dan Maskell a Fred Paulson. Yn ddiweddarach, ar ôl i ŵr busnes o'r dref ei weld yn chware a phenderfynu ei ariannu, symudodd i lygad y ffynnon yn Awstralia a manteisio ar arbenigedd Harry Hopman. Dyma'r cyfnod pan o'dd Mike yn bodio'i ffordd o dwrnament i dwrnament ac yn aml yn cysgu ar lawr ystafell-aros mewn stesion.

Talodd y cyfan ar ei ganfed; dechreuodd ennill cystadlaethau o bwys a threchu rhai o gewri'r gamp – Lew Hoad, Ashley Cooper, Sven Davidson, Jaroslav Drobny ac yn 1956 dod o fewn dim i drechu cyn-enillydd Wimbledon, Vic Seixas yn Forest Hills yn 1956. Ro'dd y papurau Americanaidd yn canmol y Cymro i'r cymylau; y *New York Times* yn lleisio teimladau pawb oedd yno – "Pum set gofiadwy a blewyn o'dd rhwng Seixas a'r Prydeiniwr gorau ers Fred Perry."

Styfnigrwydd a'i awydd i ennill oedd yn nodweddu Mike Davies fel chwaraewr; chwe troedfedd o wydnwch a phenderfyniad. Daeth hyn i'r amlwg yn 1956 yn un o rowndiau cynnar Cwpan Davis. O flaen 12,000 o gefnogwyr unllygeidiog, ro'dd pob dim yn y fantol pan gamodd Davies a Haillet i grochan berwedig Roland-Garros ar gyfer gornest dyngedfennol. Y Ffrancwr a'th â'r ddwy set gynta' gyda'r dorf yn cymeradwyo ymdrechion Haillet drwy lafarganu ei enw fel un o gorau'r Eisteddfod. Ond do'dd y Cymro ddim am ildio; dechreuodd lobio a folio'n gywrain ac o fewn dim, ro'dd hi'n ddwy set yr un. Ar un achlysur yn y set ola', hyrddiodd Mike ei hun ar hyd y cwrt lludw mewn ymgais i gyrra'dd y bêl a chael ei hun yn goch o'i gorun i'w sawdl. Aeth ymlaen i ennill y set ola'. Ro'dd Prydain wedi maeddu Ffrainc am y tro cynta' yn y gystadleuaeth ers 1933.

Ro'dd 1960 yn flwyddyn gofiadwy i Mike Davies a Bobby Wilson. Llwyddodd y ddau gyrraedd Rownd Derfynol y Parau yn Wimbledon ac er colli'r ornest i Orsuna a Ralston, y nhw o'dd y ddau ddyn cynta' o Brydain i chware mewn ffeinal yn SW19 ers i Fred Perry ennill Senglau'r Dynion yn 1936. Yn 2012 urddwyd Michael Davies, y gŵr a chwaraeodd yn Rosehill a Roland-Garros, gan fawrion y gamp pan dderbyniodd fynediad i Oriel yr Anfarwolion yn Newport, Rhode Island.

Wil Francis a'i wraig Leah ar ddiwrnod eu priodas.

Pennod 10

1960: Wil Francis – *pastry chef* a phêl-droediwr

Bob yn ail diwrnod, cyhoeddir erthyglau difyr yn rhestru'r strydoedd mwya' delfrydol i fyw ynddyn nhw ym Mhrydain. Petai golygyddion Fleet Street wedi ystyried y fath dudalen drigain mlynedd yn ôl, fydde Bryn Avenue ym Mrynaman wedi'i chynnwys ochr yn ochr â Hewl Portobello yn Llundain, Derwen Fawr yn Abertawe a strydoedd drudfawr Cyncoed yng Nghaerdydd. Sut felly? Wel, i ni'r plant y Cae Criced (yn gyfuniad o Wembley a Sain Helen am ddeuddeg mis o'r flwyddyn) ar un pen, a phopty MB Francis a'i Feibion y pen arall, o'dd yn gyfrifol am y fath gategoreiddio.

Pastry chef par excellence y popty o'dd Wil Francis a ro'n ni'r plant yn gw'bod yn nêt y byddai'r *custard slices* stumogus yn barod i'w gwerthu tua chwarter i bump y prynhawn. Ar ôl dychwelyd o'r ysgol byddai'n ras wyllt lan i dop y tyle (tyle a fydde wedi bod yn dreth ar ysgyfaint Mo Farah) i archebu pedwar neu bump o'r creadigaethau mwya' blasus yn Hemisffer y Gogledd. Petai Paris yn agosach, yna fydde fan Bedford las Francis wedi tuchan ei ffordd yn ddyddiol ar hyd y Champs-Elysées â phum cant o'r *gateaux extraordinaires* i bantri Fouquet's.

Ond yn wahanol iawn i'r mwyafrif o drigolion y Gwter Fawr, diddordeb mawr Wil o'dd pêl-droed. Nid ein bod ni, y cryts ifanc o'dd yn byw ar Heol Llandeilo, Heol-y-Gelynen a Bryn Avenue, yn wrthwynebus i gêm Billy Meredith, Roy Paul a Trevor Ford. Yn ddyddiol ro'n ni'n cico pêl ar iard yr ysgol; yn penio, driblo a thaclo ar yr hewl gyda'r hwyr ac yn ffurfio ciw tu fas i'r post office am saith ar nos Sadwrn er mwyn derbyn y *Sporting Post* a chael adroddiadau cryno am y gemau rygbi a phêl-droed a chwaraewyd ledled Prydain y prynhawn hwnnw.

Ro'n ni'n synnu fod gan Pat Searle dudalen gyfan yn cyfeirio at uchafbwyntiau gemau'r Swans a hynny ond dwy awr yn dilyn y chwib ola'. Ddechrau'r chwedegau ro'n i, fel sawl un arall, yn gwrando'n gegrwth ar *Sports Report* gyda Raymond Glendenning. Ro'dd e a'i griw o ohebyddion gwybodus yn cyfleu'r cyffro a hynny ond eiliadau wedi i'r chware ddod i ben. Dwi'n dal i gofio'r gerddoriaeth; Da-rat-tat-tat, da-rat-tat-tat, da-rat-tat-tat-tat-tat-ta, rat-tat-tat-tat-tat-ta a chael fy mesmereiddio gan lais clir James Alexander Gordon yn darllen y canlyniadau. Gartre' ro'dd cannoedd o filoedd o wrandawyr, a fu'n proffwydo gemau cyfartal ar eu *coupons* ddechre'r wythnos, yn gobeithio a gweddïo fod arian mawr ar y ffordd i'w cownt banc o goffrau cwmnïau Vernons neu Littlewoods.

Des i w'bod yn ddiweddarach fod Wil yn dipyn o bêl-droediwr. Ddiwedd ei yrfa ro'dd e'n amddiffynnwr dibynadwy yn nhîm Brynaman o'dd yn chwarae'u gemau cartre' yng nghysgod Mynydd Llusi ar ga' Esgair Ynys ar yr hewl gefn a arweiniai i gyfeiriad Hen Bethel, Castell Carreg Cennen a Gors-y-Garnant. Yn ei ugeiniau profodd ei hun yn aelod gwerthfawr o dimau Ton Pentre a Llanelli, dau glwb o'dd yn chware yn y

Welsh League! Yn ôl Eddie Francis, effeithiwyd ar Wil gan ei holl ymdrechion amddiffynnol; ro'dd tuedd iddo amrantu'n ddi-baid (blinco i chi a fi!) ar ôl penio cymaint ar bêl ledr o'dd yn pwyso tunnell adeg tywydd gwlyb a chaeau mwdlyd.

Ta pryd fydden ni'n galw am dorth yn y *bakehouse*, bydde'r siarad yn troi o gwmpas socer a Wil ar ei focs sebon. Y fe 'nath sôn am bresenoldeb Cymro yn Rownd Derfynol Cwpan Pêl-dro'd y Byd yn Berne yn y Swistir yn 1954. Hwngari, yn ôl Wil, o'dd y ffefrynnau ar ôl 'ware ffwtbol pert drwy'r gystadleuaeth. Gorllewin yr Almaen o'dd eu gwrthwynebwyr yn y Rownd Derfynol a phob Tom, Dic a Harri yn proffwydo buddugoliaeth glir i'r Hwngariaid. Wedi'r cwbwl, yn y gemau rhagbrofol, y Magyars a'th â hi o 8-3 yn erbyn yr Almaenwyr. Ond nid fel 'na droiodd pethe mas yn y ffeinal, gyda glaw yn chwipio ar draws y ca' ac yn 'neud pethe'n anodd i'r ddau dîm.

Y llumanwr Mervyn Griffiths o bentre' Six Bells ger Abertyleri lwyddodd i achub cro'n Gorllewin yr Almaen. Â munudau'n weddill, ro'dd Hwngari'n siŵr eu bod wedi dod yn gyfartal – pàs Toth yn berffeth, Puskás am unwaith yn amseru'i rediad ac yn saethu heibio i Turek yn y gôl. Ro'dd Hwngari'n dathlu tan i'r dorf a'r chwaraewyr sylweddoli fod baner y llumanwr wedi'i chodi'n uchel i'r awyr. "Dyna i ti ddrama," medde Wil, "Yn ôl Griffiths ro'dd Puskás yn camsefyll o fodfeddi. Hyn yn gad'el Gorllewin yr Almaen yn enillwyr Cwpan Jules Rimet am y tro cynta' yn eu hanes." A ma' 'da fi deimlad fod Wil yn ddigon hapus â'r canlyniad gan fod ei frawd Ffred wedi priodi â merch o Awstria oedd yn siarad Almaeneg, ac yn byw ar Hewl Llandeilo.

Ro'dd Wil yn un o'r ychydig rai yn Nyffryn Aman o'dd yn siŵr o diced ar gyfer Rownd Derfynol Cwpan yr FA yn Wembley – a ro'n nhw fel aur! Yn ystod ei yrfa, daeth yn gyfeillgar â Fred Dewey, chwaraewr dylanwadol i Cardiff Corinthians. Enillodd Dewey ddau gap yn 1931 pan benderfynodd clybiau Lloegr wrthod caniatâd i chwaraewyr amlyca' Cymru gynrychioli'u gwlad. Bathwyd yr enw 'Dieithriaid' ar y criw a chwaraeodd, ond yn groes i'r disgwyl, cafwyd canlyniad annisgwyl yn Glasgow – y ddwy wlad yn gyfartal 1-1 ar ddiwedd y chware. Ddechre Ebrill am flynyddoedd lawer, byddai Fred Dewey, gŵr busnes llwyddiannus yn y Bae, yn cysylltu â Wil ar y ffôn, *"Ticket's in the post, Will!"*

Aelod allweddol o dîm Lloegr yn Old Trafford 1961 – y bowliwr cyflym Fred Trueman.

Pennod 11

1961: Gêm brawf gofiadwy

Yn dilyn penderfyniad y Parchedig Llywelyn Hughes a'i deulu i symud o Frynaman i Fanceinion, bu gogledd Lloegr yn Fecca i ni fel teulu. Treuliwyd oriau difyr yno, er rhaid cyfadde' mai siom o'r mwya' oedd clywed y datganiad ar yr uchelseinydd ar nos Lun, 25 Mawrth 1957. Cyhoeddwyd fod rhaid cau'r clwydi ar ôl i Nêst a finne a'n tadau aros yn amyneddgar mewn llinell a ymestynnai am rai cannoedd o lathenni o gwmpas Old Trafford. Bolton Wanderers o'dd yr ymwelwyr, a finne wedi gobeithio gweld dau arwr yn diddanu, sef Nat Lofthouse a Duncan Edwards. Roedd yna awyrgylch drydanol o gwmpas y cae a phawb yn ysu am weld y gêm gynta' i'w chware ar y cae o dan y llifoleuadau newydd sbon. Ro'dd Old Trafford dan ei sang – 60,826 yn bresennol a Bolton yn fuddugol o 2-0. 'Smo i'n credu y bydde dau blentyn naw mlwydd oed wedi gweld dim mwy na'r llifoleuadau!

Dair blynedd yn ddiweddarach, ar ymweliad arall â

Manceinion, bu'r ddau deulu yn ciwio 'to, a'r tro hwn tu fas i Sinema hanesyddol y Gaumont. Y cynhyrchiad a ddenodd sylw'r trigolion oedd 'Ben-Hur', ffilm a gipiodd y mwyafrif o'r anrhydeddau yn seremoni'r Oscars ddeufis ynghynt, gyda Hugh Griffith yn derbyn y tlws am yr actor cynorthwyol gorau. Cafwyd mynediad gan fod lle i ddwy fil yn yr awditoriwm. Derbyniodd y Cymro adolygiadau canmoliaethus gan y wasg a'r cyfryngau am ei bortread gwych o'r perchen ceffylau Sheik Ilderim.

Treuliwyd wythnos arall gofiadwy yng nghartre' ein cyn-gymdogion ddiwedd Gorffennaf 1961, a hynny ar gyfer gwylio gêm brawf rhwng Lloegr ac Awstralia. Ro'dd siŵr o fod cysylltiadau da 'da Mistar Hughes oherwydd ro'dd y tocynnau yn rhai ardderchog. Yn ôl yr Adran Feteoroleg, mae Manceinion bron cyn wlyped â Chapel Curig a bu'n rhaid aros am dros dair awr ar y bore Iau i'r cymylau bygythiol ddiflannu. Llwyddodd y ddau fowliwr cyflym, Statham a Trueman, fanteisio ar yr amodau a chreu amheuaeth ym meddyliau batwyr Awstralia. Roedd y bêl yn symud yn yr awyr ac oddi ar y llain, a chyn diwedd y diwrnod cynta' roedd yr ymwelwyr mewn picil, ac oni bai am gyfraniadau allweddol gan Bill Lawry (74) a Brian Booth (46) fydde tîm Richie Benaud ddim wedi cyrraedd cant.

Yn ôl y gwybodusion ro'dd hon yn gêm brawf fythgofiadwy, yn un o'r gornestau criced mwya' cyffrous yn hanes y gamp ac fel un oedd yno am bum niwrnod ac a welodd bob un pelen a fowliwyd, pob un rhediad a sgoriwyd, gallaf dystio 'mod i o'r un feddwl. Manteisiodd Lloegr ar yr heulwen a doniau batio Geoff Pullar (63), y capten Peter May (95) a Ken Barrington (78) a chyrraedd cyfanswm anrhydeddus o 367. Ro'dd pethe'n dishgwl yn dywyll ar Awstralia.

Ond doedd tîm Richie Benaud ddim yn bwriadu ildio. Lawry (102) a Simpson (51) yn ychwanegu 113 am y wiced gynta', O'Neill yn cyfrannu 67 cyn i Alan Davidson (77 heb fod mas) a Graham McKenzie (32) ychwanegu 98 am y wiced ola'.

Llwyddodd Davidson (bowliwr llaw chwith twyllodrus) gledro ugain o rediadau oddi ar un pelawd David Allen. Roedd angen i Loegr sgorio 256 i ennill ar wiced oedd yn dechre' ffafrio'r troellwyr.

Fe ddechreuodd Lloegr yn addawol gyda phartneriaeth agoriadol o ddeugain rhwng Pullar a Subba Row. Gobaith penna' Lloegr oedd gweld Ted Dexter yn sgorio'n rhwydd a chymryd gwynt dyn yn lân. Dyma fatiwr oedd yn hollol naturiol ei ergydion. Cafwyd gwledd – ergydion oddi ar y dro'd fla'n, ergydion clasurol, ergydion dewiniol. Cyfareddwyd y dorf, ac erbyn canol y prynhawn ola', roedd Lloegr yn 150-1 gyda Subba Row a'r dawnus Dexter wedi ychwanegu 110 o rediadau. Roedd gobaith i Loegr saernïo buddugoliaeth a chipio cyfres y lludw.

O fewn awr, chwalwyd y gobeithion. Penderfynodd y capten craff a'r troellwr coes cyfrwys Richie Benaud fowlio o ben y pafiliwn a cheisio manteisio ar y tir garw. Talodd y penderfyniad ar ei ganfed; denai'r batwyr lawr y llain. O fewn pedair pelawd, roedd Benaud wedi hawlio 5 wiced am 12 rhediad a'r gêm ar ben. Ychwanegwyd dim ond 51 o rediadau ar ôl diflaniad y dewin Dexter (76) a chyn amser te roedd y lludw i bob pwrpas ar y ffordd i Hemisffer y De.

Pas y canolwr Keith Bradshaw yn rhyddhau Dewi Bebb yn y gêm gyfartal rhwng Cymru a Lloegr yn Twickenham 1964. Y sgôr terfynol: Lloegr 6 Cymru 6 gyda Dewi yn hawlio ceisiau'r cryse cochion.

Pennod 12

1961: Y gwibiwr o'r gogledd

'Weithiau'n ddewiniaid, weithiau'n ddihirod' – dyna farn cefnogwyr rygbi o Fôn i Fynwy am y Pump Mawr neu'r *Big Five* fel y da'th pawb i'w hadnabod. Y nhw o'dd â'r dyletswydd o ddewis y tîm cenedlaethol, y mwyafrif llethol ohonynt yn gyn-chwaraewyr ac yn deall eu stwff. Ar adegau ro'dd rhai yn cael eu cyhuddo o fod yn blwyfol ac eraill yn mynnu ochri gyda chlybiau'r dwyrain megis Caerdydd a Chasnewydd. Am ddegawdau cyn yr Ail Ryfel Byd, teimlai'r cefnogwyr i'r gorllewin o Bont Llwchwr fod yna *vendetta* yn erbyn chwaraewyr Llanelli.

Ar noson rhyddhau'r tîm, curai calonnau'r cefnogwyr yn afreolus, yn enwedig yn y munudau cyn cyhoeddi enwau'r pymtheg. Digwyddai hyn, yn amlach na pheidio, ar nos Iau ar newyddion deg ar y *Welsh Home Service*. A dyna'n union ddigwyddodd ar yr 8fed o Ionawr 1959 pan syfrdanwyd y genedl gyfan â'r newyddion fod yna saith cap newydd yn nhîm y cryse cochion i wynebu Lloegr ar Barc yr Arfau. Roedd 'wech o'r saith yn enwau digon cyfarwydd, ond diarth o'dd yr asgellwr chwith Dewi Bebb, o'dd â'r dasg i farco'r dewin o glwb Coventry, Peter Jackson.

'Dewi pwy?' o'dd yr ymateb ac roedd hyd yn oed J.B.G. Thomas yn brin o eirie yn ei golofn ddyddiol yn y *Western Mail*. Yn ôl gwrw'r gohebwyr, Gogleddwr o Fangor o'dd Dewi Bebb, yn fab i'r hanesydd a'r ieithydd J. Ambrose Bebb, yn dilyn cwrs yng Ngholeg y Drindod, Caerfyrddin. Ond ro'dd rhai cefnogwyr craff o'r gorllewin yn ymwybodol o'r hyn ddigwyddodd.

Pwy felly o'dd yn gyfrifol am bresenoldeb Cliff Jones, Cadeirydd y *Big Five*, yn nhre' Arberth ar bnawn Sadwrn ddechre Rhagfyr 1958? 'Sen i'n tybio fod pawb o'dd ar gae'r Dwrgwn wedi synnu gweld Cliff (maswr Cymru yn erbyn y Crysau Duon yn 1935) yn sefyll yn ymyl yr ystlys yn gwylio tîm y dre' yn herio'r Coleg yn hytrach nag ishte mewn eisteddle braf. Ta waeth, fe dalodd y penderfyniad ar ei ganfed oherwydd disgleiriodd Dewi gan sgorio pedwar cais unigol ardderchog. Gwelwyd Cliff yn gadael y ca' â gwên lydan ar ei wyneb.

Do'n i ddim yng Nghaerdydd ar gyfer cap cynta' Dewi; gweld y cwbwl ar deledu du a gwyn Murphy 'nes i. Dau a deithiodd yno o Hewl Coelbren Ucha' ar y Waun o'dd Huw Llywelyn Davies a Gareth Edwards. Hon o'dd gêm ryngwladol gynta' Gareth fel cefnogwr. Ro'dd y cae mewn cyflwr truenus, fawr o wyrddni'n weladwy, a'r borfa wedi'i gorchuddio â haenen drwchus o lacs. Ro'dd y pyllau soeglyd yn ei gwneud hi'n gwbl amhosib i'r chwaraewyr feddwl am ddiddanu.

Un sgôr o'dd ynddi; Dewi'n twlu mewn i'r lein, R.H. yn ei dal hi ac yn ei throsglwyddo'n syth 'nôl i Dewi a hwnnw'n cyflymu, yn camu heibio i Jackson cyn newid cyfeiriad a thwyllo'r cefnwr Hetherington yn llwyr. Trosodd Terry Davies bron o'r ystlys. Ac yna, fe ddechreuodd y dorf ganu 'Cwm Rhondda' – fel arfer, cyn ac ar ôl y gêm y clywid yr emyne

Le Grand Boucle 2017 ar fin dechre yn Düsseldorf. (O'r chwith): Peredur ap Gwynedd, Rhodri Gomer, Llinos Lee yno ar ran S4C.

Jill, Jamie a Judith yn Lyon 2016

Y rhaglen swyddogol pan chwaraeodd Stanley Matthews ar Gae'r Vetch yn 1962.

Cyfweld ag un o'r mawrion mewn noson gymdeithasol yng Nghlwb Rygbi Caernarfon. John Gwilliam yw'r unig gapten i arwain Cymru mewn dwy Gamp Lawn a hynny yn 1950 ac 1952.

Yng nghwmni pump o gewri Clwb Criced Morgannwg o'r chwedegau: (O'r chwith) Peter Walker, Roger Davis, Majid Khan, Don Shepherd, Brian Lewis.

Tîm Gymnasteg Ysgol Gynradd Llandybïe 1976: (O'r cefn i'r blaen): Sandra Evans, Carol Williams, Julie Thomas, Julie Morris, Fay Hooper, Cathryn James, Julia Thomas, Susan Jones (athrawes), Justine Jenkins, Joy Mathias, Debbie Howell, Carol Mathias, Mandy James.

Angharad Mair, yma'n rhedeg y Marathon i Brydain ym Mhencampwriaethau'r Byd yn Athen yn 1997. Roedd y gwybodusion yn proffwydo medal iddi ym Mabolgampau'r Gymanwlad yn Kuala Lumpur 2008; ond bu'n rhaid iddi ddychwelyd yn gynnar yn dilyn anaf i'w throed.

Ar fin dechre cerdded Llwybr Clawdd Offa 2005.

Matthew Maynard a Steve Watkin yn ymlacio yn eu cryse-T Eisteddfod Nedd a'r Cyffiniau cyn y gêm undydd dyngedfennol yng Nghaergaint 1993.

Alun Morris Jones, Daley Thompson a finne mewn cwrs haf yn Eton 1997.

'Sur le Pont d'Avignon' – hoe ar y ffordd o Bourgoin i Beziers yng nghwmni'r haneri Rowlands a Bennett.

Dychwelyd i Old Trafford ddeugain mlynedd ar ôl agoriad swyddogol y llifoleuadau yn 1957. (O'r chwith): Adrian Howells, Alun Wyn Bevan, Rebecca Griffiths, Steve Bruce.

'Stafell y Wasg ar y Stade de France 2003: (Rhes Gefn) Scott Gibbs, Eleri Sion, Huw Llywelyn Davies (Rhes ganol): Alun Wyn Bevan, Jonathan Davies, Gareth Charles, Brian Price, Clive Rowlands, Derwyn Jones (Rhes flaen): Robert Jones, Ieuan Evans

Dau athro yng nghwmni dau sylwebydd ar faes Eisteddfod Genedlaethol Abertawe 2006: (O'r chwith) Alun Wyn Bevan, Yr Athro Hywel Teifi Edwards, Yr Athro Geraint Jenkins a Huw Llywelyn Davies.

Cefnogwyr y ddau dîm yn cymysgu'n braf ym Mhorth Madryn, Patagonia 2006. Gornest gofiadwy gyda'r Archentwyr yn fuddugol o 27 i 25.

Prynhawn tawel, hamddenol ar lannau Teifi yn Llandysul – llun a blesiodd y beirniaid mewn cystadleuaeth yng nghylchgrawn The Wisden Cricketer *ar y thema* 'The Contest'.

Cerdded rhan o Lwybr Arfordir Sir Benfro yng nghwmni Bryn Terfel.

Gêm fythgofiadwy – Brynaman 6 Cydweli 3. Wele'r ddau a seliodd y fuddugoliaeth: (O'r chwith) Cerith Thomas (cic adlam) a John Rees (cic gosb).

Tîm Brynaman ganol y 50au: (Rhes gefn) Eddie Bevan (dyfarnwr), Malcolm Parry, Viv Price, Ieuan George, David Tom Davies, Don Roberts, Haydn Griffiths, John Brinley Davies, Myfyr Hughes, Berian James, Orlando Thomas, Basil Owen (Rhes ganol): Lot Jones, Ronnie Jones, Ronald Francis, Gordon Thomas, David Emrys Jones, Viv Thomas (Rhes flaen): Alwynne Evans, Bernard Cajot, Arfon Davies, Jackie Milner, Cliff Griffiths.

Huw Ceredig. Cannwyll llygaid mam-gu (Harriet Gwenllian Bevan) yn ystod ei gyfnod ym Mrynaman. Yn ffrind annwyl i mi am ddegawdau. Colled enfawr.

Yn y blwch sylwebu gyda'r dewin Phil Bennett.

Oriau cyn Rownd Derfynol cwpan Heineken 2009 rhwng Caerlŷr a Leinster – dymuno'n dda i Mefin Davies, aelod o garfan Caerlŷr.

Y gêm ryngwladol ola' i mi sylwebu arni mas ar y Stadio Flaminio yn Rhufain 2009. (O'r chwith): Garan Evans, Emyr Lewis, y fi ac Eleri Sion – Yr Eidal 15 Cymru 20.

Dau o gyn-ddisgyblion Ysgol Glanaman yn cyfuno. David Jones, ffotograffydd y Press Association yno i weld Shane Williams, yng nghrys yr Aman, yn tirio am y tro ola' ar Stadiwm Principality yn Rownd Derfynol y Bowlen. Sgôr Terfynol: Yr Aman 40 Caerffili 31.

traddodiadol ond ar ddiwrnod mor ddiflas gyda'r glaw yn pistyllu lawr, ro'dd hyd yn o'd y cefnogwyr am gadw'n dwym. Cariwyd Dewi, o'dd bellach yn arwr y werin, o'r maes ar ysgwydde'r cefnogwyr.

Yn ddiweddar, wrth imi gynorthwyo Gareth â'i hunangofiant, cyfeiriodd y mewnwr at ei atgofion o'r diwrnod: "Sgoriodd Dewi ei gais rhyngwladol cynta' yn y gornel gyferbyn â'r lle ro'dd Huw a finne'n sefyll. Wyth mlynedd yn ddiweddarach ro'n i'n 'ware am y tro cynta' yng Nghaerdydd mewn gêm ryngwladol a Dewi'n whare ei gêm ola' tros Gymru, ac yn erbyn Lloegr yr o'n ni'r diwrnod hwnnw hefyd. Yn ystod y gêm, rhyw ddeg muned cyn y diwedd, mi dwles i bàs i Dewi a fe sgoriodd e gais yn yr un gornel yn gwmws â'r cais cynta."

Ro'n i yno ddwy flynedd yn ddiweddarach, y tywydd yn garedicach o lawer a Dewi y tro hwn yn hawlio dau gais, diolch i redeg a phasio celfydd Ken Richards a Cyril Davies. Gwibiodd Dewi fel ewig i gyfeiriad y llinell gais a dangos ei allu cynhenid fel asgellwr. Des i i'w 'nabod e'n dda yn ystod ei gyfnod fel cynhyrchydd mawr ei barch ym Mhontcanna a Chroes Cwrlwys, a'r ddau ohonom yn teithio'n achlysurol ar hyd y traffyrdd i Ogledd Lloegr ar gyfer gemau'r Gynghrair. Bu bron iddo lofnodi cytundeb â Leeds yn dilyn taith y Llewod yn 1962, ond ma' honno'n stori arall.

Dyfarnwr Rownd Derfynol Cwpan Lloegr 1953 oedd y Cymro Mervyn Griffiths. Ro'dd y gêm yn un o'r clasuron gyda Stanley Matthews yn disgleirio. Yn y llun gwelir Griffiths, Billy Wright ac Ernst Ocwirk yn cyfarch ei gilydd yn Wembley cyn gêm Lloegr a Gweddill Ewrop 1953.

Pennod 13

1962: Stanley Matthews – y dinistriwr ffrwydrol

Dwi'n cofio'r diwrnod fel petai hi'n ddo' – camu mas o fws deulawr coch *South Wales Transport* gyferbyn â stesion Abertawe a cherdded lawr y Stryd Fawr heibio Edwards' Sports, Siop dillad isha' Madam Foner (amhosib peidio â chymryd pip yn y ffenest), Lewis Lewis, dillad dynion Hodges, *café* Eynons (*pasties* blasus) cyn troi i'r dde yn ymyl Woolworth a Burton's ac anelu am y Kingsway a rhes hir o fusnesau annibynnol llewyrchus o'dd yn denu siopwyr yn eu miloedd i'r dref – siopau 'sgidie AG Meek (''*cause the matching's unique at AG Meek*') a Penhale's, siop gelfi Courts, *cafés* y Milkmaid a'r Copper Kettle, John Hall, Wildings, tai bwyta'r Mayflower a'r Burlington a siop dillad dynion Calders. A chyn cyrraedd Garej Fletchers yn ymyl y cylchdro ar ben gorllewinol Heol Sain Helen, ro'dd yna gyfle i sefyll yn yr unfan a gwerthfawrogi harddwch pensaernïol y Plaza – sinema a agorwyd gyda lle i dair mil i ishte'n gyfforddus yn 1931 cyn i'r drysau gau am y tro ola' yn 1965; yma y gweles i'r ffilmiau *South Pacific* a *The Bridge on the River Kwai*. Yna parhau am ryw ddau gan llath i gyfeiriad yr ysbyty a pharlwr hufen iâ Joe's cyn cymryd troad i'r chwith ac yn ymyl Garej Nelson's o'dd Cae Pêl-droed y Vetch a fu'n gartre' i dîm y dre' (ac yna'r ddinas) am bron i gan mlynedd.

Ar nos Wener, y 24ain o Awst 1962, daeth cadarnhad fod y tywydd gwlyb yn debygol o bara' dros y penwythnos. Roedd cae criced Brynaman ishws o dan ddŵr ac ar doriad gwawr ar y Sadwrn, penderfynodd Philip Hicks a finne deithio i'r Vetch, nid yn unig i gefnogi'r Swans ond i weld un o bêl-droedwyr gore'r bydysawd yn cynrychioli Stoke yn yr ornest ail adran. Ro'dd Stanley Matthews yn eicon a ninne'n ei eilunaddoli, diolch i'r clips cyson a ddangosid ohono ar newyddion Pathé yn sinemas Dyffryn Aman.

Fe'i ganwyd yn nhre'r crochenwyr ac yn ôl y rhaglen (sy'n dal yn saff mewn silff yn y sied) fe chwaraeodd e am y tro cynta' ar y Vetch yng nghrys Stoke yn 1935. Saith mlynedd ar hugain yn ddiweddarach ro'dd e nôl ar y cae ar ôl dychwelyd i glwb ei filltir sgwâr yn dilyn pedwar tymor ar ddeg 'da Blackpool. Matthews o'dd seren Rownd Derfynol Cwpan Lloegr yn 1953 pan drechwyd Bolton Wanderers o 4-3 gan y gwŷr yn y cryse *tangerine*. Mortensen hawliodd *hat-trick* y prynhawn hwnnw ond Matthews a dderbyniodd y clod wrth greu hud a lledrith ar yr asgell dde.

Pan chwythodd y dyfarnwr, y Cymro Mervyn Griffiths o'r Rhondda, ei chwib i ddod â'r chware i ben, ma' geirie'r sylwebydd Kenneth Wolstenholme braidd yn eironig: "*It's Matthews's Final – what an end to a great career!*" "End to a great career!" – dair blynedd ar ddeg yn ddiweddarach roedd Matthews yn dal i'w lordian hi ar yr asgell i Stoke yn yr Adran Gynta' a fynte'n hanner cant oed! Pan gyrhaeddodd y Swans Rownd Gyn-derfynol Cwpan Lloegr yn nhymor 1963/64, roedd Stoke yn un o'u gwrthwynebwyr yn y Bumed Rownd. Cyfartal 2-2 o'dd hi ar Gae Victoria yn Stoke (Matthews yn hawlio un o'r goliau) gydag Abertawe yn ennill y gêm ail-chwarae ar y Vetch o 2-0. Yn ddiddorol, rhwydodd yr ymosodwr Keith Todd o Glydach gôl yn y cymal cynta' ac un arall yn y gêm ail-chwarae ar y Vetch – gyda llaw, Todd yw tad-yng-nghyfraith cyn-gefnwr tîm rygbi Cymru, Justin Thomas.

Hyd yn oed heddi', mae modd gwerthfawrogi doniau Stanley Matthews drwy wylio naw munud o uchafbwyntiau ffeinal 1953 ar safle *itsagoal.net*. Beth sy'n amlwg ar ôl gwylio'r delweddau du a gwyn yw cyflymdra'r asgellwr dros y llathenni cynta', y bêl fel petai'n estyniad naturiol o'i droed a'i allu i groesi'n gywrain yn wers i bêl-droedwyr y presennol – ie, drwy ymarfer y perffeithir pob crefft. Chwaraeai ar yr asgell dde â rhif 7 ar ei gefn, ond a bod yn onest, gallai fod wedi chware ar yr ochr chwith gan ei fod yn gyfforddus ddwy-droediog.

Rhaid cyfadde' nad wy' i'n cofio fawr ddim am y gêm ei hun; y glaw yn pistyllu lawr a finne'n cadw llygad barcud ar Matthews a chael fy hudo gan ei athrylith. Shwd ar y ddaear o'dd dyn, yn closio at yr hanner cant oed, yn gallu ymdopi â chyflymdra'r chware yn ogystal â bod yn ddigon cyfrwys, medrus a chraff i osgoi taclwyr ciaidd y cyfnod o'dd yn benderfynol o dorri pob asgwrn yn ei gorff? Abertawe a'th â hi o 2-1 ond Stoke o'dd yn dathlu ar ddiwedd y tymor yn sgîl ennill dyrchafiad 'nôl i'r Adran Gyntaf. Yr un cof sy' 'da fi o'r prynhawn yw gweld Stanley 'nôl yn amddiffyn yn ddwfn yn ei hanner ei hun, yn rhyng-gipio pàs dreiddgar, yn driblo'n gelfydd heibio i ddau wrthwynebydd ffwndrus, cyn dod o hyd i Dennis Viollet â phàs na alle syrfëwr ddim fod wedi ei mesur yn well. Ond ei frwdfrydedd a greodd yr argraff penna'. Ymdebygai i grwtyn pum mlwydd oed yn carlamu mas i iard yr ysgol ar gyfer *kick-about* amser chwarae. Dewin y dribl, meistr yr ystlys.

Pennod 14

1964: Y neidiwr o Nant-y-moel

Lynn Davies o Nant-y-Moel: enillydd y fedal aur yn y Naid Hir ym Mabolgampau Olympaidd Tokyo 1964.

Rai blynyddoedd yn ôl, roedd hi'n fwriad gan y Cynulliad ym Mae Caerdydd i ddenu ymwelwyr i hen gymoedd diwydiannol y De (bron i bump ar hugain ohonynt yn ymestyn o Gwm Gwendraeth yn y gorllewin i Gwm Llwyd yng Ngwent). Comisiynwyd cwmni i gasglu gwybodaeth eang a diddorol amdanynt a chwblhawyd y gwaith ar ffurf pamffledi. Ond pwy a ŵyr ble mae'r rheiny erbyn hyn?

Ro'n i'n un o'r rhai a fu'n torchi llewys am fisoedd yn ymchwilio, troedio, holi a rhyfeddu a dod i'r casgliad fod potensial aruthrol i gynllun o'r fath. A bod yn onest, sylweddolais yn fuan pa mor anwybodus o'n i am gymoedd diwydiannol fy ngwlad, cymoedd wedi'u rhychu oddi ar Oes yr Iâ gan afonydd a lifai o'r gogledd i'r de; cymoedd anhygyrch ar ddechrau'r ddeunawfed ganrif, ond ar ôl dod o hyd i'r gwythiennau glo, fe ddylifodd pobol yno yn eu cannoedd o filoedd a newidiwyd eu gwedd mewn byr amser.

Ces i agoriad llygad yn Nyffryn Ogwr. Do'n i erioed wedi ymweld â Glynogwr, Melin Ifan Ddu, Cwm Ogwr a Nant-y-moel. Teimlais gywilydd wrth gyfadde' 'mod i wedi cerdded palmentydd Mendoza yng nghysgod mynyddoedd cawraidd yr Andes cyn canfod hud a lledrith Craig Ogwr ar yr hewl droellog heibio i Fwlch y Clawdd ar y ffordd i Gwm Rhondda a Dyffryn Afan.

Darganfyddais, a doedd hyn fawr o sioc, mai agor y pyllau

glo fu'n gyfrifol am dwf a datblygiad Dyffryn Ogwr. Sefydlwyd Pwll y Wyndham ger Nant-y-moel yn 1865 gan Gwmni Glo a Haearn Llynfi, Tondu ac Ogwr. Aeth y cwmni'n fethdalwyr yn 1888 a phrynwyd y gwaith gan Gwmni Cory. Yn 1913 cyflogid 1,395 o lowyr a chynhyrchwyd hanner miliwn o dunelli yn 1971.

Mae pentre' Melin Ifan Ddu yn nythu'n gartrefol rhwng y bryniau a'r coedwigoedd ac yma yn 1863 y daeth Edward Tomos a'i fam i fyw ar ôl marwolaeth y tad. Erbyn diwedd y ganrif, ro'dd e'n un o bobol bwysica' Caerdydd ar ôl cael ei ethol yn faer. Roedd pawb yn Nyffryn Ogwr yn ei adnabod fel Cochfarf – gŵr oedd yn arbenigwr ar lwybrau hanes a hynafiaeth Morgannwg.

Des i ar draws un arwr lleol – James Llewellyn Davies, a fu farw ar ddiwrnod ola' Gorffennaf 1917 ar ôl cael anafiadau difrifol yng nghoedwigoedd Polygon yn Pilkem, gwlad Belg. Dyfarnwyd Croes Fictoria iddo am ei ddewrder eithriadol yn ystod cyfres o ymosodiadau ar faes y gad. I'r llecyn hardd hwn y daeth nifer o drigolion Sir Drefaldwyn a chanolbarth Cymru i chwilio am waith yn ail hanner y bedwaredd ganrif ar bymtheg. Roedd un o'u plith, sef David Davies, Llandinam, wedi agor pwll glo yn yr ardal ac yn awyddus i weld trigolion bro ei febyd yn manteisio ar gyfleoedd. O dras gwerinol, profodd David Davies ei hun yn arloeswr ac yn ffrind i'r dosbarth gweithiol yn ogystal â bod yn *entrepreneur* llewyrchus. Mae strydoedd Nant-y-moel yn tystio i'r parch a ddangosid iddo – Stryd Dinam, Clos Dinam a Chwrt Llandinam yn rhai esiamplau.

Ar ben Stryd Howell, mae modd gwerthfawrogi mawredd y mynyddoedd gerllaw. Yma ar y 7fed o Ionawr 1940 ar fynydd William Meyrick, wrth brofi ac arbrofi offer radar, chwalwyd dwy awyren o fewn hanner awr i'w gilydd a lladd chwech.

Ond mae'n amhosib ffarwelio heb sôn am gamp un o feibion enwoca' Dyffryn Ogwr, ac mae'n warth nad oes yna blac glas, crwn yn rhestru'i orchestion tu fas i'w hen gartre' yn 14, Commercial Street. Mis Hydref 1964 o'dd hi – Sul, y deunawfed a bod yn fanwl gywir, er mai rhyw ddeuddeg awr yn ddiweddarach, yn gynnar ar y bore Llun, y clywes i ar donfedd y Welsh Home Service am fuddugoliaeth gwbl annisgwyl Lynn Davies mas yn Siapan yn y Naid Hir.

Roedd Cymru gyfan yn dathlu pan benderfynodd y dewiswyr gynnwys y gŵr ifanc, llathraidd yn aelod o dîm athletau Prydain ar gyfer Gemau Olympaidd Tokyo ond doedd yna 'run copa walltog wedi breuddwydio y byddai'r Cymro yn dychwelyd yng ngherbyd y maer i Nant-y-moel, pentre' wedi'i foddi mewn rhubanau a baneri.

Ces i'r fraint a'r anrhydedd o ddod i 'nabod Lynn yn ystod ei gyfnod yn Adran Chwaraeon y BBC yn Llandaf ddechrau'r nawdegau a phan ofynnwyd i mi 'sgrifennu cyfrol ar y Mabolgampau Olympaidd gan Wasg Gomer cyn jamborî Llundain yn 2012, cysylltais ag e er mwyn ei gwestiynu am ei atgofion o'r diwrnod. Doedd y gair 'blog' ddim yn ffasiynol bryd hynny ond dyma'r cymalau a'r brawddegau a sgriblais adeg ein cyfweliad yng nghantîn yr Athrofa lle roedd e'n ddarlithydd achlysurol.

Troi a throsi. Larwm yn fy nihuno am chwech y bore. Dishgwl mas drwy'r ffenest – glaw trwm a gwyntoedd cryfion – sefyllfa drychinebus i rai cystadleuwyr. Ond nefoedd ar y ddaear i athletwr o'dd wedi'i eni a'i fagu yn Nyffryn Ogwr! Brecwast ysgafn – pacio'r rycsac a dal y bws i'r Stadiwm. Rownd ragbrofol am 10 y bore; rhaid neidio 7.80m i gyrra'dd y Rownd Derfynol. Tri chyfle. Yr amodau'n ddifrifol; rhedeg i lygad y ddrycin.

Y ddwy naid gynta'n anghyfreithlon. Ro'n i'n benwan. Boston yn cyrra'dd y nod a hynny'n ddidrafferth. Aros yn amyneddgar, canolbwyntio'n llwyr. Meddwl am yr holl ymarfer – y twyni tywod ym Merthyr Mawr; oriau o godi pwysau; balchder teuluol. Naid arall anghyfreithlon a mae'r freuddwyd ar chwâl. Gwibio ar hyd y rhedfa – meddwl am drên bwled Siapan. Pum eiliad pwysica' fy mywyd. Geirie Ron yn atseinio yn yr isymwybod – "controlled aggression". *Taro'r bwrdd yn berffeth. Cadarnhad yn union fod y beirniaid wedi'u plesio. Ail naid orau'r gystadleuaeth hyd yn hyn.*

Cawod, cinio ysgafn. Cofio geirie ola' Ron, "You can get bronze!" *Cipolwg frysiog ar y cystadleuwyr eraill, yn enwedig Ralph Boston ac Igor Ter-Ovanesyan – y ddau'n diawlio'r tywydd. Deuddeg yn brwydro am yr aur. Tair naid yr un a thair naid ychwanegol i'r goreuon.*

Â dwy naid yn weddill, ro'n i'n cael gwaith sefyll ar fy nhraed. Syllu ar faneri'r stadiwm – y gwynt yn peidio am ychydig. Es amdani! Taro'r bwrdd yn y man iawn, hedfan drwy'r awyr. Aros yn y man a'r lle am gadarnhad o'r pellter. Y goleuadau llachar ar y sgorfwrdd – 8.07m. Halelwia! Ro'n i ar y bla'n! Munudau'n ddiweddarach daeth y cyhoeddiad swyddogol – rhif 149 Lynn Davies, enillydd y fedal aur Olympaidd. Gorfoledd, balchder, rhyddhad, anghrediniaeth.

Tîm Saith Bob Ochr Clwb Rygbi'r Aman a gyrhaeddodd Rownd Derfynol cystadleuaeth genedlaethol 1967: (Rhes gefn, o'r chwith): John Pugh, Alan Arnold, Trefor Evans, Gordon Thomas, Ian Penman (Rhes flaen): Martin Luther Jones, John 'Serevi' Thomas, Hywel Evans (capten), Colin Davies, Owen Jones.

Pennod 15

Ebrill a Mai 1967: Jarrett a John Bach

Dwi'n dal i binsio'n hunan. Ai breuddwyd oedd hon? A sgoriodd Keith Jarrett bedwar pwynt ar bymtheg mewn gêm ryngwladol ar Barc yr Arfau? Ac ai Clwb Rygbi'r Aman gyrhaeddodd Rownd Derfynol y gystadleuaeth saith-bob-ochr ar Gae'r Talbot Athletig yn Aberafan? O bryd i'w gilydd, mae yna ganlyniadau annisgwyl yn synnu cefnogwyr – Cassius Clay yn trechu Sonny Liston yn 1964; Boris Becker (1985) a Maria Sharapova (2004) yn ennill y Senglau yn Wimbledon a'r ddau ddim ar restr y detholion; Eric Hollies yn bowlio Don Bradman â'i ail belen yng ngêm brawf ola'r dewin o Awstralia yn 1948; Foinavon (1967) ar bris o 100/1 yn ennill y Grand National; yn 2000, Calais o'r Bedwaredd Adran yn cyrraedd Rownd Derfynol Cwpan Ffrainc cyn colli o 2-1 i Nantes ac yn nhymor 2015/16 Caerlŷr yn ennill yr Uwch Gynghrair.

O fewn tair wythnos yn 1967, fe fues i'n dyst i gêm a chystadleuaeth gwbl rhyfeddol. Ro'dd elfen o anghrediniaeth pan gyhoeddwyd XV Cymru i wynebu Lloegr ganol Ebrill 1967. Ai ffolineb neu ddoethineb oedd yn gyfrifol am benderfyniad y *Big Five* i ddewis y crwt ifanc Keith Jarrett, oedd newydd adael Ysgol Trefynwy, yn safle'r cefnwr? "Keith pwy?" oedd ymateb y *Western Mail*, yr *Evening Post*, yr *Echo* a'r *Argus*. Ro'dd ambell un yn canmol y penderfyniad gan fod Cymru ishws wedi colli pob un gêm yn y Bencampwriaeth; roedd angen chwa o awyr iach a rhywfaint o ysbrydoliaeth.

Gofynnwyd i Glwb Casnewydd ei ddewis fel cefnwr yn erbyn Trecelyn y Sadwrn blaenorol ond bu'r profiad yn un annymunol ac a'th pethe o ddrwg i wa'th gan fod y safle'n anghyfarwydd a Threcelyn yn ei dargedu â chyfres o *Garryowens* a chicie ar draws y ca' a brofodd yn embaras iddo. Penderfynodd y capten Dai Watkins ei symud i safle'r canolwr ar gyfer yr ail hanner.

Mae'r hyn a ddigwyddodd yng Nghaerdydd ar y 15fed o Ebrill yn rhan o hanes ein cenedl. Ro'dd pymtheg ar y ca' i Gymru ond, hyd heddi', mae'r gêm yn cael ei disgrifio fel gêm Jarrett, wrth i'r cefnwr greu hafoc yn yr heulwen. Hawliodd bedwar pwynt ar bymtheg, gan ddod yn gyfartal â record Jack Bancroft 'nôl yn 1910 – pob cic, pob pàs, pob rhediad yn taro deuddeg, y crwt yn creu cynnwrf o fla'n hanner can mil o gefnogwyr a o'dd wedi'u synnu'n llwyr. Petai golygyddion y comic *Tiger* wedi cynnwys pennod o *Roy of the Rovers* yn dilyn trefn y prynhawn, fydde'r darllenwyr wedi sgrechen 'sgersli bilîf' neu 'nefar in Iwrop gw' boi'!

Ar ôl taro top y postyn, fe a'th cic gosb gynta' Jarrett drosodd. Ychwanegodd un arall, ac yna'r *coup de grâce* ar ddechre'r ail hanner. Ro'dd cic Colin McFadyean yn un obeithiol gan ei fod e a'i dîm o dan bwyse. Yno'n brasgamu i gyfeiriad y bêl rydd fel gwibiwr ar drac athlete ro'dd K.J. Jarrett. Derbyniodd y bêl rhyw ddeg lla'th o linell yr ystlys yn ymyl hen Eisteddle'r Gogledd ar y llinell hanner. A'th yn ei fla'n fel milgi o drap; gwibio'r hanner can llath mewn rhyw bum eiliad a chroesi am gais cwbl anhygoel. Sgoriodd Lloegr un ar hugain o bwyntiau a cholli mewn gornest a ddisgrifiwyd yn un o'r goreuon oddi ar yr Ail Ryfel Byd.

Ro'dd tîm Phil Judd wedi cyrraedd yn llawn gobaith gan lygadu Coron Driphlyg, ond dychwelyd ar draws Pont Hafren â'u penne yn eu plu wna'th y cryse gwynion. I Gymru ro'dd cyfnod newydd ar fin gwawrio.

Y bwriad ar y 6ed o Ebrill, dair wythnos ar ôl gêm Jarrett, o'dd 'ware criced i Frynaman, ond yn dilyn glaw, ro'dd y wiced o dan ddŵr. Penderfynais fynd ar unwaith i Aberafan, lle ro'dd yr Aman o dan gapteniaeth Hywel Evans (yn ddiweddarach mynnodd Equity iddo newid ei enw i Dafydd Hywel) yn chware yng Nghystadleuaeth Saith Bob Ochr Cymru. Bwriad Undeb Rygbi Cymru oedd gwahodd enillwyr y cystadlaethau rhanbarthol i gystadlu yn erbyn wyth o'r prif glybiau dosbarth cynta' er mwyn codi proffil y gêm fer ledled gwlad. Ond, ar ddiwrnod cymylog diflas ar gae y Talbot Athletic, o fewn pellter cic adlam i'r M4 a agorwyd yn 1966, goleuwyd y prynhawn gan 'ware gwefreiddiol tîm yr Aman.

Roedd y wasg a'r cyfryngau yn hyderus y bydde'r prif glybiau'n sgubo'r timau bychain ail ddosbarth o'r neilltu ond bu'n rhaid ailwampio'r sgript ar ôl i'r Aman faeddu Glynebwy o bwynt yn y rownd gynta. Ro'dd y tîm o Went 14-10 ar y bla'n a rhai gohebwyr ishws wedi incio Glynebwy mewn yn eu rhaglenni ar gyfer yr ail rownd tan i'r Sgotyn Ian Penman goroni symudiad ardderchog â chais yn agos i'r pyst. Chwythwyd y chwib ola' yn dilyn trosiad llwyddiannus John Thomas.

Pen-y-bont ar Ogwr o'dd gwrthwynebwyr nesa' yr Aman a cha'l a cha'l o'dd hi mewn gornest gyffrous. Eiliadau'n weddill, mantes o 6-3 i'r Aman pan dorrodd Colin Standing yn glir, ond llwyddodd John 'Bach' Thomas gwrso nôl, plymio yn ei hyd a rhwystro'r blaenwr cydnerth â'r cyffyrddiad lleia' o gwmpas ei bigyrne.

Yn y rownd gyn-derfynol yn erbyn Castell-nedd, chwythodd y dyfarnwr i ddynodi diwedd y gêm gan feddwl fod y Cryse Duon wedi ennill. Ond yn dilyn cais y maswr Owen Jones, ro'dd trosiad o'r ystlys i benderfynu tynged y gêm. Syrthiodd y dyfarnwr ar ei fai ac ynghanol yr holl bandemoniwm, fe ganolbwyntiodd John Bach ar y dasg a chario'r Aman yn ysgubol i'r rownd derfynol i wynebu Coleg Addysg Caerdydd.

Diawch, ro'dd yna ddrama yn y rownd derfynol gan fod efeilliaid am wynebu'i gilydd – arwr y dydd John Thomas yng nghrys yr Aman, ac un o hoelion wyth y gwrthwynebwyr, Dai 'Manora' Thomas yn cynrychioli'r Coleg. Ro'dd John yn real jac-yn-y-bocs ffrwydrol ac aeth yn ei flaen i 'ware i Lanelli am bum tymor a chipio tlws Bill Everson am chwaraewr gorau'r prynhawn yn y Snelling Sevens yn 1971.

Rai munude cyn y gic gynta' yn y ffeinal, ro'dd neges ar yr uchelseinydd yn pledian ar i Dai Thomas fynd ar unwaith i 'stafell wisgo'r coleg. Ro'dd Dai, credwch fi neu beidio, yn clebran gyda'i ffrindie yn 'stafell y gwrthwynebwyr! Y coleg a'th â hi o 11-10 gyda'r gwibiwr Gary Laycock yn sgorio tri chais ond yr Aman hawliodd y penawdau yn y Western Mail gyda John Billot yn cloriannu'r prynhawn i'r dim:

> *"Magnificent village seven k.o. the top clubs – Amman lose final but win all the glory"*

Pennod 16

1968: Awstralia'n ildio am yr eildro

Don Shepherd, capten Morgannwg yn y fuddugoliaeth dros Awstralia ar faes Sain Helen, Abertawe 1968.

Mewn nifer fawr o feysydd, mae yna rai sy'n ystyried eu hunen yn arbenigwyr; yn gwrthod derbyn unrhyw feirniadaeth, yn gwrthod ildio ac yn gwrthod gwrando ar synnwyr cyffredin. Gellir cynnwys dewiswyr tîm criced Lloegr yn eu plith. Mae'r criw unllygeidiog yma wedi'i lordian hi o gwmpas Lord's am ganrif a mwy ac yn gyson wedi anwybyddu doniau a thalentau cricedwyr o Forgannwg. Mae annhegwch yn rhemp o gwmpas coridorau'r *Long Room* a'r ddau a ddioddefodd yn fwy na neb arall oedd y batiwr celfydd o Felindre a'r troellwr cyfrwys o Benrhyn Gŵyr.

Bob tro y bydda i'n gweld Alan Jones (36,049 o rediadau) a Don Shepherd (2,218 o wicedi) dwi'n anobeithio ynglŷn â'r hyn ddigwyddodd i'w gyrfaoedd. Roedd Alan yn meddu ar dechneg ddi-nam, yn hollol naturiol ei ergydion ac yn sgoriwr rhwydd a chyflym; Don ar y llaw arall yn droellwr craff oedd yn gorfodi'r batiwr i feddwl ac yn amlach na pheidio yn denu'r truain lawr y llain mewn stad o ansicrwydd a phanic. Fe geson nhw gam.

Ond o leia' mae modd i'r ddau ddishgwl 'nôl ar eu cyfnod fel cricedwyr proffesiynol â balchder rhyfeddol gyda'r chwedegau yn ddegawd bythgofiadwy o ran yr hyn a gyflawnwyd. Ar Ŵyl y Banc 1964, ro'dd Abertawe yn ferw gwyllt – y posibilrwydd o dywydd braf wedi denu ymwelwyr yn eu miloedd i draethau paradwysaidd arfordir Gŵyr. Yn ogystal, ro'dd cae criced Sain Helen dan ei sang ar gyfer ymweliad

Awstralia ac eisteddfodwyr o bell ac agos yn troedio i gyfeiriad Parc Singleton ar gyfer yr wythnos flynyddol o ddiwylliant cenedlaethol. Rhaid i mi gyfadde' mai ar y domen naturiol yn ymyl Pafiliwn Patti o'n ni am dridie, yn dyst i fuddugoliaeth hanesyddol.

Ar fore Sadwrn cymylog ro'dd penderfyniad Ossie Wheatley i fatio gynta' yn un dadleuol ond gan fod Sain Helen yn hafan i droellwyr, teimlai'r cefnogwyr fod Dai Peroxide (ffugenw'r capten) yn llygad ei le ac y bydde'r bêl yn troi'n sgwâr yn ystod y batiad ola'. Cipiodd Tom Veivers chwe wiced ac oni bai am gyfraniadau Alan Rees a Peter Walker, fydde Morgannwg byth wedi cyrra'dd 197. Cafwyd cyffro rhyfeddol ag ond dwy wiced yn weddill gyda Slade, Shepherd a Wheatley yn ychwanegu 41 o rediadau allweddol – Shepherd yn clatsho 24 oddi ar naw pelen. Yn dilyn toriad am law ganol prynhawn, manteisiodd Shepherd a Pressdee ar y llain twyllodrus, ac o fewn awr a hanner ro'dd Awstralia wedi colli 6 wiced am 39 o rediadau. Roedd pethe'n argoeli'n dda i'r Cymry, a finne, fel pawb arall, yn synhwyro y galle Morgannwg gipio'u buddugoliaeth gynta' erioed yn erbyn y wlad o'dd yn ca'l eu cydnabod yn gewri'r byd criced.

Roedd yr haul yn ei anterth ar ddydd Llun y Banc ac 20,000 wedi heidio i Sain Helen ar gyfer gornest o'dd ishws wedi hawlio sylw rhyngwladol. Ro'dd hyd yn oed papure Llundain (o'dd fel arfer yn diystyru gorchestion y Cymry) wedi dangos diddordeb. Ychwanegodd Veivers 51 cyn i Jim Pressdee hawlio'r wiced ola' – Awstralia 'nôl yn y pafiliwn am 101 – Morgannwg ar y bla'n o 96 o rediadau amhrisiadwy. Gêm i'r troellwyr o'dd hi gyda Veivers a'r capten Bobby Simpson yn creu ansicrwydd yn ail fatiad y tîm cartre'. Serch hynny, diolch i gyfraniadau Tony Lewis a'r dibynadwy Alan Rees, fe lwyddodd Morgannwg gyrraedd cyfanswm o 172 – angen 268 ar yr ymwelwyr i ennill.

Ar ddiwedd yr ail ddiwrnod roedd Awstralia yn gymharol gyfforddus ar 75-1 gyda'r amyneddgar Bill Lawry yn dal yno ac yn benderfynol o arwain ei wlad i fuddugoliaeth. Ei allu i ganolbwyntio o'dd un o gryfderau Lawry ond, ac yntau wedi gwrthsefyll cyfrwystra bowlwyr Morgannwg am bum awr, daeth ei fatiad i ben yn y modd mwya' anghonfensiynol. Ag Awstralia angen ychydig dros drigain rhediad i ennill, fe fowliodd Pressdee *long-hop* (pelen sy' fel arfer yn fêl ar fysedd batiwr profiadol) a Lawry am unwaith yn colli'i ben ac yn penderfynu manteisio drwy glatsho'r bêl i'r ffin. Yn maesu canol wiced ro'dd Alan Rees, un o faeswyr gorau'r gamp – ro'dd y bêl yn yr awyr ac ar y ffordd i'r Mwmbwls ond i gyfeiriad bogel Rees a'th hi a Lawry druan yn ddagreuol wrth ddringo'r 72 o risiau i'r pafiliwn.

O fewn awr ro'dd y gêm ar ben; Shepherd a Pressdee yn wyrthiol wedi hawlio 19 o wicedi'r ymwelwyr. Ond y gair ola' i 'Sgrifennydd Morgannwg, Wilf Wooller, o'dd wrthi'n sylwebu ar deledu: "*They've won and the crowd are going mad!*" – a ro'n i'n un ohonyn nhw.

Ildiodd Awstralia am yr eildro ar gae Sain Helen yn 1968 mewn gornest fythgofiadwy a ro'n i yn un o'r deng mil o gefnogwyr a heidiodd mewn gobaith ar y Llun ola'. Ro'dd pob un o gricedwyr Morgannwg yn arwyr. Mae modd cyfeirio at Alan Jones (99) a Majid Khan (55) 'nath gymryd gwynt dyn yn llwyr yn ogystal â bowlio celfydd Malcolm Nash (5-28) a Brian Lewis (4-51) a greodd yr ansicrwydd ym meddyliau'r gwrthwynebwyr a sicrhau mantais o 114 i'r Cymry yn dilyn y batiad cynta'. Droeon a thro dros y tridie, profodd Don Shepherd ei allu fel capten, gan dynnu'r owns ola' mas o'i dîm. 'Ymosod yw'r amddiffyn gorau' o'dd y neges o enau'r capten yn ystod ail fatiad Morgannwg; y Sir yn cledro 250 o rediadau (Bryan Davis 66 a Roger Davis 59) a gadael nod o 365 i Awstralia.

Ro'dd Don am i Awstralia gwrso'r rhediadau ac yn fwy na bodlon gweld ergydion o fat Sheahan a Cowper yn cyrraedd y ffin. Bwriad y capten o'dd 'neud i'r Aussies deimlo fod modd iddyn nhw ennill. Drwy gydol y prynhawn, ro'dd troellwyr

Morgannwg, Shepherd a Lewis, wedi bowlio'n ddi-dor, cyn i Peter Walker, troellwr llaw chwith, ymddangos o ben y pafiliwn a thwyllo Paul Sheahan (o'dd â 137 o rediadau i'w enw) â phelen fer o'dd am gael ei chlatsho i gyfeiriad Sgeti. Onibai am allu rhyfeddol Walker fel maeswr, fe fydde Awstralia wedi mynd yn eu bla'n i gipio buddugoliaeth, ond cadw'i lygad ar y bêl 'nath y bowliwr a chwblhau daliad rhyfeddol. O fewn hanner awr ro'dd Morgannwg yn fuddugol o 79 o rediadau gyda'r dorf ar y cae yn canu 'Calon Lân', 'Waltzing Matilda' a 'Hen Wlad Fy Nhadau'. A'r gair ola' i gapten Awstralia, Barry Jarman, a dderbyniodd gymeradwyaeth y dorf ar ôl ei asesiad gonest: "*So we've been beaten by Glamorgan! What's new?*" Unwaith 'to ro'dd y batiwr celfydd o Felindre a'r troellwr cyfrwys o Benrhyn Gŵyr wedi disgleirio.

Pennod 17

1971: Ar y 'Sleeper' i Waverley

Delme Thomas, Rodger Arneil a Gordon Brown yn cystadlu am y meddiant yn Murrayfield 1971. Aeth Cymru yn ei blaen i gipio'u Camp Lawn cynta' ers 1952.

Ma' 'da fi *soft spot* am yr Alban. Ro'n i'n amal yn dadle 'da Grav: hwnnw'n dwlu ar y Gwyddelod a finne'n ymladd achos bechgyn Burns. Ond cofiwch, Grav o'dd yn ennill y ddadl bob un tro. Ro'dd e mor hyddysg yn hanes a llenyddiaeth Iwerddon, yn adrodd penillion o waith beirdd enwoca'r ynys a hynny ar ei gof – Brendan Behan, W.B. Yeats a'i ffefryn Patrick Kavanagh. Dwi'n cofio'r ddau ohonom yn cerdded 'nôl o Westy'r Shelbourne yn St Stephen's Green (dyna'r noson y gwelson ni Ronnie Wood o'r Rolling Stones yn y bar a Ray yn ei gyfarch fel hen ffrind) i'r Berkeley Court a'r canolwr cydnerth yn gweld yr arwydd 'PEMBROKE ROAD'. Draw a fe, y wên gellweirus ar ei wyneb, a'r geiriau'n tasgu mas o'i geg e:

'On Pembroke Road look out for my ghost,
Dishevelled with shoes untied,
Playing through the railings with little children
Whose children have long since died.'

Mae R. Emyr Jones yn ei gyfrol *Pymtheg Dinas* yn cyfeirio at bamffledyn a ddarllenodd yng ngwesty'r Caledonian yng Nghaeredin adeg ei fis mêl, yn cynnwys sylwadau rhai o gewri'r gorffennol a gafodd eu hudo gan brydferthwch *Auld Reekie* neu Athen y Gogledd:

'Y mae cymharu Llundain i Gaeredin fel cymharu rhyddiaith â llenyddiaeth,' meddai Charlotte Bronte.

'Dinas ogoneddus,' meddai Dickens.

'Mor orwych â Fflorens,' oedd sylw'r hanesydd a'r awdur toreithiog Thomas Babington Macaulay.

Cyfaddefodd Mendelssohn mai wrth sylwi ar adfeilion Abaty Holyrood y cafodd yr ysbrydoliaeth i gyfansoddi ei *Scottish Symphony*.

Ro'n ni, fel teulu, yn ymwelwyr cyson â'r Alban yn y pumdegau, yn aros yn flynyddol ym myngalo ithfaen Mr a Mrs McDonald ar Hewl Queensferry yng Nghaeredin, a gallaf dystio i ardderchogrwydd y ddinas Georgaidd â'i strydoedd llydan, ei hadeiladau godidog a'i gerddi cymen. Roedd yna hud a lledrith yn perthyn i Stryd y Dywysoges, cofadail Scott, y castell herfeiddiol, Sgwâr Charlotte ac Eglwys Gadeiriol St Giles. Dros y blynyddoedd teithiais yn helaeth o Wal Hadrian yn y De i Thurso a Bettyhill yn y Gogledd, ac o Mallaig yn y gorllewin i Montrose yn y Dwyrain, ac mae'r atgofion i'w trysori: sipian siampên ar ôl cyrraedd copa Ben Nevis, blasu'r brecwast gorau erioed yng ngwesty'r Rowan Tree yn Kincraig (yr uwd ag awgrym o chwisgi yn anghredadwy), croesi ar y fferi o Caol Loch Ailse i ynys dangnefeddus Skye, aros am ddyfodiad gwalch y pysgod mewn cuddfan ger Loch Ruthven, dringo'r Cairngorms, codi ben bore i wylio Patey, Haston, MacNaught-Davis, Crew, Baillie a Bonington (pwy arall) yn dringo'r *Old Man of Hoy* a'r cyfan yn weladwy ar *Grandstand*. Ond o'r holl ddelweddau sy'n cronni yn y cof, mae yna un sy' ar ben y rhestr, sef y gêm fythgofiadwy yna rhwng y cefndryd Celtaidd yn 1971 ar Gae Murray a finne'n bresennol yn rhyfeddu at safon y chwarae. '*I was there*,' fel y canodd Max Boyce.

Fe deithiodd pedwar ohonon ni i Gaeredin ar gyfer y gêm – asgellwr chwimwth Brynaman, Garth Morgan a'i wraig Linda, ynghyd â Jill y wraig a finne. Yn ystod y cyfnod, ro'dd ticedi fel aur a fuon ni'n lwcus i ga'l dau o Glwb Rygbi Brynaman a dau oddi wrth Barry Llewelyn o'dd yn 'ware yn y rheng fla'n i Gymru. Hon o'dd yr ail gêm ym Mhencampwriaeth Pum Gwlad 1971 yn dilyn buddugoliaeth gyfforddus tîm John Dawes o 22-6 yn erbyn Lloegr – dau gais i Gerald Davies a dwy gic adlam i Barry John. Ar y pryd ro'dd Murrayfield yn un o'r ychydig gaeau rhyngwladol oedd ag ond un eisteddle a honno'n un hynafol o'r dauddegau ond roedd bancyn pen draw'r cae yn fangre i ddegau o filoedd. Yr adeg honno roedd modd talu am diced maes wrth y giât a roedd hi'n gwbl amlwg rai munude cyn y gic gynta' fod Undeb Rygbi'r Alban ar fai am ganiatáu mynediad i lawer gormod. Dylse'r awdurdodau fod yn gw'bod yn well yn dilyn trychineb Ibrox union fis ynghynt pan fu farw 66 o bobol yn dilyn gwasgfa ychydig cyn y chwib ola'.

Ro'dd yna gryn ddishgwl 'mla'n at yr ornest; British Rail yn trefnu trenau ychwanegol, yr M5 a'r M6 yn frith o geir a bysys o'r cymoedd yn cripad i gyfeiriad Caerliwelydd, eraill wedi fforco mas a phenderfynu hedfan i'r Alban o Gaerdydd a Bryste a'r pedwar ohonon ni wedi gyrru i Birmingham a theithio dros nos ar y *sleeper* o Stesion New Street i Waverley.

Mae pobol yn dal i siarad am y gêm; clasur yng ngwir ystyr y gair. Y ddau dîm â'u bryd ar 'ware ffwtbol a'r dorf yn yr eisteddle ar eu traed bob dwy funed yn cymeradwyo. O'r dechre i'r diwedd roedd yna ansicrwydd ymhlith y dorf ynglŷn â'r canlyniad. Un funed yr Alban ar y bla'n, yna Cymru; yr Alban 3-0; Cymru 8-6; yr Alban 12-11; Cymru 14-12; yr Alban 18-14. Erbyn hyn, ag ond rhyw bedair muned yn weddill, roedd cefnogwyr y cryse cochion yn ofni'r gwaetha' tan i Delme Thomas gyflawni gwyrthiau mewn lein dyngedfennol ddeg llath o linell gais yr Alban ochr yr eisteddle. Tafliad yr Alban oedd hi a'r neges a drosglwyddwyd gan y capten Peter Brown yn glir a chryno, "Dewch i ni ga'l ennill y meddiant a chlirio i gyfeiriad hanner ffordd."

Doedd dim angen bod yn Pythagoras i sylweddoli fod angen cais a throsiad ar Gymru i gipio buddugoliaeth. Amserodd Delme ei naid yn berffaith, gan godi i'r awyr fel samwn ar afon Tweed a gwyro tafliad Frank Laidlaw i gôl Gareth Edwards. Ro'dd yr olwyr yn barod i gymryd mantais; Barry John, John Dawes a J.P.R. Williams yn trosglwyddo'n gelfydd i'r dewin o Lansaint, Gerald Davies. Gydag o leia' ddeg metr rhyngddo â'r ystlys a'r cefnwr Ian Smith yn agosáu ar gyfer y dacl, roedd 85,000 o gefnogwyr yn syllu'n geg agored. Roedd cyflymdra Gerald yn allweddol, ei rediad yn gadael y cefnwr yn nhir neb, y cais yn codi gobeithion y Cymry ond ro'dd yr Alban yn dal ar y bla'n o bwynt.

Ro'dd cefnogwyr y ddau dîm yn dal eu hanadl; rhai, gan gynnwys Delme Thomas, yn methu edrych ar John Taylor yn ymbaratoi ar gyfer cic bwysica'i yrfa. Gellid clywed pin yn cwmpo yng nghyffiniau Murrayfield, canlyniad y gêm yn dibynnu ar allu Taylor i grymanu'r bêl rhwng y pyst. O fewn eiliadau i'r ecsoset ledr adael troed y blaenasgellwr barfog, roedd y dorf tu ôl iddo yn ymwybodol fod gwir obaith a'r eiliad nesa' roedd gweddill y byd rygbi yn cyfarch y cryse cochion. Cymru'n fuddugol o bwynt. Ry'n ni'n dal i ramantu am y gêm ond i raddau mae cais Gerald a'r symudiadau a arweiniodd at y cais wedi mynd yn angof. Fyddai neb yn gwarafun yr anrhydedd o 'Chwaraewr y Gêm' i John Taylor ac y fe, bron hanner can mlynedd yn ddiweddarach, sy'n dal i hawlio'r sylw.

Drwy faeddu'r Gwyddelod yng Nghaerdydd o 23-9 a Ffrainc yn Stade Colombes ym Mharis o 9-5, daeth Camp Lawn i Gymru am y tro cynta' ers 1952.
Er ei hoffter o Wyddelod mae'n rhaid ychwanegu fod Grav yn teimlo rhyw agosatrwydd at yr Albanwyr. Wedi'r cwbwl, yn erbyn yr Alban ar y 18fed o Chwefror 1978 y sgoriodd Ray ei gais rhyngwladol cynta' mewn buddugoliaeth o 22-14 yng Nghaerdydd.

Gareth Edwards yn ymlacio ar Afon Tywi yn Nantgaredig yng nghwmni'r ail-reng dawnus Alun Wyn Jones.

Pennod 18

1973: Barbariaid 17 Seland Newydd 11 – cais Gareth Edwards

> *"Kirkpatrick . . . to Brian Williams . . . this is great stuff . . . Phil Bennett covering . . . chased by Alistair Scown . . . brilliant . . . oh, that's brilliant . . . John Williams . . . Pullin . . . John Dawes, great dummy . . . David, Tom David, the half way line . . . brilliant by Quinnell . . . this is Gareth Edwards . . . a dramatic start . . . what a score!"*

Sylwebaeth anfarwol Cliff Morgan (BBC) o Barc yr Arfau, Caerdydd, 27 Ionawr 1973

Ro'dd rhai cefnogwyr heb gyrra'dd y ca', eraill heb setlo yn eu sedde, pan benderfynodd Phil Bennett wrthymosod o'i ddwy ar hugen. Ry'ch chi i gyd siŵr o fod yn gwbod beth ddigwyddodd nesa' – ma' fideos a DVDs o'r cais ac o'r gêm wedi bod ar frig rhestr gwerthiant WH Smith, HMV a Waterstone's byth oddi ar hynny – ond rhag ofn bod rhywrai ohonoch chi mo'yn ca'l eich atgoffa, mi adrodda i'r hanes!

Da'th Kirkpatrick o hyd i Brian Williams ar yr ochr dywyll o gwmpas hanner ffordd, a'r asgellwr pwerus yn codi cic uchel i gyfeiriad dwy ar hugen y Barbariaid ym mhen Stryd Westgate o'r ca'. Gellir dweud â sicrwydd fod symudiade'r deugen eiliad nesa' yn rhan o hanes y gêm – Phil Bennett yn casglu'r gic ac yn hypnoteiddio'r gwŷr yn y cryse duon. Ochrgamodd heibio i Alistair Scown, maeddu Kirkpatrick ac Ulrich heb fawr o drafferth, cyn trosglwyddo i J.P.R. Williams. Ro'dd e mewn picil, yn ffaelu ymestyn mas o'r dacl ond yn ddigon cryf i ryddhau'r bêl i John Pullin. Dolen gyswllt o'dd y bachwr, a phasiodd bron yn syth i John Dawes, a gyflawnodd ffug bàs glasurol cyn cyrra'dd hanner ffordd. Ro'dd Derek Quinnell yn cynorthwyo'n reddfol, ond llwyddodd y capten i ddenu Sid Going i'r dacl cyn pasio ar y tu fewn i Tom David.

Taclwyd blaenasgellwr Llanelli ond ro'dd ei nerth yn ddigon i hwpo'r amddiffynnwr bant, a rhywsut llwyddodd i ymestyn yn gelfydd â'i fraich arall a thaflu'r bêl, o'dd yn sownd yn ei law, i gyfeiriad Quinnell. Tu fas i'r wythwr ro'dd yr asgellwr John Bevan, o'dd yn llygadu'r llinell gais. Bwriad Derek Quinnell o'dd twlu'r bêl i asgellwr Caerdydd er mwyn iddo gwblhau'r symudiad, ond heb yn wbod, ymddangosodd Gareth Edwards ar gyflymdra i ryng-gipio'r bàs a pharhau i wibio cyn plymio ar ongl letchwith am y cais, reit yn ymyl y cornel chwith o'r ca' ar ochr afon Taf.

Yn gyson ar ga' pêl-dro'd ma' hyfforddwyr yn bloeddio'r geirie, 'Beth y'ch chi'n bwriadu'i wneud pan nad yw'r bêl 'da chi?' Dyw gweld chwaraewyr canol ca' yn pasio'n gelfydd ac yna'n aros yn yr unfan i edmygu'r bàs yn werth dim i neb. Rhaid gwibio, rhedeg a chynorthwyo er mwyn cynnig y cymorth sy mor angenrheidiol, ac i Gareth y diwrnod hwnnw y rhedeg oddi ar y bêl a bod yno i dderbyn y bàs o'dd yn dyngedfennol ar derfyn y symudiad.

Cysylltodd Cliff Morgan â mi yn dilyn cyhoeddi'r gyfrol *Rugby's Best of the Best* yn 2009. Bwriad y ffotograffydd Huw Evans a minne oedd codi arian i gronfa'r Uned Ganser yn Ysbyty Felindre yng Nghaerdydd ond ychydig a feddyliais y bydde'r ddau ohonom yn llythyru'n gyson am rai blynyddoedd. Profiad bythgofiadwy i Jill, y wraig, a finne yng nghwmni Clive Rowlands a'i wraig Margaret, oedd ymweld ag ef yn ei gartre' yn Bambridge, Ynys Wyth a hynny ond rai misoedd cyn ei farwolaeth. Dychwelais yno ar gyfer yr angladd lle gofynnwyd i'r galarwyr wisgo sblash o goch. Yn naturiol, Bill McLaren o'dd i fod i sylwebu ar y gêm uchod ond gan fod 'meistr y meic' yn anhwylus, gofynnwyd i Cliff gymryd ei le. Gellir dweud fod yr adrenalin yn llifo pan synhwyrodd y dewin diymhongar o Gwm Rhondda ei fod e'n dyst i un o ddigwyddiadau eiconig byd y campau. Mae'r geiriau wedi'u hanfarwoli . . . "*a dramatic start . . . what a score!*"

Johan Cruyff yn ymosod; y tro hwn yng nghrys Ajax o'r Iseldiroedd.

Pennod 19

1974: 'The Great Cruyff'

Hendrik Johannes Cruyff o'dd yn benna' gyfrifol am enedigaeth cynnar Lowri'r ferch. Ro'dd hi'n feichiogrwydd normal i Jill y wraig tan i Cruyff a'i weledigaeth o *Total Football* greu'r cynnwrf rhyfeddol yn ein tŷ ni ganol Mehefin 1974. A bod yn onest, ro'n i'n ymwybodol o ddoniau arallfydol Cruyff fel pêl-droediwr pan enillodd Ajax o'r Iseldiroedd Gwpan Ewrop deirgwaith yn olynol yn y saithdegau cynnar. "*I now know that Ajax is more than just a scouring powder*," oedd sylw bachog Bill Shankly. Ond gwefreiddiwyd y gymdeithas bêl-droed yn ei chyfanrwydd gan berfformiadau Cruyff a'i dîm adeg Cwpan Pêl-droed y Byd yn yr Almaen yn 1974.

Doedd Jill erioed wedi gwirioni ar bêl-droed. Yn ei phlentyndod, bu'n aelod brwdfrydig o Glwb Criced Morgannwg. Roedd hi a'i thad yn gefnogwyr selog ac yn ymweld yn gyson â Sain Helen bob haf. A gan ei bod wedi ei geni a'i magu ym mhentre' Garnant yn Nyffryn Aman, roedd hi'n amhosib peidio â chymryd diddordeb yn y bêl hirgron gan fod Jeff Butt, a chwaraeodd i Lanelli yn erbyn y Crysau Duon yn 1963, yn gymydog a chewri'r gêm gynghrair Ted Ward, Billo Rees a Dai Cefnder Davies yn byw gerllaw.

Mis cyn genedigaeth Lowri, bu'r ddau ohonom yn ymlacio fin nos gan fod y gemau o'r Almaen yn cael eu darlledu yn eu cyfanrwydd ar y ddwy sianel. Cafwyd gwledd gyda'r Iseldiroedd, a'u hathroniaeth *Total Football* yn denu'r sylw penna'. Ro'n ni'n dau yn *glued* i'r set deledu.

O fewn rhai diwrnodau, diolch i eglurhad David Coleman, Barry Davies, Gerald Sinstadt a Hugh Johns, fe ddethon i w'bod pob dim am y term *Total Football*. Johan Cruyff a rheolwr Ajax, Rinus Michels, wna'th ddyfeisio'r cynllun chware chwyldroadol. Yn syml, bwriad y ddau arloeswr o'dd cymell y chwaraewyr i berffeithio'r grefft o 'bêl-droed un cyffyrddiad' a'u cael i chwilio'n daer am wagle yn syth ar ôl dosbarthu. 'Beth y'ch chi'n ei wneud pan nad yw'r bêl wrth eich traed?' – dyna o'dd y cwestiwn tyngedfennol a leisiwyd gan y ddau. Ac wedi meddwl, mae'r cwestiwn yr un mor berthnasol i chwaraewyr mewn ystod eang o gampau. Yn ogystal â bod yn gelfydd ar y bêl, gofynnwyd i amddiffynwyr ymosod ac i flaenwyr amddiffyn. Ac nid aros yn segur o fewn troedfeddi i'w rwyd oedd dyletswydd y golwr. Mynnwyd ei fod yn gysurus ar y ddwy droed, yn ddigon hyderus i gamu mas o'i gwrt cosbi er mwyn annog ymosodiadau.

Arwr Cruyff yn blentyn oedd Alfredo Di Stéfano, aelod amhrisiadwy o dîm Real Madrid a enillodd Gwpan Ewrop bum gwaith yn olynol rhwng 1956 ac 1960 – y gŵr a aned yn Ariannin yn sgorio gôl ym mhob un o'r Rowndiau Terfynol. Cafwyd enghraifft o *Total Football* y noson honno yn Glasgow yn 1960 pan chwalwyd gobeithion Eintracht Frankfurt o 7-3 (tair gôl i Di Stéfano a phedair i Puskás) gan chwarae athrylithgar y Sbaenwyr gyda Di Stéfano, Puskás a Gento yn hypnoteiddio'r gwrthwynebwyr. Gwylio ar y teledu 'nes i a sylweddoli fod y pêl-droed a chwaraewyd yn wahanol iawn i'r hyn a welid yn arferol. Y noson honno yn Glasgow, plannwyd hedyn athroniaeth Johan Cruyff yn yr isymwybod.

Cruyff yn anad neb arall 'nath gynhyrfu gwylwyr adeg cystadleuaeth Jules Rimet yn 1974, gyda'i allu i osgoi amddiffynwyr drwy ddriblo deheuig yn ogystal â'i allu cynhenid i wibio drwy fylchau fel ysbryd. Ro'dd rhyddid i Cruyff wneud fel y mynno. Roedd e'n ben tost i wrthwynebwyr, gan ei fod yn ymddangos, fel y Scarlet Pimpernel yn nyddiau'r Chwyldro Ffrengig, yn y mannau mwya' annhebygol. Ei gydbwysedd oedd ei arf penna'. Darllenais unwaith fod Rudolf Nureyev wedi'i weld yn chwarae ac yn rhyfeddu at ei gyflymdra a'i gydbwysedd artistig. Meddai, "Dylsai fod yn perfformio fel dawnsiwr bale yn Theatr y Bolshoi."

Meistroli holl elfennau'r gamp. Dyna'n syml o'dd cyfrinach Cruyff a thra roedd pêl-droedwyr eraill yn ymfalchïo yn y ffaith eu bod yn ddwy-droediog, gellid dweud â sicrwydd fod y maestro o'r Iseldiroedd yn bedair-troediog, gan ei fod wedi perffeithio'r dechneg o ddefnyddio tu fewn a thu fas ei ddwy droed. A pheidier ag anghofio'r symudiad sy'n dal i greu gwefr; symudiad a enwyd ar ei ôl e sef 'Troad Cruyff'. Gwelwyd Cruyff yn gyson yn ffugio pàs neu groesiad ac yna'n defnyddio tu fewn ei droed i lusgo'r bêl y tu ôl i'r droed oedd wedi'i hangori i'r llawr. Manteisiodd Hal Robson-Kanu ar y symudiad ym muddugoliaeth gofiadwy Cymru yn erbyn gwlad Belg yn ystod Pencampwriaethau Ewrop 2016.

Yn dilyn cyfres o gemau grŵp, chwaraewyd gornest allweddol rhwng yr Iseldiroedd a Brasil yn Dortmund ar y 3ydd o Orffennaf. Cymaint y cyffro, ro'n i'n ofni y byddai Jill yn rhoi genedigaeth o fla'n y set deledu. Cythruddwyd y ddau ohonom ar y soffa, y gêm yn un hynod gorfforol gyda Brasil yn benderfynol o niweidio Cruyff. Roedd gwir angen dyfarnwr tecach a chadarnach na Kurt Tschenscher o Orllewin yr Almaen. Daeth ail gôl i'r Iseldiroedd i selio'r fuddugoliaeth; Reisenbrink â'r croesiad o'r chwith a Cruyff, pwy arall, yn ymestyn ei goes dde yn athletaidd a tharo foli anarbedadwy i gefn y rhwyd. Roedd y ddau ohonom yn y parlwr ar ein traed yn dathlu.

Fel y'ch chi i gyd yn gw'bod, Gorllewin yr Almaen a'th â hi yn yr Olympiastadion yn Munich ar y 7fed o Orffennaf o 2-1. Doedd dim cyfiawnder i fod. Erbyn hynny ro'dd Lowri yn ddiwrnod oed a rhaid cyfadde', ar ôl cynnwrf y mis, mai'r penderfyniad i deithio i sinema'r Carlton yn Abertawe ar nos Wener y pumed i weld *The Great Gatsby* 'nath gyflymu'r broses enedigol. Ro'dd Robert Redford yn ffefryn 'da Jill a bu'n rhaid i ni adael y sinema ar frys er mwyn cyrra'dd Ysbyty Treforys mewn da bryd. Er mai Gorllewin yr Almaen gipiodd Gwpan Jules Rimet yn 1974, i ni ac i filiynau o gefnogwyr y bêl gron, yr Iseldiroedd oedd yr enillwyr haeddiannol. Nid misoedd *The Great Gatsby* o'dd Mehefin a Gorffennaf 1974 ond misoedd *The Great Cruyff*.

Olga Korbut yn swyno'r dorf â'i symudiadau yn Wembley 1975.

Pennod 20

1975: I Wembley i weld Olga, Nellie a Lyudmila

Ddechrau'r saithdegau, symudodd Ysgol Eglwysig Llandybïe (ysgol bentre' hynafol a adeiladwyd ym mhedwardegau'r bedwaredd ganrif ar bymtheg) i safle newydd delfrydol yn ymyl cerrig gorsedd Eisteddfod Genedlaethol 1944. Agorwyd llygaid yr athrawon a dreuliodd eu gyrfaoedd yn yr hen ysgol gyntefig. Yn yr Ysgol Gynradd newydd roedd 'stafell athrawon, cegin bwrpasol, offer cyfoes, campfa braf, cawodydd ac ystafelloedd newid yn ogystal â thai bach mewnol. "O Oes Fictoria i Oes y Concorde a hynny mewn diwrnod," oedd sylw un aelod o'r staff.

O'r cychwyn cynta', penderfynwyd gwneud defnydd o'r holl gyfleusterau yn cynnwys y gampfa, a bu'n rhaid i nifer ohonon ni'r athrawon dderbyn hyfforddiant tan i Susan Jones o Dycroes gael ei phenodi'n athrawes. Addysg Gorfforol oedd ei harbenigedd, ac o fewn dim o beth gwelwyd tîm yr ysgol yn cystadlu'n flynyddol yng nghystadlaethau gymnasteg Urdd Gobaith Cymru.

Fel athro ro'n i, fel sawl un arall, yn argyhoeddedig fod gan bob plentyn rywbeth i'w gynnig a'i bod hi'n ddyletswydd i ysgolion gynnig cymaint o brofiadau â phosib i danio dychymyg disgyblion. Ysbrydolwyd nifer o blant gan ystod o ymarferion yn y gampfa ond efallai mai delweddau o Olga a Lyudmila a fu'n rhannol gyfrifol am hynny.

Pan ddaeth y newyddion fod papur dyddiol y *Daily Mirror* yn ariannu ac yn trefnu i dîm gymnasteg Rwsia deithio i Lundain a chyflawni eu *routines* mewn arddangosfa yn Arena Wembley yn 1975, ro'dd y byd a'r betws am fod yno. 'Y cyntaf i'r felin gaiff falu' oedd bwrdwn neges y cyhoeddiad yn ein gwasanaeth boreol, ac fe lwyddon ni lenwi bws Rees & Williams o Dycroes o fewn diwrnod. Anfonwyd y ffurflenni priodol a'r siec (roedd hyn ymhell cyn dyddie Mastercard a Visa) i swyddfa docynnau'r ganolfan yn Llundain a derbyniwyd tocynnau, o'dd fel aur, o fewn diwrnodau. Ro'dd pob disgybl ar bigau'r drain a hyd yn oed yr athrawon wedi'u cyffroi yn llwyr.

Trefnwyd cystadlaethau gymnasteg i ddynion yng Ngemau Olympaidd Paris yn 1900 ond bu'n rhaid aros tan Fabolgampau Olympaidd Helsinki yn 1952 cyn i'r awdurdodau wahodd merched i gymryd rhan. Am ddegawdau doedd fawr o ddiddordeb gan y cyhoedd yn y gamp er i Graham Harcourt o Abertawe gael ei wefreiddio gan y perfformiadau ar ymweliad â Gemau Llundain yn 1948. Ymunodd â chlwb yr YMCA yn y dref ac yn rhyfeddol, bedair blynedd yn ddiweddarach, ac yntau ond yn ddeunaw oed, teithiodd i Helsinki yn aelod o dîm gymnasteg Prydain Fawr. Fel sawl un arall, yn y pumdegau a'r chwedegau, y campau traddodiadol megis athletau ac 'oifad' o'dd yn mynd â bryd y werin adeg y syrcas Olympaidd.

Ond yn 1972 daeth tro ar fyd. Swynwyd dilynwyr chwaraeon ledled byd gan ferch ifanc ddwy ar bymtheg oed. A merch o'dd hi yng ngwir ystyr y gair; rhyw ddeugain bag siwgr Tate & Lyle o ran pwyse a phrin bum troedfedd o ran taldra. Olga Korbut oedd seren Mabolgampau Olympaidd Munich yn 1972; gwylwyr teledu yn cael eu gwefreiddio'n llwyr gan gampau'r ferch o ddinas Grodno yn Belarus.

Roedd hon wedi perffeithio'r holl dechnegau a hynny mewn campfa yn ei milltir sgwâr, wedi'i thrwytho gan ei hyfforddwr Renald Knysh ac yn ymgorfforiad o'r hyn o'dd ei angen os am gyrraedd y brig. Roedd hon yn ei helfen yn llamu a glanio, yn troi a throelli, yn cylchdroi a phendilio. Ond cyfrinach Olga Korbut, yr hyn a'i gwnaeth yn ffefryn o Minsk i Montreal, oedd ei chymeriad a'i gallu i asio'i phersonoliaeth â'i pherffeithrwydd technegol.

Hypnoteiddiwyd a mesmereiddiwyd gwylwyr teledu yn ogystal â'r torfeydd yn y Neuadd Gymnasteg yn Munich a pharhau wnaeth yr *hype* amdani yn y blynyddoedd yn dilyn ei pherfformiad medal aur. Mor wan â brwynen, mor dene â rhaca, fe brofodd Olga ei bod yn feistres ar y trawst. Er mai dim ond pedair modfedd oedd lled y darn pren, dangosodd drwy ddewrder, cydbwysedd a charisma, ei bod yn gystadleuydd â dos o duende yn ei gwythiennau. Ystyr *duende* yw bod yng nghwmni'r picsis a'r coblynnod a dyna, yn y bôn, oedd ei chyfrinach. Yn goron ar ei pherfformiad ar y trawst o'dd y symudiad tin dros ben gydag Olga yn plymio sha 'nôl, y dorf yn dal eu hanadl tan iddi lanio'n osgeiddig, heb unrhyw gryndod, ar ei thraed. Ac yna'r wên, ei braich a'i llaw yn cyfarch y dorf, oedd erbyn hyn ar eu traed yn cymeradwyo a rhyfeddu.

Roedd yna ysbryd disgwylgar yn Arena Wembley, tua deng mil yn bresennol i wylio'r *extravaganza*. Yno o'n blaenau ni ro'dd Nikolai Andrianov a Victor Klimenko yn ymarfer ar y ceffyl Pommel a'r bar uchel a chynyddu wnaeth y seiniau pan ymddangosodd Lyudmila Turishcheva, Nellie Kim ac Elvira Saadi yn eu *leotards* lliwgar. Ond ble o'dd Olga Korbut? Dros yr uchelseinydd daeth y cyhoeddiad fod Olga yn diodde' o salwch stumog ac yn methu â pherfformio. Roedd Julie Thomas o Landybïe yn ei dagrau; ei harwres yn absennol.

O fewn eiliadau roedden ni fel torf yn llafarganu 'Olga' a chyn i'r cystadlu ddechre o ddifri' ymddangosodd y ferch dwt o'dd yn edrych yn swil a diymadferth yn dilyn ei salwch. Ond roedd hi wedi ymdrechu i fod yno; yn cerdded yn araf o gwmpas y neuadd anferthol ac yn cyfarch pawb. Cynyddu mewn desibels wnaeth y sŵn gyda'r ferch ifanc yn chwifio'i breichiau ac yn gwerthfawrogi'r gymeradwyaeth. Aeth y cystadlu 'mlaen tan yn hwyr y nos a phan gyrhaeddon ni'r Ganolfan Ieuenctid yn Holland Park ro'dd y plant yn dal i frolio eu bod wedi gweld Olga yn y cnawd ac wedi hen fadde iddi am ei habsenoldeb.

Y maswr rhyngwladol a'r cricedwr Alan Rees – un o faeswyr gorau'r gamp.

Pennod 21

1977: Batio, bowlio . . . a maesu!

Ro'dd 1977 yn flwyddyn arwyddocaol i'r cricedwr Bobby Simpson. Chwaraeodd ei gêm gynta' ar y llwyfan rhyngwladol yn 1957, cyn rhoi'r ffidil yn y to ddegawd yn ddiweddarach, ar ôl sgorio 4,330 o rediadau, yn cynnwys 311 yn erbyn Lloegr yn Old Trafford yn 1964. Yn 1977, ymunodd deuddeg o gricedwyr amlyca' Awstralia â syrcas broffesiynol Kerry Packer – hyn yn gadael y tîm cenedlaethol yn brin o chwaraewyr o safon i wynebu India mewn cyfres o bum prawf. Yn 41 mlwydd oed, dewiswyd Simpson i arwain ei wlad am yr eildro; ysbrydolwyd y garfan gan ei frwdfrydedd a chipiodd yr Aussies y gyfres o dair gornest i ddwy. Yn y pum gêm, sgoriodd Simmo 539 o rediadau.

Ro'dd Simpson yn arwr personol, nid am ei fod yn fatiwr celfydd ac yn droellwr coes twyllodrus ond am ei fod yn faeswr o fri yn y slips. Pan sonnir am faeswyr saff yn y safle, cyfeiria'r gwybodusion at allu rhyfeddol Clive Lloyd, Viv Richards, Rahul Dravid, Mahela Jayawardene, Greg Chappell, Mohammad Azharuddin, Mark Taylor a Mark Waugh. Ond peidier ag anghofio Bobby Simpson. Yn ôl Ian Chappell, a dylse fe fod yn gw'bod, ro'dd Simmo yn un o'r goreuon erioed.

Roedd hi'n ddefod gyson bob haf – cyfarfod ag Alun Tudur, Elis Wyn, Bleddyn a Philip Hicks y tu fas i siop Danny'r bwtsiwr ben bore, dal *double decker* South Wales Transport i Abertawe a cherdded heibio'r YMCA a'r hen ysbyty i faes ein breuddwydion, cae criced Sain Helen, lle roedd Don Shepherd a Jim Pressdee yn gweu hud a lledrith a lle roedd Gilbert Parkhouse a Bernard Hedges yn taro'r bêl ledr yn osgeiddig ac yn glasurol i bob pen o'r cae. Yma hefyd fe'm gwefreiddiwyd gan gampau rhai o faeswyr gorau'r gamp a ro'n i wrth fy modd yn eu gwylio yn perffeithio'u crefft.

Yn ddiweddar, mae sylwebyddion ar radio a theledu yn pwysleisio pwysigrwydd maesu. Rhestrir nifer o'r hoelion wyth: cricedwyr fel Jonty Rhodes, Colin Bland, Paul Sheahan, Derek Randall, Roger Harper, Rickie Ponting, Micky Stewart, Phil Sharpe, Trevor Penny, Tony Cottey, Majid Khan, Matthew Maynard a Dean Cosker; y rheiny sy' wedi gosod y safon tra'n maesu'n agos i'r wiced, yn y cyfar a thra'n gwarchod y Serengeti – y tir pellennig o gwmpas y ffin. Gwir pob gair, ond rhaid cofio fod cricedwyr Morgannwg yn y pumdegau a'r chwedegau yr un mor athletaidd – byddai Alan Rees, Allan Watkins, Willie Jones, Jim Pressdee, Billy Slade a Peter Walker yn cymharu'n ffafriol â'r cewri presennol.

Yn 2003, wrth bori yn siop lyfrau ail-law Browsers ar Stryd Victoria, Hamilton yn Seland Newydd, des i ar draws erthygl a 'sgrifennwyd gan Bobby Simpson. Yn y llith, roedd cyn-gapten Awstralia mewn 39 prawf yn trin a thrafod maeswyr gorau'i gyfnod ac yn cyfeirio at ddaliadau cofiadwy. Disgrifiodd ddaliad anhygoel gan Billy Slade oddi ar fowlio Don Shepherd yn Abertawe yn 1964; gêm a enillwyd gan Forgannwg o 36 o rediadau.

Ond i mi, Peter Walker oedd ar frig y rhestr. Ef oedd maeswr ochr-goes gorau'r bydysawd. Roedd e'n wir athrylith. Rhaid cyfadde' fod ei daldra'n fanteisiol, ond roedd ei allu i adweithio mewn amrantiad yn golygu ei fod e'n cyrraedd ambell bêl oedd yn melltennu ar ei ffordd i'r ffin. Yn aml, roedd y batiwr druan yn troi mewn anghrediniaeth ac yn cerdded yn araf 'nôl i'r pafiliwn, yn diawlio'r maeswr dwy lathen o awdurdod oedd yn ymdebygu i Zebedee yn y gyfres boblogaidd *The Magic Roundabout*.

Roedd maesu ar Sain Helen yn bleser pur – y cae wedi'i garco'n gariadus gan y tirmon George Clement, gŵr a dreuliai'i amser gwaith a'i amser hamdden ar ei bengliniau â chwyddwydr yn ei law yn edrych am chwyn! Byddai Alan Rees yn plismona'r cyfar fel rhyw anifail rheibus, ac yn brasgamu at y bêl gan wybod y byddai'r tir esmwyth yn ei alluogi i godi'r bêl leder yn ddidrafferth a'i thaflu'n gywrain a chyflym i fenig David Evans neu Eifion Jones. Roedd braich Alan (a enillodd dri chap i Gymru fel maswr yn y chwedegau cyn llofnodi cytundeb proffesiynol â Leeds) fel catapwlt, a'r bêl yn cael ei hyrddio fel taflegryn i gyfeiriad y wiced. Daeth Alan i'r adwy i Loegr yn Leeds yn 1964 – ymddangosodd fel deuddegfed dyn un pnawn Sadwrn a dal Peter Burge oddi ar fowlio Fred Trueman am 160 o rediadau. Mae ei enw yno mewn du a gwyn yng nghyfrol *The Wisden Book of Test Cricket* a olygwyd gan Bill Frindall. Mae mwy i griced na jyst batio a bowlio gan fod daliadau, yn amlach na pheidio, yn ennill gornestau.

Derek Quinnell ar fin croesi i Gymru yn erbyn yr Alban yng Nghaerdydd, Chwefror 1978.

Pennod 22

1978: Gêm yr eira mawr

Mike Johnson, capten y Swans pan gyrhaeddon nhw Rownd Gyn-derfynol Cwpan Lloegr yn 1964, o'dd yn batio a finne'n maesu yn agos i'r bat ar yr ochor goes. Ro'dd y belen yn un fer ac fe benderfynodd Johnson ei thynnu i'r ffin. Yr adeg honno doedd yna ddim sôn am helmet ac offer amddiffyn i faeswyr. Fe blymies i i'r llawr fel bollt o din gŵydd er mwyn osgoi cael fy nharo gan bêl o'dd ar fin glanio yn rhes datws cartre' Gwyn Howells gerllaw. Aros lawr 'nes i, mewn rhywfaint o bo'n ac yn ca'l anhawster anadlu. Flwyddyn yn ddiweddarach, yn dilyn dwy driniaeth lawfeddygol yn Ysbyty Treforys a cholli blwyddyn gyfan o ysgol, ro'n i'n holliach, diolch i arbenigedd y llawfeddygon Cyril Evans a Tudor Salmon.

Do'n i, a do'dd neb yn Nyffryn Aman, yn gw'bod fawr ddim am *spontaneous pneumothorax*, cyflwr o'dd yn effeithio ar bobol dal a thenau. Penderfynwyd tynnu'r pleura o gwmpas yr ysgyfaint i ffwrdd er mwyn i mi anadlu'n naturiol. Bu'r broses o wella yn araf a phoenus; ymgodymu â chyfres o driniaethau a godde' wythnosau lawer o orwedd yn yr unfan gyda thiwbiau yn ymestyn o'r clwyfau i gasgenni gwydr ar lawr. Cyngor yr arbenigwyr cyn i mi adael yr ysbyty oedd byw bywyd normal ond osgoi campau corfforol. Roedd y freuddwyd o gipio Gwregys Lonsdale, camu o'r twnnel yn Twickenham ac ennill medal aur Olympaidd Jiwdo ar chwâl!

Yn dilyn cyfres o gyrsiau ac arholiadau a drefnwyd gan Undeb Rygbi Cymru, derbyniais yr her i ddyfarnu gemau rygbi, gan gymryd gofal dros gemau ysgol a thimau ieuenctid, cyn cael fy nerbyn i ddyfarnu clybiau'r Undeb (dros gant a hanner ohonynt) o Fôn i Fynwy ac ar hyd coridor yr M4 o Abergwaun i Abercarn. Am ryw bymtheg tymor ar brynhawne Sadwrn a chanol wythnos o dan lifoleuadau, ces i'r fraint a'r anrhydedd o geisio cadw trefn ar dimau dosbarth cynta' ac ail ddosbarth, plant cynradd ac uwchradd, a hynny ar gaeau cefn gwlad yn ogystal â stadia cranda Prydain. Er i mi dreulio nifer o flynyddoedd yn dyfarnu ar y lefel ucha' un a bod wrth fy modd yn cadw trefn ar y chwaraewyr a'r timau amlyca' ym Mhrydain a Ffrainc, do'n i ddim ymhlith y goreuon ac yn annhebygol o ddilyn ôl traed Gwyn Walters, Clive Norling, Derek Bevan, Winston Jones, Selwyn Lewis, Alun Richards, Corris Thomas, Denzil Lloyd ac eraill. Roedd rheiny yn ddigon da i ddyfarnu gemau rhyngwladol.

Serch hynny, ma' 'da fi atgofion melys o'r cyfnod a hyd yn oed heddi', ddeng mlynedd ar hugain ar ôl ymddeol, mae ail-fyw'r profiadau fel ail-redeg rîl o ffilm, a rhaid rhestru'r gorau a'r gwaetha' o ran perfformiadau. Ro'dd y pili-pala yn dawnsio yn y bol pan gyrhaeddes i Sain Helen ym mis Medi 1973 ar gyfer gornest rhwng Abertawe a Phontypŵl. Difethes i'r prynhawn i'r miloedd oedd yn bresennol, yn chwaraewyr a chefnogwyr – chwib parhaol y dyfarnwr amhrofiadol yn tarfu ar lif y chware. Wrth imi gerdded yn benisel i gyfeiriad yr ystafelloedd newid, fe waeddodd un wraig o'r eisteddle, "*Why didn't you stay at the*

Odeon, ref?" Yn hawlio'r sylw ar y pryd ro'dd Twiggy, seren y ffilm *The Boy Friend*. Fues i'n Twiggy i ffrindiau am rai misoedd ar ôl hynny.

Ond bob hyn a hyn, roedd yna gêm i godi calon, a Gareth Edwards o'dd yn benna' gyfrifol am greu'r cyffro yn y gêm *derby* dymhorol yn 1973 rhwng Caerdydd a Phontypridd ar Barc yr Arfau o fla'n torf luosog. Sgoriodd gais rhyfeddol. O gwmpas hanner ffordd, cydiodd yn y bêl rydd yn dilyn ryc, gan wibio fel mellten i gyfeiriad y tir agored. Â Chris Bolderson yno i'w rwystro, anelodd y mewnwr gic gywrain dros ben y cefnwr, ailgydio yn y bêl yn gelfydd a chyrraedd y llinell gais ymhell o flaen amddiffynwyr Ponty.

Profiad cofiadwy oedd dyfarnu'r ornest bnawn Sul ddiwedd y saithdegau rhwng Mont-de-Marsan a Brive yn Ne Ffrainc. Roedd dau o gewri'r *tricolor* yn chwarae; y blaenwr pwerus Laurent Rodriguez i Mont-de-Marsan, a'r wythwr dawnus Jean-Luc Joinel i Brive. Anfarwolwyd Joinel gan Ray Gravell yn dilyn digwyddiad doniol yn y gêm rhwng Ffrainc a Chymru ym Mharis yn 1981. Yng ngwres y frwydr ar y Parc des Princes ro'dd Ray ar waelod ryc, yn edrych lan i'r cymyle. Ar ei ben gorweddai'r wythwr Jean-Luc, o'dd 'run maint a 'run sbit â Desperate Dan ac yn drewi o garlleg. Am ryw reswm, gafaelodd Ray yng ngwddf y creadur a bloeddio, "*Froggie! Froggie! Froggie!*" Edrychodd Jean-Luc yn syn i fyw llygaid Ray, ond cyn i'r Ffrancwr symud na bys na bawd (na dwrn o ran hynny) gwenodd Ray a dweud, "*Joking! Only joking!*" Bum muned yn ddiweddarach, a Ray ar fin codi ar ei draed ar ôl neud tacl galed arall, chwalwyd Mistar Mynydd y Garreg gan weret yn ei wyneb. Ro'dd y gwa'd yn llifo, y sêr yn dawnsio, a dyn y sbwnj yn cynnig helpu. Ac yna, ynghanol y pandemoniwm, parablodd Monsieur Joinel (yn wên o glust i glust ac yn llawn teimlad) y geirie: "*Joking! Only joking!*"

O holl atgofion y saithdegau, erys un digwyddiad sy'n cael ei ail-chwarae'n gyson ar dâp yr ymennydd. Ddiwedd Ionawr

1978 derbyniais alwad ffôn, a finne ar gwrs addysgol yng Nglan-y-fferi, o swyddfa Undeb Rygbi Cymru yng Nghaerdydd. Fe'm gwahoddwyd i gynorthwyo John West o Iwerddon a gweithredu fel un o ddau lumanwr (Michael Rea o Belfast o'dd y llall) ar gyfer y gêm ryngwladol rhwng Cymru a'r Alban ar y Maes Cenedlaethol yng Nghaerdydd ar y 18fed o Chwefror. Yn naturiol, ro'n i ar gefn fy ngheffyl ynglŷn â'r penodiad ac yn dishgwl 'mla'n yn eiddgar at yr achlysur. Yn sgil y tywydd oer, bu'n rhaid i'r tirmon Bill Hardiman osod gorchudd plastig ar draws y cae, yn ogystal â gwasgaru tunelli o wellt i ddiogelu'r wyneb. Oriau cyn y gic gynta', roedd yna rywfaint o amheuaeth a fydde'r gêm yn cael ei chware gan fod y proffwydi tywydd yn rhagweld eira trwm yn lledu ar draws Cymru.

Roedd y crysau cochion yn llygadu Camp Lawn yn dilyn eu buddugoliaeth glòs o 9-6 yn erbyn yr hen elyn yn Twickenham a'r wasg a'r cyfryngau yng Nghymru yn hyderus o ran y canlyniad. Profiad bythgofiadwy oedd rhedeg mas i'r maes o flaen 70,000 o gefnogwyr a chanu'r anthemau yn wynebu'r dorf yn hytrach na bod yn eu canol. Er nad oedd hi'n bwrw eira, roedd y tymheredd o dan y pwynt rhewi a phawb yn bresennol wedi'u gwisgo gynnes. Penderfyniad y ddau dîm oedd lledu'r bêl a'r dacteg yn talu ar ei ganfed gan ei bod hi'n hollbwysig i'r chwaraewyr gadw'n dwym.

Roedd Ray Gravell a Derek Quinnell o Lanelli yn eu seithfed ne' yn dilyn y chwib ola' – y ddau yn croesi'r llinell gais am y tro cynta' i'w gwlad. Hwn oedd unig gais Ray i Gymru, er iddo hawlio cais i'r Llewod mewn gêm brawf yn Bloemfontein yn 1980. Derek Quinnell groesodd am bedwerydd cais Cymru a finne o fewn troedfeddi iddo ac yn barod i floeddio, "Derek – ar y tu fas!". Fe lwyddodd e osgoi tri o amddiffynwyr yr Alban, rhoi hwp llaw nerthol i Alistair Biggar cyn rhedeg ugen llath a thirio'n agos i'r cornel.

Cymru a'th â hi o 22-14 mewn gornest gyffrous. Yn dilyn y chwib ola', gorchuddiwyd Caerdydd a Chymru gyfan gan luwchfeydd eira a ddisgrifiwyd yn y *Western Mail* ar y bore Mawrth fel 'y gwaetha' ers pymtheg mlynedd'. Profodd yr oriau dilynol yn rhai hunllefus i'r cefnogwyr gyda miloedd yn methu'n lân â chyrraedd gartre'. O fewn awr, roedd strydoedd y brifddinas o dan droedfedd o eira gyda'r gwyntoedd cryfion yn creu lluwchfeydd pum troedfedd ar hugain o ran dyfnder.

Ac yng Ngwesty'r Angel gyferbyn â'r stadiwm y bu'r chwaraewyr a'r swyddogion tan yn hwyr ar y nos Lun, er i garfan yr Alban gerdded i gyfeiriad yr M4 ar y pnawn Sul a chyrraedd Birmingham ar fws cyn hedfan gartre'. Am y trydydd tro yn y saithdegau, cipiwyd Camp Lawn yn dilyn buddugoliaethau yn erbyn Iwerddon (20-16) yn Nulyn a Ffrainc (16-7) yng Nghaerdydd.

O.N. Gwireddwyd breuddwyd o ryw fath pan dderbyniais lythyr yn 1979 o bencadlys yr RFU (*Rugby Football Union*) yn fy ngwahodd i ddyfarnu'r ornest ryngwladol o dan un ar bymtheg oed rhwng Lloegr a Ffrainc yn Twickenham. Ie, Twickenham! Roedd lle i 80,000 ond rhyw 800 oedd yn bresennol! Y cof penna' sy 'da fi yw camu mewn i 'stafell newid Lloegr er mwyn archwilio'r studs ar y sgitshe a chanfod fod yna faddon ar gyfer pob un chwaraewr!

Un o drysorau Bannau Brycheiniog – Sgwd yr Eira ar afon Hepste.

Pennod 23

1978: Taith Cymdeithas Edward Llwyd i Ffrydie Twrch

Roedd hi'n hwyr y prynhawn, ddydd Gwener, y seithfed o Orffennaf, 1978, yn Ysgol Gynradd Ystradowen, Cwmllynfell. Roedd yr olygfa o'r iard yn drawiadol: y Mynydd Du yn ei holl ogoniant. Yn y gorffennol dychwelai glowyr pentrefi Rhiwfawr, Tairgwaith, Gwauncaegurwen, Brynaman, Cefnbrynbrain, Ystradowen, Cwmllynfell a Chwmtwrch o berfeddion pyllau Brynhenllys, Cwmllynfell, Cwmgors, yr Ynys, y Maerdy, y Steer a'r East Pit a throi eu golygon at brydferthwch y Garreg Lwyd, Penlle'r Fedwen, Cefn Carn Fadog a Foel Fraith. Mewn byd o galedi a thlodi, roedd yr olygfa'n falm i'r enaid.

Ac er fod fy mhentre' genedigol, y Gwter Fawr, neu Frynaman i weddill Cymru, o fewn dwy filltir i Ystradowen, do'n i'n gwybod fawr ddim am y filltir sgwâr. Roedd rhesymau da am hynny. Derbyniais addysg bore oes yn yr ysgol gynradd leol, mewn cyfnod lle'r oedd athrawon yn gaeth i gwricwlwm undonog a diflas. Y nod oedd sicrhau llwyddiant yn yr *eleven plus* dieflig. Roedd y weiren bigog a amgylchynai iard yr ysgol yn ffinio â Pharc Cenedlaethol Bannau Brycheiniog ond, er bod nifer fawr o'r athrawon yn haneswyr a naturiaethwyr o fri, doedd dim modd cyfeirio at hediad ambell gudyll na threulio amser yn bwrw golwg ar nentydd y Mynydd Du gerllaw.

Crwydro o gwmpas y dosbarth ro'n i ar y pryd, gan gynghori a lled awgrymu ambell welliant yng ngwaith ysgrifenedig grŵp o blant oedd ar fin troi eu golygon i gyfeiriad porfeydd brasach yr ysgol fawr yn Rhydaman. Wrth ramantu am orffennol oedd rywsut yn llai ffrenetig a bygythiol, dwi'n dal i glywed cwestiwn un plentyn yn tarfu ar y tawelwch. "Syr, 'ych chi'n bwriadu mynd ar y daith gerdded 'fory?" Ro'n i'n gw'bod yn nêt am y daith; yn ymwybodol fod y naturiaethwr gwybodus Dafydd Dafis o Randirmwyn â'r bwriad o ffurfio cymdeithas newydd sbon ac wedi trefnu wâc o bont Brynhenllys i Ffrydiau Twrch. Eglurais, ag elfen o embaras, fy mod i'n chwarae criced i dîm Rhydaman y prynhawn canlynol. Ie, ei diystyru wnes i, do'dd gen i ddim diddordeb mewn natur.

Dihunais fore trannoeth yn rhyfeddol o gynnar, wedi troi a throsi drwy'r nos. Euogrwydd oedd yn gyfrifol am hynny – un o blant y dosbarth yn mynychu taith gerdded a'r prifathro'n chwarae criced! Edrychais drwy'r ffenest a gweld ei bod hi'n arllwys y glaw. Penderfynais yn y fan a'r lle y byddwn yn ei throi hi am Gwmllynfell erbyn hanner awr wedi deg ac ymuno â phobol oedd yr un mor frwdfrydig am yr amgylchedd ag yr oeddwn i am y campau.

Bu'r diwrnod yn un bythgofiadwy er bod y tywydd, gwaetha'r modd, yn reit stormus ar adegau, ond doedd fawr o ots am hynny. Roedd brwdfrydedd y criw yn heintus a minnau, a nifer fawr o gerddwyr eraill, yn effro i'r holl wybodaeth a gyflwynwyd. Ro'n i'n *hooked* ac yn methu â chredu fod cymaint i'w weld a'i werthfawrogi a hynny o fewn ergyd Viv Richards i'r ysgol lle ro'n i'n bennaeth. Mae'n wir am nifer fawr ohonom;

ymfalchïo ein bod wedi crwydro i wledydd a chyfandiroedd estron a thystio i ryfeddodau'r cread ond heb flasu hud a lledrith ein milltir sgwâr. Roedd y Mynydd Du a Mynydd y Gwrhyd, lle roedd mam-gu wedi'i geni a'i magu yn Fferm Fforchegel, o'm cwmpas ond rywsut ro'n i'n eu hanwybyddu.

Mae'r llyfr nodiadau a fu'n gymorth ar hyd y daith yn dal ar un o silffoedd llyfrau fy nghartre' ac mae pori drwy'r tudalennau yn fy atgoffa o ddelweddau'r daith; profiadau sy'n dal i danio'r dychymyg ac ailgynnau cyffro'r diwrnod. Ar y tipiau glo wrth ymyl y llwybr nodwyd y planhigion canlynol: bedwen, edafeddog leiaf, peradyl, pys y ceirw, helygen, creulys y coed, gruw gwyllt, meillionen goch a meillionen wen. O dan y coed ar lan afon Twrch roedd dwy dderwen, *quercus petrea* a *quercus robur* ac ar eu dail gwelwyd gwyfyn gwyrdd y dderwen. Dyma, yn ôl yr arbenigwyr, oedd y troseddwr a fu'n benna' gyfrifol am ddifa dail ein coed derw.

Ar ôl croesi'r bompren i Sir Gaerfyrddin gwelwyd aethnen ifanc, *populus tremola*, yn tyfu'n unig a digyfaill ar lan yr afon. Cyfeiriwyd at y gymhariaeth – yn crynu fel aethnen – a dyna'n union o'dd y dail yn ei wneud drwy gymorth y gwynt a'r glaw. Yn y ceunant ger Pwll y Berw, gwelsom redyn Mair, marchredyn gwrychog, dueg-redyn gwyrdd a'r gronnell. Roedd nifer o'r arbenigwyr wedi gwirioni ar gynnwys y ceunant, gan gyfeirio at nifer o blanhigion anghyffredin yn tyfu ar hyd yr ochrau serth. Ro'n i yno'n geg-agored, yn sugno'r holl wybodaeth fel darn o bapur blotio.

Heibio i hen ffermydd Pen-y-wern, Gellïau, Derlwyn Isaf, Dorwen a Sarn-fân i gyfeiriad Ffrydiau Twrch. Roedd rhai yn adfeilion llwyr ac eraill wedi'u meddiannu gan rymoedd natur. Bellach doedden nhw ond yn enwau ar fapiau'r Arolwg Ordnans. Roedd y glaw mân yn chwipio o gyfeiriad Llwyncwnstabl ond roedd yna bwrpas ym mhob un cam gan ein bod yn benderfynol o gyrraedd Ffrydiau Twrch. Byrlymai'r nentydd mas o grombil Pen-yr-helyg; y dŵr yn glir fel y grisial ac yn tasgu'n afreolus i gyfeiriad y Twrch gerllaw. Bu'r diwrnod yn un bythgofiadwy, a minnau'n dychwelyd i Frynaman wedi gwirioni ar yr holl brofiadau.

Gwariais ffortiwn yn ystod yr wythnosau canlynol yn prynu llyfrau a fyddai'n gymorth i mi adnabod coed, planhigion, adar a thrychfilod. Yn sydyn doedd criced ddim mor bwysig â hynny. Ro'n i'n aelod selog o Gymdeithas Edward Llwyd ac yn grwydrwr ffyddlon. Y bwriad oedd addysgu fy hun er mwyn i mi drosglwyddo gwybodaeth i ddisgyblion ysgol Ystradowen ac yn ddiweddarach ysgolion Cymraeg Cwm Nedd a Phontardawe.

Oddi ar 1978, diolch i ymdrechion naturiaethwyr, adarwyr, haneswyr a daearegwyr o galibr a stamp Dafydd Dafis, Ted Breeze Jones, Iolo Williams, Ann Tomos, Eryn White, Geraint George, Twm Elias, Dillwyn Roberts, Huw John Hughes, Duncan Brown, Rosanne Alexander, Dyfed Elis-Gruffydd, Ken Maddocks, Gareth Richards, Arwel Michael ac eraill, cefais fodd i fyw. Crwydrais y cyfandiroedd gan werthfawrogi'r hyn a welwn; mynyddoedd herfeiddiol yr Andes, rhyfeddodau'r Rockies, ysblander Eryri, cyfrinachau Kerala, rhewlifoedd Norwy, sgydau Cwm Nedd, prydferthwch digamsyniol tiroedd uchel Lesotho, yn ogystal â holl ddirgelwch y Dwyrain Canol. Serch hynny, mae yna un darn tir ar frig y rhestr. Cyfeirio rwyf at y Mynydd Du.

Paul Morgan o Gwmllynfell – Pencampwr Tennis Cymru dan 12, 1980.

Pennod 24

Nodiadau o Wimbledon 1979-80: Ilie Nastase, Evonne Goolagong, Ivan Lendl, Björn Borg, John McEnroe . . . a Paul Morgan

Tennis. Gêm o'dd yn ca'l ei chware bob hyn a hyn yn nyddiau plentyndod. Os am 'ware o ddifri' roedd rhaid dal bws United Welsh neu fws James i Gwmllynfell neu i Wauncaegurwen oherwydd yno yn yr hen Forgannwg ro'dd cynghorwyr lleol wedi neilltuo arian a gosod cyrtiau deche ar gyfer y trethdalwyr a'u plant. Doedd cynghorwyr pen ucha' Dyffryn Aman, a gynrychiolai Sir Gâr, ddim mor oleuedig gan fod y cyfleusterau hamdden yn y blynyddoedd yn dilyn yr Ail Ryfel Byd yn gyntefig.

Adeg Pencampwriaethau Wimbledon bydde plant a phobol ifanc yn defnyddio pob darn diogel o hewl, yn prynu ciwbie mawr o sialc yn y Bazaar yn Rhydaman ac yn marco cwrt mas â llinellau gwynion trwchus. Am bythefnos bob blwyddyn, gwelid pob Tom, Dic a Harriet yn ceisio efelychu campau Althea Gibson (y person du cynta' i ennill Rownd Derfynol yn SW19 a hynny yn 1957), Maria Bueno, Lew Hoad, Rod Laver a Manuel Santana. O fis i fis ac o dymor i dymor, y bechgyn fydde'n hawlio tri chwarter iard Ysgol Brynaman ond yna'n rhyfeddol bob un haf, gwelid bechgyn a merched (racedi o Woolworth ac ambell Dunlop Maxply) yn hawlio pob modfedd sgwâr o'r tarmacadam gwastad a bloeddio "*15 love*", "*deuce*" a "*Oops, I say!*" mewn lleisie *á la* Dan Maskell.

A bod yn onest, cefnogwr chwit-chwat o'n i tan i Ilie Nastase ac Evonne Goolagong ymddangos yn niwedd y chwedegau a swyno dilynwyr ffyddlon y gamp a'r rheiny (fel fi) a wyliai'n ysbeidiol. O ddechrau'r saithdegau, datblygais yn ymwelydd cyson â'r fangre yn Ne-orllewin Llundain gan dalu tua £6 ar y gât, crwydro'r cyrtiau allanol cyn ei throi hi tua phump y prynhawn am y bwth pren lle ro'dd gwirfoddolwyr yn ailwerthu tocynne'r cefnogwyr o'dd yn gadael yn gynnar. Yn y saithdegau fe weles i nifer o'r cewri yn 'ware – Evonne Goolagong, Björn Borg, Arthur Ashe, John McEnroe, Yannick Noah, Stan Smith, John Newcombe, Ken Rosewall, Martina Navratilova a Chris Evert.

Yn anffodus, ches i ddim o'r pleser o weld y dewin o Rwmania, Ilie Nastase. Dibynnu ar yr hen set Murphy wnes i ac eistedd o flaen y sgrin fach yn llawn edmygedd o allu'r meistr. Roedd e'n meddu ar athrylith yr artist – ro'dd hwn yn gyfuniad o Brahms a da Vinci. Ro'dd y raced yn aelod ychwanegol o'i gorff a'r bêl yn rhywbeth i'w thrin a'i hanwesu'n dirion. O bryd i'w gilydd, deuai fflach nwyfus i'w lygaid a thrwy ryw ddewiniaeth, llwyddai i dwyllo'i wrthwynebydd ag ergyd flaenllaw gywrain, lob anhygoel o gefn y cwrt ac ambell foli wefreiddiol.

Defnyddiwyd pob math o eiriau i ddisgrifio Nastase. Weithiau'n gamstar, weithiau'n swynwr, weithiau'n ddewin, weithiau'n glown! Yn ystod ei yrfa bu'n ben tost i ddyfarnwyr a llumanwyr ond 'smo ni gyd yn berffaith! Cwynai byth a beunydd pan fyddai dyfarniad yn mynd o blaid ei wrthwynebydd; y dadlau, y ffraeo a'r colli tymer (yn ogystal ag ambell reg) yn creu diflastod.

Yn ddiweddar mas yn Bucharest yng Nghwpan y Ffederasiwn, cafodd Nastase ei ddisgyblu gan Gymdeithas

Tennis Rwmania am leisio datganiadau oedd yn ymylu ar fod yn hiliol a rhywiaethol a dwyn sarhad ar Serena Williams, Johanna Konta ac Anne Keothavong. Yn sgil ei ymddygiad, penderfynodd yr awdurdodau yn Stade Roland-Garros a Wimbledon ei wahardd am flwyddyn gron. Ddechrau'r mileniwm, wrth ffilmio yn Wimbledon, da'th Sian Thomas (cyflwynwraig rhaglenni Heno a P'nawn Da ar S4C) a finne ar draws Nastase ar ei ben ei hun yn gwylio gornest ar gwrt diarffordd. Rhaid dweud ei fod yn serchus a siaradus ac yn fwy na pharod i rannu'i deimladau ar gamera. Weithiau'n ddewin, weithiau'n ddihiryn – dyna grynodeb o gymeriad Ilie Nastase.

Yn sicr, o ran ei allu fel chwaraewr mae Ilie Nastase yn haeddu rhannu llwyfan â Barry John, Johan Cruyff, Viv Richards, George Best, Michael Jordan, Olga Korbut, Evonne Goolagong, Gareth Edwards, Pelé, Maradona, Sachin Tendulkar, Gareth Bale, Phil Bennett, Serge Blanco, Shane Williams, David Campese a Beauden Barrett. Roedd rhain yn ddiddanwyr, yn ogystal â bod yn ddewiniaid.

Mewn cyfweliad â'r gohebydd Robert Philip, gofynnwyd i Nastase ddisgrifio'r gêm a roddodd y boddhad mwya' iddo. Cyn darllen y llith yn ei gyfanrwydd, meddyliais am y posibiliadau. A fyddai'n cyfeirio at ei fuddugoliaeth ym Mhencampwriaeth Agored yr Unol Daleithiau yn 1972 pan drechodd Arthur Ashe? Cofiais yn ogystal am ei gampau yn 1973 pan gipiodd un ar bymtheg o dlysau ledled byd. Ystyriais y posibilrwydd y byddai'n rhamantu am berfformiad anhygoel yn Stockholm yn 1975 pan chwalodd y ffefryn lleol Björn Borg o flaen miloedd o gefnogwyr swnllyd ac unllygeidiog (6-2, 6-2, 6-1). Ond fe wnaeth anwybyddu'r buddugoliaethau cofiadwy a chyfeirio'n syth at gêm yn Wimbledon yn 1972. Stan Smith oedd ei wrthwynebydd a'r Americanwr a'th â hi o 7-5 yn y bumed set.

"Mae pobol yn meddwl mod i'n hurt," meddai. "Ond rhaid i mi gyfadde' mai cael a chael o'dd hi tan yr ergyd ola' un. Er i mi

golli, ro'dd yr ornest yn un fythgofiadwy o safbwynt safon y chwarae. Mae gwybodusion y byd tennis yn dal i ddisgrifio'r Rownd Derfynol honno yn un o'r goreuon erioed. O safbwynt personol, mwynhad yw'r elfen bwysica'. Ro'n i wrth fy modd yn diddanu ac mae'n drist y dyddie 'ma taw pŵer a grym sy'n hawlio'r penawdau ac yn ennill cwpanau. Rhaid canfod y chwaraewyr naturiol – maen nhw'n dal yno'n rhywle."

Prisiau afresymol y mefus a'r hufen, y Pimms a'r wystrys sy'n hawlio'r penawdau yn y papurau newydd yn flynyddol, a'r gohebyddion yn disgrifio'r bythefnos yn '*extravaganza* ar gyfer crachach cymdeithas'. Ffwlbri! Ble arall allwch chi grwydro o gwmpas a thystio i safon uchel o chwarae heb ddim ond talu ceiniog a dime am y pleser? Nid y cefnogwr cyffredin sy'n mynychu gornestau rygbi rhyngwladol yng Nghaerdydd mwyach – mae angen cownt yn Coutts cyn i chi feddwl am gefnogi'r cryse cochion. Droeon yn ystod y deugain mlynedd ddiwetha', mynychais y bythefnos yn Wimbledon a hynny heb diced o unrhyw fath. Un o'r uchafbwyntiau oedd gweld Evonne Goolagong yn cystadlu am hanner awr wedi naw y nos ar gwrt gyferbyn â phrif fynediad y campws. Ro'n i o fewn hyd braich i Evonne a Betty Stove, y ddwy yn herio Cynthia Daerner a Ruta Gerulaitis yn ail rownd y parau i ferched.

Roedd Evonne Goolagong yn *Aborigine* ac yn arwres bersonol ers i mi ddarllen erthygl am ei chefndir difreintiedig yn Barellan, NSW. Yn un o wyth o blant, roedd ei thad yn gneifiwr teithiol a wnâi ei orau i gynnal y teulu. Dangosodd ddiddordeb yn y gamp ac fe'i gwahoddwyd gan Bill Kurtzman, un o swyddogion y clwb tennis lleol, i ymuno yn yr ymarferion. O'r eiliad y cydiodd Evonne mewn raced, fe sylweddolodd aelodau'r clwb ei bod yn meddu ar dalent naturiol eithriadol gan fod y doniau cynhenid yn amlwg. Diolch i gymorth yr hyfforddwr cenedlaethol Vic Edwards a'i deulu, gwireddwyd y potensial ac fe ddatblygodd Evonne yn un o fawrion y gamp.

Enillodd Evonne saith Camp Lawn yn ystod ei gyrfa a chodi'r darian aur ddwy waith yn Wimbledon yn 1971 ac 1980. Roedd hi fel balerina ar y cwrt y noson honno a'r ystod eang o ergydion bellach wedi'u rhewi yn llyfrgell y cof. Ychydig ohonom oedd yno'n gwylio, a'r mwyafrif wedi hen adael, ond bwriad y merched ar y cwrt oedd cwblhau'r gêm yn y tywyllwch gan fod yna senglau i'w chwarae ar y bore Llun. Yr ergyd wrthlaw oedd ei phrif arf ac roedd ganddi'r gallu i dwyllo'i gwrthwynebwyr drwy ychwanegu sleis a hyd yn oed droelliad i'r ergyd. Yn ôl y diweddar Dan Maskell, sylwebydd tennis gwybodus, "*Her backhand was all flowing and instinctive.*" Roedd hi'n fraint ac yn anrhydedd ei gweld hi â gwen ar wyneb yn perffeithio'i chrefft ym mis Mehefin 1978. Gyda llaw, Goolagong a Stove o'dd yn fuddugol, 6-2, 6-0.

Nid brolio yw'r bwriad. Ac nid uchelgais yw gyrru tacsi du o gwmpas Llundain. Ond, dros y blynyddoedd, yn sgîl ymweliadau cyson â'r brifddinas, dwi'n teimlo'n gartrefol yng nghyffiniau Wembley, Wimbledon, y West End a chae cabej Billy Williams yn Twickenham. Hynny cofiwch heb *sat-nav*, y teclyn dieflig sy'n golygu fod gyrwyr yn gwylio'r sgrin fach yn eu ceir yn hytrach na'r hewl. A bod yn onest, fe allen i gyrraedd Wimbledon â'm llygaid ar gau – gadael yr M4 ar ei therfyn, cymryd y lôn ola' ond un ar y cylchdro (y mwya' bishi yn Hemisffer y Gogledd oni bai am un yn Palermo), ymuno â'r South Circular, croesi pont Kew, heibio mynwent Mortlake, croesi Clifford Avenue, ymlaen i Roehampton, troi ar y dde yn ymyl cae rygbi Parc Rosslyn, pasio Coleg Froebel, ymuno â'r A3, i'r dde ar y cylchdro cynta', gwerthfawrogi gogoniant Comin Wimbledon am hanner milltir a throi i'r chwith ac ar hyd Church Road i'r campws tennis (a croquet) ysblennydd.

Fe allech chi ddweud mod i'n 'gw'bod be 'di be' o fewn dau gan metr sgwâr y campws; gwybod lle ma' parcio, gwybod shwd ma' ca'l gafael mewn tocynne yn hwyr y prynhawn, gwybod mai ar ddiwrnodau cynta'r gystadleuaeth mae'r niferoedd ar eu lleia', gwybod lle ma' gad'el bagie a chotiau am y nesa' peth i ddim. Ddiwedd y saithdegau ac yn ystod yr wythdegau, es i ac athrawon eraill â haid o blant o Ystradowen, Cwm Nedd a Phontardawe yno a sylweddoli fod y profiadau uniongyrchol o fod yno yn esgor ar gyfoeth o waith 'sgrifenedig safonol.

Ysgol Ystradowen o'dd y cynta' i fanteisio. Ro'n i yn y ciw am saith y bore yn 1979, yn y man iawn i weld y sêr yn cyrraedd yn eu ceir cyfarch, gwirioni pan gamodd Ivan Lendl a Jan Kodeš heibio, y ddau ar eu ffordd i'r cwrt ymarfer. Treuliwyd y prynhawn yn gwylio'r Lendl ifanc dibrofiad yn tanberfformio ar un o'r cyrtiau allanol a cholli i Peter McNamara (6-3, 6-2, 6-3). Yn dilyn yr ymweliad, dewiswyd darn Nicola Jenkins ar Björn Borg ar gyfer cylchgrawn yr ysgol, *Y Twmpyn*, ac ymhen y flwyddyn yn 1980 anfonwyd copi i Björn gan ofyn iddo lofnodi'r clawr. Mawr o'dd y dathlu pan dderbynion ni lofnod y pencampwr ar y copi amgaeedig.

Gweddnewidiwyd Ysgol Ystradowen yn ystod Tymor y Gwanwyn 1979 pan gyrhaeddodd peiriannau Cyngor Sir Gâr i ailosod wyneb yr iard. Penderfynwyd gosod cwrt tennis ar y tarmacadam, cafwyd rhwyd a physt yn rhodd, ac o fewn diwrnodau roedd plant yn cyrraedd yr ysgol yn gynnar y bore i fanteisio ar y cyfleusterau. O fewn diwrnodau, daeth hi'n amlwg fod un crwt deg oed, Paul Morgan, nad oedd erioed wedi derbyn hyfforddiant, yn amlygu'i hun yn y gamp – yn serfio'n gelfydd, yn gyfforddus ar y foli, ei ergyd flaenllaw yn gywrain a chwim, a'i ergyd wrthlaw yn troelli'n naturiol. Ddiwedd yr haf, cysylltais â Chlwb Tennis Abertawe a gofyn os oedd modd ei gynnwys ym Mhencampwriaethau dan ddeuddeg y clwb. Yn rhyfeddol cyrhaeddodd Paul y Rownd Derfynol a cholli o drwch blewyn.

Flwyddyn yn ddiweddarach, amlygodd Paul ei hun yng nghystadlaethau Bae Langland a Chlwb Tennis Mackintosh yng Nghaerdydd. Yma roedd chwaraewyr gorau Prydain yn cystadlu. Yn dilyn cyfres o berfformiadau addawol, derbyniodd y chwaraewr llaw chwith unarddeg oed wahoddiad i chware ym

Mhencampwriaeth Cymru ar gyrtiau'r Castell yng Nghaerdydd. I lwyddo ar y lefel ucha' mae angen cymeriad yn ogystal â dawn a dyna'n union a nodweddai chware Paul. Yn rhyfeddol, camodd 'mla'n i'r Rownd Derfynol i herio Mark Loosemore. Roedd teulu'r Loosemores yn adnabyddus ledled Cymru am eu gallu yn y gamp gyda Sarah, chwaer Mark, yn cystadlu droeon yn Wimbledon. Roedd 'da nhw gwrt tennis yn eu cartre' ond Paul a'th â hi yn y Rownd Derfynol, yn fuddugol o ddwy set i un. Roedd yr hyn a gyflawnodd yn anghredadwy. Ystyriwch hyn: cydio mewn raced ar iard ysgol bentre' Ystradowen ac o fewn blwyddyn yn bencampwr Cymru a hynny heb fawr o hyfforddiant. Anghredadwy! Tristwch y sefyllfa yw fod Paul, yn ystod ei arddegau, wedi diodde' o anafiadau i'w benliniau ac wedi methu â gwireddu'r potensial.

Fe ges i gerydd gan Awdurdod Addysg Gorllewin Morgannwg yn 1981 pan ymddangosodd llun o blant Ysgol Gymraeg Cwm Nedd ar dudalen flaen y *South Wales Evening Post*. Unwaith 'to ro'n i gyda'r cynta' yn y ciw pan ymddangosodd un o ffotograffwyr proffesiynol Reuters oedd am dynnu llun o'r plant ar gyfer papure prynhawn Prydain. Dwi'n dal i drysori'r llun ond bu'n rhaid ymddiheuro am beidio cysylltu 'mlaen llaw â'r Swyddfa Addysg am ganiatâd.

Tan ddiwedd yr wythdegau yn Wimbledon, roedd modd i gefnogwyr di-docyn dalu'r pris mynediad a sefyll mewn man canolog ar y cwrt canol. A gan mai ni o'dd un o'r grwpiau cynta' mewn, ro'dd yr olygfa'n un i'w rhyfeddu gyda'r chwaraewyr, John McEnroe a Tom Gullikson, yn bwyta'u bananas ac yn yfed eu *Robinson's Barley Water* o'n bla'n ni. Cafwyd gwledd gyda'r Americanwr yn fuddugol mewn tair set ac yn mynd yn ei flaen i gipio'r Cwpan Aur drwy drechu Björn Borg yn y Rownd Derfynol. Doedden nhw'n ddyddiau da!

Pennod 25

1982: Cosbi'r dorf ar y Maes Cenedlaethol Cymru (dan 16 oed) 8 Lloegr 20

Robert Jones, capten tîm Cymru dan 16. Aeth yn ei flaen i arwain y garfan genedlaethol a chwarae i'r Llewod mewn tair gêm brawf yn Awstralia 1989.

Llyfr Coch Hergest, Llyfr Bach Coch Mao Tse-Tung, Llyfr Bach Coch Monty Python (yn nodweddiadol o'r diddanwyr, y clawr yn las): heb anghofio Llyfr Bach Coch Undeb Rygbi Cymru. Roedd hwn yn cynnwys dros ugain o ddeddfau astrus a fydde, medde nhw, yn help i gyw-ddyfarnwyr ddod i benderfyniadau ar y cae chware. A dewch i ni ga'l bod yn berffeth onest, mae ceisio cadw trefn ar ddeg ar hugain o chwaraewyr, un ar bymtheg ohonyn nhw'n amal yn ymgodymu â'i gilydd mewn sgrym, ryc a sgarmes ac yn gwneud eu gore glas i ga'l gaf'el ar bêl, yn anodd, os nad amhosib. Hoffwn ychwanegu hefyd fod un neu ddau, bob hyn a hyn, yn flagards, yn unigolion a ddylse fod o dan glo yn Wormwood Scrubs neu Alcatraz. O ran annisgyblaeth ac anhrefn (a hynny'n wir ers i William Webb Ellis gydio yn y bêl a rhedeg ar glos Ysgol Fonedd Rygbi nôl yn 1823) mae'r potensial 'da rygbi i fod yr un mor farbaraidd â hoci iâ a *lacrosse*.

Y dyddiau hyn mae'r deddfau'n cael eu cyhoeddi o dan enw'r Bwrdd Rygbi Rhyngwladol, gyda chlawr lliwgar, print eglur a hyd yn oed ddiagramau i'r llyfryn, ond mae'r cymalau yr un mor gymhleth ac annealladwy â phenodau Neil deGrasse Tyson yn ei gyfrol am *Astrophysics for People in a Hurry*. Dishgwl nôl, dwi wir ddim yn gw'bod shwd des i ben â hi. Bu'n rhaid darllen, dehongli a dadansoddi cyn sefyll arholiad 'sgrifenedig ac ymdopi â chyfweliad llafar yng Ngholeg Gorseinon o dan gadeiryddiaeth gwrw'r deddfau ar y pryd, Hermas Evans. Un peth o'dd paso'r arholiad, ond mater arall o'dd camu ar y cae a'u gweithredu. Dwi'n dal yn ddiolchgar nad yw naw deg naw y cant o chwaraewyr rygbi wedi'u darllen. Yr unig reolau o'dd o bwys iddyn nhw o'dd y canlynol:

(i) 'sdim hawl 'da chi baso 'mla'n;
(ii) 'sdim hawl 'da chi gico a chlatsho gwrthwynebwyr a
(iii) 'sdim hawl 'da'r mewnwr dwlu'r bêl mewn yn gam yn y sgrym.

Mae deddfau un a dau uchod yn dal yn weithredol yn y gêm fodern ond 'sneb bellach yn twlu'r bêl mewn yn syth i'r sgrym!

Yr un ddeddf sy'n werth y byd a'r betws i ddyfarnwyr rygbi yw Deddf Wyth yn y llawlyfr, y rheol sy'n ymwneud â chware mantais. Dyma'r rheol sy'n nithio'r grawn oddi wrth yr us – yn eu cyfnod roedd Gwyn Walters a Clive Norling wedi'i meistroli a'r dyddiau 'ma cydnabyddir fod Nigel Owens yn ddehonglwr deheuig. Y gyfrinach yw gohirio'r chwibanu tan yr eiliad ola' un er mwyn gweld a oes modd i'r tîm arall fanteisio ar y sefyllfa.

Ac mae yna un rheol allweddol yn y gêm pymtheg bob ochr sy'n gymorth mawr. Os bydd chwaraewr yn protestio ynglŷn â dyfarniad ac yn dadlau'n ormodol neu'n atal rhediad y gêm, yna gall y dyfarnwr gamu 'mlaen ddeg llath i gyfeiriad llinell gais y drwgweithredwr. Manna o'r nefoedd! "Petai rheol deg llath ar gaeau pêl-droed," oedd sylw un sylwebydd craff, "fydde'r dihiryn Willie Johnston o Rangers a'r Alban wedi 'ware'i ffwtbol yn Norwy!"

Rhaid cyfadde 'mod i ar un achlysur wedi gweithredu deddf oedd erioed wedi ca'l ei hystyried, heb sôn am ei chynnwys yn y llyfr bach coch. Yn 1982 derbyniais alwad ffôn yn fy ngwahodd i ddyfarnu gornest ryngwladol dan 16 oed rhwng Cymru a

Lloegr ar y Maes Cenedlaethol yng Nghaerdydd. Trefnwyd y gêm ganol wythnos adeg y Pasg er mwyn denu pobol ifanc i wylio'r chwarae. Ac fe ddaethon nhw yn eu miloedd – bysys o bob rhan o Gymru, ac ar brynhawn heulog roedd pob dim yn argoeli'n dda. Derbyniodd y crysau cochion, o dan gapteniaeth Robert Jones, a aeth yn ei flaen i ennill 57 o gapiau rhyngwladol, groeso twymgalon ond roedd yna rywfaint o chwibanu pan gyrhaeddodd y gwŷr yn y cryse gwynion. Mynnodd rhai yn y dorf symud eu seddau plastig nôl ac ymlaen. Roedd y sŵn yn fyddarol.

Y gwrthwynebwyr hawliodd sgôr cynta'r prynhawn yn dilyn penderfyniad dadleuol, penderfyniad sy'n dal yn destun beirniadaeth ymhlith y rheiny o'dd yn bresennol. Dyfarnwyd cic gosb i Loegr. Ymlaen y camodd eu maswr Alastair Roberts i geisio hawlio pwyntiau cynta'r prynhawn. Ac ynte wrthi'n paratoi, cynyddu wnaeth y sŵn, ac erbyn iddo osod ei droed i'r bêl, roedd trigolion Llandaf a Chyncoed yn clywed twrw o seiniau aflafar. Methu wnaeth Roberts. Y dorf sylweddol yn eu seithfed ne'. Efalle mai'r ymdeimlad o 'ware teg o'dd yn gyfrifol, ond fe stopes i'r gêm, camu i gyfeiriad y llumanwr a gofyn iddo gysylltu â'r gŵr ar yr uchelseinydd. Am funud neu ddwy bu tawelwch llethol. Yna cyhoeddodd y byddai'r maswr yn cael ail gyfle o ganlyniad i ymddygiad anghymdeithasol y dorf. Camodd Robert Jones, capten Cymru ymlaen i fy nghwestiynu. Roedd yna lwmp yn fy ngwddf pan eglurais iddo. "Robert, nid y tîm oedd ar fai. Cosbi'r dorf wnes i." Derbyniodd y capten bonheddig y penderfyniad gan gefnogi'r safiad.

O fewn munud, roedd Roberts yn ymbaratoi am yr eildro a'r tro hwn llwyddodd i daro'r bêl yn uchel ac yn urddasol rhwng y pyst. Bu tawelwch mawr a finne'n lled deimlo fod Lloegr, o bawb, wedi derbyn cyfiawnder. Cymysg oedd yr ymateb ar y chwib ola'; un neu ddau o bwysigion Undeb Rygbi Cymru yn lleisio'u hanniddigrwydd, rhai yn dweud fawr ddim ac eraill yn canmol y penderfyniad. Daeth sawl gohebydd i'r

’stafell newid i ofyn am eglurhad ac fe’m dyfynnwyd mewn sawl papur newydd: “*It was a moral decision not in the law book.*” “*It was grossly unfair for the kicker to contend with such conditions. I made my stand and the decision was spontaneous.*”

O fewn diwrnodau, daeth llu o alwadau ffôn o gyfeiriad y rhai a fu, yn wreiddiol, yn anhapus. Derbyniais ymddiheuriad; wedi ailfeddwl efallai ar ôl ystyried geiriau a ’sgrifennwyd gan Carwyn James yn *The Guardian*, Michael Austin yn y *Daily Telegraph* a John Billot ac Alun Rees yn y *Western Mail*. Y gair ola’ i Frank Butler, gohebydd chwaraeon mawr ei barch, a ’sgrifennodd yn y *News of the World* ddim ond rhai wythnosau cyn ei ymddeoliad yn 1982 a hynny mewn erthygl ddeifiol ar *The Money Games*, “*In a Wales v England schools rugby international, referee Alun Wyn Bevan, a 34 year old teacher, made a rule of his own to see justice done. England’s Alastair Roberts, under pressure from booing and whistling as he was about to take a penalty, missed. Bevan ordered the kick to be retaken. This time Roberts succeeded. And that was a nasty kick for some nasty young sportsmen in the crowd.*”

Tom Davies (cyn-gynhyrchydd Adran Chwaraeon BBC Radio Cymru) yn cyflwyno copi Cymraeg o reolau'r bêl hirgron i Ray Williams, Ysgrifennydd Undeb Rygbi Cymru 1981-1988.

Pennod 26

1984: Mad River v Lake Champlain Marauders

Y dyfarnwr rhyngwladol Ken Rowlands o Ynys-y-bwl o'dd y dewis cynta'. Derbyniodd wahoddiad Undeb Rygbi New England yn yr Unol Daleithiau i dreulio pythefnos yn cyflwyno'i weledigaeth bersonol o safbwynt dyfarnu i gyw-swyddogion Massachusetts a Vermont. Hyn yn ogystal â dyfarnu twrnament saith bob ochr yn Ysgol Fusnes Harvard, gêm ysgol ym Mwrdeistref Queens yn Ninas Efrog Newydd a chystadleuaeth ranbarthol yn Newport, Rhode Island. Yn anffodus, yn dilyn salwch teuluol, bu'n rhaid i Ken ildio'i le. Eglurodd natur y sefyllfa i Undeb Rygbi Cymru ac ychydig ddiwrnodau'n ddiweddarach, y fi oedd yn Rhes 16 Jet Jumbo British Airways ac yn esgyn i'r entrychion o Heathrow i gyfeiriad Maes Awyr Logan yn Boston.

Treuliais y diwrnodau cynta' yng nghartre'r llawfeddyg John Hayes a'i deulu. Ro'dd John yn enedigol o Faesteg ac yn Llywydd Cymdeithas Dyfarnwyr y rhanbarth. Manteisiais ar systemau teithio hwylus y ddinas i ymweld â'r holl safleoedd hanesyddol, gan gerdded y Llwybr Rhyddid, gweld y Red Sox yn 'ware pêl-fas ar Barc Fenway, ail-fyw digwyddiadau'r Boston Tea Party yn 1773 pan luchiwyd tunelli o gistiau te yr East India Company i harbwr Boston fel rhan o brotest wleidyddol yn erbyn llywodraeth Prydain. A bod yn onest, ces i fodd i fyw!

Ar y penwythnos canlynol daeth un ar bymtheg o dimau at ei gilydd ar gaeau Prifysgol Harvard i frwydro am dlws saith bob ochr yr Ysgol Fusnes. Bu bron i mi lewygu pan 'nath maswr New Brunswick, Canada fy nghyfarch yn y Gymraeg. Ar y pryd, roedd Tegid Phillips yn athro Addysg Gorfforol yn Woodstock ac yn ystod ei gyfnod cyfnewid, llwyddodd i gyflwyno rygbi i ddisgyblion yr ysgol ac i oedolion talaith New Brunswick. Talodd gwaith cenhadol Tegid ar ei ganfed gan eu bod yn dal i 'ware rygbi yn yr ardal. (Peidiwch da chi â chysylltu Woodstock, New Brunswick â Gŵyl *sex, drugs & rock 'n roll* Woodstock 1969 lle gwnaeth hanner miliwn o bobol ifanc wersylla ar dir fferm odro Max Yasgur yn nhalaith Efrog Newydd a gwrando ar Joan Baez a Creedence Clearwater Revival ymhlith eraill).

Drannoeth *extravaganza* rygbi Harvard, ro'n i ar fws Greyhound ac ar y ffordd i brif ddinas talaith Vermont, Montpelier, pellter o ryw ddau gan milltir. Wedi cyrraedd y ddinas, dilynais gyfarwyddiadau a chyrraedd swyddfa Dr Steve Kaagan a chanfod mai y fe oedd Cyfarwyddwr Addysg Vermont yn ogystal â bod yn ddyfarnwr rygbi uchel ei barch. Y noson honno teithiodd y ddau ohonom i Burlington ar Lyn Champlain (dim ond hanner can milltir o'r ffin â gwlad Canada) lle ro'n i'n annerch grŵp o ddyfarnwyr.

Yn dilyn y cyfarfod a thros luniaeth ysgafn, sgwrsiais â reffarî oedd newydd ddechrau dyfarnu. Ro'dd e'n ŵr sylweddol o ran maint, yn agos i ddeunaw stôn ac yn llawn brwdfrydedd ynglŷn â gêm o'dd e'n gw'bod fawr ddim amdani tan yn gymharol ddiweddar. Eglurodd mai ei gêm gynta' fel dyfarnwr o'dd y Sadwrn blaenorol rhwng Mad River a Lake Champlain Marauders, gêm a enillwyd gan Mad River o ddau bwynt i ddim!

"*But that's impossible,*" medde fi, "*In rugby, you can't win by 2pts to nil! What happened?*"
"*Well,*" medde fe, "*during the last few minutes Mad River were within a few yards of the Lake Champlain Marauders try line. They heaved and shoved and pushed and as far as I was concerned they seemed to have crossed the line. I awarded the try.*"
"*What happened next?*" medde fi.
"*All hell broke loose,*" medde fe. "*The Marauders protested and in a heated discussion in the bar afterwards I realised the try should never have been awarded. But the conversion was right between the uprights!*"

Alan Jones, cricedwr o'r radd flaena' – 36,049 o rediadau dosbarth cynta'.

Pennod 27

1987: Cricedwyr Clydach

"Dere i ni ga'l un peth yn glir. Ein clwb ni sy â'r record orau o gynhyrchu cricedwyr i dîm Morgannwg." Geirie Oliver Williams, gynt o Frynaman, ond y tro hwn yn cyfeirio at gricedwyr pentre' Clydach gan iddo dreulio blynyddoedd yn 'ware, hyfforddi a gofalu'n gariadus am y ca' criced ar Barc Waverley. Elis Wyn a finne o'dd yn ei gwmni ar ôl derbyn gwahoddiad i gael ein hyfforddi ganddo yn y rhwydi yn y pentre' ar lannau Tawe ac yn sylweddoli'n gyflym pa mor wybodus o'dd e am y gêm. Ro'dd Oliver yn fab i Morgan Cwmgarw a phan symudodd y teulu i dŷ o'dd o fewn poerad i ga' criced Brynaman, treuliodd Oliver a'i frawd Wil bob muned sbâr o bob un haf yn ymarfer ergydion a pherffeithio'u bowlio ar y darn tir cysegredig. O dan arolygaeth y brodyr, a chyn i Gyngor Dosbarth Gwledig Llandeilo adeiladu stad dai enfawr o'i gwmpas, ro'dd y ca' yn bictiwr, y llain yn ymdebygu i wydr llonydd a'r allfaes cyn wyrdded â bwrdd biliards.

Ond symud o Frynaman 'nath Oliver a threulio gweddill ei fywyd yn driw i gricedwyr Clydach. Ro'dd e'n byw o fewn dwy lath ar hugen i'r ffin ac i'w weld yn gyson ar ei gwrcwd â chwyddwydr yn ei feddiant yn lladd y chwyn! A gyda'r hwyr byddai yn ei elfen draw yn ymyl y rhwydi, yn dylanwadu ar gricedwyr y dyfodol. Ie, unigolion o stamp Oliver o'dd yn gyfrifol fod Clwb Criced Clydach yn feistri ar feithrin a datblygu cricedwyr disglair y dyfodol.

Ar hyd y blynyddoedd dim ond un cricedwr o Frynaman gynrychiolodd Morgannwg – chwaraeodd y batiwr llaw dde Ieuan Williams ddwy gêm ddosbarth cynta' i'r Sir ym mis Awst 1931 yn erbyn Swydd Nottingham ar Sain Helen a Swydd Gaerloyw ar Barc yr Arfau. Tanberfformio wnaeth Ieuan druan, a phenderfynu canolbwyntio ar yrfa ddeintyddol.

Yn y chwedegau ro'dd Ysgrifennydd Morgannwg, Wilfred Wooller, am i Alwyn Davies, bowliwr eithriadol gyflym o'dd â'r gallu i symud y bêl yn yr awyr ac oddi ar y llain, ymuno â'r clwb. Chwaraeodd Alwyn deirgwaith i'r ail dîm yn Awst 1962 a rhannu 'stafell wisgo â Gilbert Parkhouse, Alan Jones, Euros Lewis, Billy Slade, Don Ward, Eifion Jones a Wilf Wooller. Hawliodd 14 wiced am 97 rhediad, gan gynnwys 6-50 yn erbyn Surrey ar y Gnoll. Gwrthododd Alwyn gynnig hael Mistar Wooller, a mynd yn ei fla'n i fod yn fanciwr llwyddiannus ynghanol Morgannwg. Chwaraeais yn ei ymyl ar sawl achlysur dros Frynaman gan weddïo, tra'n maesu yn y slips, na fyddai'r batiwr yn cael cyffyrddiad!

Mae clybiau criced o Fôn i Fynwy yn teimlo balchder arbennig pan fydd un o'u rhengoedd yn llwyddo ar y lefel ucha'. Ond, fel y dwedodd Oliver, mae record Clwb Clydach yn rhyfeddol. Dros y blynyddoedd, cynhyrchwyd naw o gricedwyr dosbarth cyntaf, ambell un, fel y batiwr-wicedwr Kim Davies, yn cynrychioli'r Sir rhyw ddwywaith yn unig, ond eraill yn hoelion wyth. Clydach oedd dechrau'r daith i'r brodyr Alan ac Eifion Jones o bentre' Felindre, y ddau yn gewri i Forgannwg am chwarter canrif ac yn chwaraewyr allweddol pan gipiwyd y Bencampwriaeth yn 1969. Mae ystadegau'r ddau yn destun llawenydd; Alan yn hawlio dros 36,000 o rediadau gan gynnwys 56 cant ac Eifion, y wicedwr, yn dal 840 a stympio 93.

Y cyntaf o Glydach i gynrychioli Morgannwg o'dd y bowliwr cyflym Wat Jones. Chwaraeodd bum gêm yn y tymhorau yn dilyn yr Ail Ryfel Byd a chipio 7-92 yn erbyn Caint ar Rodney Parade. Roedd y Sir am ei wasanaeth ond derbyniwyd Wat i'r

Heddlu ac yno y bu am ddegawdau, yn cadw heddwch a threfn yng Nghwm Tawe. Roedd y bowliwr pengoch Brian Evans yn wyneb cyfarwydd ac am dymor neu ddau yn agor y bowlio gyda'r bowliwr rhyngwladol Jeff Jones. Chwaraeodd J.B. Evans 88 gêm a chipio 251 wiced, cyn symud i fyw i Grimsby.

Yn wreiddiol, ymunodd Mike Llewellyn, o'dd yn ŵyr i Oliver, fel troellwr, ond datblygodd yn fatiwr llaw chwith ffrwydrol. Anfarwolwyd y Cymro o Glydach yn dilyn ei fatiad yn Rownd Derfynol Cwpan Gillette yn erbyn Middlesex ar gae Thomas Lord. Bu bron i un o'i ergydion glirio'r pafiliwn. Petai'r ergyd fodfeddi'n uwch, fe fydde Mike wedi ymuno â chriw dethol o gricedwyr.

Un arall o feibion Clydach o'dd y batiwr clasurol Arthur Francis, a gyfrannodd yn gyson yn ystod ei yrfa. Mae'r selogion yn cofio am un cant ardderchog mewn gornest ddeugain pelawd a ddarlledwyd yn fyw ar y BBC yn erbyn Swydd Warwick yn Edgbaston. Roedd Parc Waverley jyst lawr yr hewl i'r bowliwr cyflym Gregory Thomas, a gynrychiolodd Loegr ar bum achlysur. Hawliodd 4-70 yn erbyn cewri'r Caribî yn 1986, gan gynnwys hawlio wiced y meistr, Vivian Richards.

Sgoriodd y batiwr addawol Alan Lewis Jones 1811 o rediadau dosbarth cyntaf yn 1984 ond yn dilyn anaf reit ddifrifol i'w ysgwydd bu'n rhaid iddo ymddeol yn gynnar. I'r *aficionados*, mae gallu'r pentre' i feithrin naw o gricedwyr ar gyfer criced dosbarth cyntaf yn gamp anarferol os nad rhyfeddol. Tybed a fydd yna ychwanegiad i'r rhestr?

Fenway Park, cartre' eiconig y Boston Red Sox.

Pennod 28

1988: Gweld y Boston Red Sox yn Fenway Park

Mae Vermont yn un o daleithiau hyfryta'r Unol Daleithiau; mae angen i chi bacio'r Nikon cyn gadael cartre' gan fod cymaint i'w weld a'i werthfawrogi. Ar gylchgronau'r cwmnïau teithio ac ar lyfrynnau *Lonely Planet* a'r *Rough Guides*, y pontydd pren dan orchudd sy'n britho'r tudalennau. Hon yw talaith y llwybrau, y sudd masarn, y mynyddoedd coediog, y llethrau sgïo a'r golygfeydd godidog. Rhyfedd meddwl mai dim ond wyth mil yw poblogaeth ei phrif ddinas Montpelier, un o'r unig ddinasoedd yn yr Unol Daleithiau sy'n gyson yn gwrthod caniatâd cynllunio i gwmni McDonald's.

Ac yng nghartre' Steve Kaagan a'i deulu yn nhre' Battleboro yn Vermont o'n ni fel teulu ym mis Awst 1988 pan benderfynodd Steve fynd â fi a Trystan, y mab, yn ei Saab dibynadwy i Fenway Park i weld tîm pêl-fas y Boston Red Sox yn chware yn erbyn y California Angels yn y Gynghrair

Americanaidd. 'Smo Americanwyr yn meddwl dim am n'ido yn eu ceir a thrafaelu ugen milltir i nôl peint o la'th, felly doedd y can milltir un ffordd i'r ddinas hanesyddol ar lan afon Charles ond yn wacen fach i deulu'r Kaagans.

Rhaid cyfadde' 'mod i wedi fy nghyffroi. Dros y blynyddoedd, tystiais i sawl gêm bêl-fas; gwelais yr Expos yn Stadiwm Olympaidd Montreal, Prifysgol Duke yn Houston a'r Blue Jays yn Toronto. Y tro hwn, nid y gamp o'dd o ddiddordeb ond y Stadiwm. Ar hyd y blynyddoedd, darllenais am apêl Fenway Park; gohebwyr chwaraeon yn barod i gydnabod fod y stadiwm yn un o leoliadau mwya' eiconig byd y campau. Dy'n ni ddim yn sôn fan hyn am greadigaeth newydd, moethus, '*state of the art*'. Yn 1988 doedd Fenway Park wedi newid fawr ddim ers yr agoriad swyddogol a'r gêm gynta' yn erbyn yr Yankees ar yr 20fed o Ebrill 1912 pan daflwyd y belen gynta' gan y Maer John F. Fitzgerald. Y Red Sox o'dd yn fuddugol ond prin o'dd yr adroddiadau ym mhapurau newydd y cyfnod gan fod pob colofn a phob tudalen yn llawn newyddion am drychineb y Titanic, y llong a suddodd bedwar can milltir o arfordir Newfoundland rai dyddiau'n unig ynghynt.

Bu sawl ymgyrch i ddymchwel y safle. Roedd rhai am ailadeiladu o'r newydd yn yr un man ond eraill am ffarwelio â'r stadiwm cyntefig a buddsoddi yn y dyfodol drwy ddenu arian cyhoeddus ac arian corfforaethol er mwyn gosod seiliau ar gyfer Stadiwm a fyddai'n gartre' i 75,000 a mwy. Roedd y cefnogwyr yn benwan. Yn eu tyb nhw, roedd rhaid diogelu'r gorffennol ac ymhen diwrnodau, ymddangosodd baneri o gwmpas y ddinas ac ar draws America gyfan yn datgan: '*SAVE FENWAY PARK*'. Yn 2017 mae Fenway Park yn dal yno ar Ffordd Yawkey o'r ddinas, wedi derbyn côt o baent a mân newidiadau ond yn y bôn heb newid fawr ddim.

Un o gymeriadau chwedlonol y gamp o'dd Babe Ruth, o gefndir difreintiedig ond yn bitsiwr a batiwr rhyfeddol. Yn gyson yn ystod ei yrfa (clatshodd 714 o rediadau) clywid cefnogwyr yn bloeddio, 'Welais i erioed y fath beth'. Y fe o'dd yr ysbrydoliaeth pan gipiodd y Red Sox Gyfres y Byd yn 1915, 1916 ac 1918 ac ar ôl i berchen y Red Sox, Harry Frazee, ei werthu i'r Yankees am $125,000, bu'n rhaid i'r tîm aros 85 o flynyddoedd cyn adennill eu coron. Yn ôl canlyniadau polau piniwn, Muhammad Ali, Michael Jordan a Babe Ruth yw'r athletwyr Americanaidd gorau erioed. Y gair ola' am Babe Ruth i'r dramodydd George Bernard Shaw, "*Who is this Babe Ruth? And what does she do?*"

Drwy gydol y prynhawn cofiadwy hwnnw, y stadiwm a'th â'm bryd. Nes i fwynhau'r chware ac anghytuno'n chwyrn â datganiad Gore Vidal, "Ma' Americanwyr yn dwlu ar Bêl-fas gan fod y gêm mor boenus o araf. Gall unrhyw dwpsyn ddilyn rhediad y chware. A gall unrhyw dwpsyn ei 'ware!" Ond rhaid anghytuno â'r cellweiriwr Robert Benchley sy'n dadle: "Fe ddylse Lloegr ac America ddod â chriced a phêl-fas i ben a dyfeisio camp y gall y ddwy wlad 'ware. Er enghraifft, pêl-fas."

O be' welais i, nid taro'r bêl â darn o bren a rhedeg fel gwallgofddyn yw cyfrinach pêl-fas. Mae yna dactegau a strategaethau, a gan fod hyd y gêm yn arferol o gwmpas tair awr, mae modd i gefnogwyr drefnu'u diwrnod gwaith er mwyn gwylio'n rheolaidd. Yn wreiddiol, ro'dd hon yn ornest amddiffynnol ond heddi' pŵer a grym sy'n rheoli'r gamp a mawr yw'r diolch am hynny i agwedd ffwrdd-â-hi Babe Ruth â'i benderfyniad i gledro a chlatsho pob un pelen i gyfeiriad y wal werdd neu'r *Green Monster*.

Ddeng mlynedd ar hugain yn ddiweddarach, fe erys un cof. O'r 37,949 o'dd yn bresennol pan faeddodd y Red Sox yr Angels o 6-2, peidio wnaeth y synau aflafar a'r gerddoriaeth organ pan redodd llygoden ffyrnig o'r ochrau ac aros ynghanol y diamwnd. Mae'n debyg fod swyddogion Adran Iechyd yr Amgylchedd yn ymwelwyr cyson â Fenway Park, yn gosod gwenwyn o gwmpas i geisio datrys y broblem. Yn ôl yr adroddiadau, ymgartrefai cannoedd ar gannoedd o lygod mewn tyllau tanddaearol gan fod yr adeiladau a'u seiliau'n hynafol. Rhewi yn yr unfan wnaeth y chwaraewyr tan i un o fatwyr y Red Sox gamu ymlaen a defnyddio'i fat i daro'r creadur yn farw. Blasai'r popcorn ddim yr un fath ar ôl tystio i'r fath ddigwyddiad.

Pennod 29

1992: Rhedeg Marathon Llundain

Jonathan Smith (cyn fachwr Cymry Llundain) a finne'n dal i wenu ar ôl ugen milltir o Farathon Llundain 1992.

Pan gamodd Miss Williams mewn i 'stafell athrawon Ysgol Gymraeg Pontardawe ddiwedd Tachwedd 1991 a gofyn, "O's rhywun mo'yn rhedeg Marathon Llunden?" bu tawelwch. Tawelwch marwaidd, annaturiol. Ac yna, wedi ystyried am rai eiliadau a chlywed fod ei thad â shars yn ADT o'dd yn noddi'r ras ar y pryd, fe fues i'n ddigon twp i ddweud, "Pam lai!" Ac wedi cytuno roedd hi'n amhosib mynd 'nôl ar fy ngair. Ar y ffordd gartre' y prynhawn hwnnw, sylweddolais mai ffolineb llwyr o'dd ildio i'r fath demtasiwn. Wedi'r cwbwl, do'n i erio'd wedi rhedeg unrhyw bellter yn fy mywyd. Do'dd cwrso ar ôl pêl griced o'r llain i'r ffin, rhedeg *full pelt* er mwyn dal y bws ysgol neu redeg ac arafu . . . rhedeg, cyflymu a gwyro fel ma' dyfarnwyr yn ei wneud ar ga' rygbi ddim *quite* yr un peth â chadw i fynd am chwe milltir ar hugain.

Bu'r profiad o ymarfer ar gyfer yr her yn un gwerthfawr. "Gan bwyll mae mynd ymhell" a "Pwyll pia' hi" oedd bwrdwn y negeseuon a ddaeth o enau cyfeillion gwybodus. Y dacteg o'm rhan i, a hynny o'r cychwyn cynta', oedd anelu am amser rhesymol yn hytrach na chwrso athletwyr o Kenya ac Ethiopia. Croesi'r llinell derfyn heb gymorth ocsigen a pharafeddygon oedd y nod. Dechreuais ymarfer ddechrau Ionawr, gan redeg rhwng hanner awr ac awr ar ddiwrnodau gwaith ac ymestyn y pellter yn raddol ar benwythnosau. Yn anffodus doedd neb arall yn yr ardal wedi cofrestru a bu'n rhaid ymarfer ar fy mhen fy hun, profiad a brofodd yn dreth corfforol a meddyliol. Roedd y *route* yn un cyfarwydd – yn amlach na pheidio croesi afon Nedd, heibio'r Gnoll, drwy bentre' Tonnau, troi i'r chwith i gyfeiriad gwaith nwy Calor Gas, y draphont ddŵr hynafol a phentre' Aberdulais cyn ei throi hi am Langatwg, Tyle Pen-y-wern a Stryd Llywelyn.

Ar hyd blynyddoedd fy arddegau, yn enwedig adeg y Mabolgampau Olympaidd, des i w'bod mwy a mwy am redwyr pellter hir y gorffennol a'u hedmygu'n fawr. Darllenais am orchestion rhai o'r cewri:

Spyridon Louis, enillydd Marathon y Mabolgampau Olympaidd Modern cynta' yn Athen yn 1896. Derbyniodd gert a cheffyl hardd gan Frenin Groeg am ei gamp. Ai fe felly o'dd yr athletwr proffesiynol cynta'?

Fred Lorz yn croesi'r llinell derfyn yn fuddugoliaethus yn y gwres tanbaid yn St Louis yn 1904 gan dderbyn coron o lawryf oddi wrth Alice Roosevelt, merch yr Arlywydd, cyn i'r awdurdodau ei ddiarddel ar ôl clywed ei fod wedi cael reid mewn cerbyd.

Emil Zátopek, ar ôl ennill medalau aur yn y ras 5,000m a'r ras 10,000m yn Helsinki yn 1952, yn penderfynu cynrychioli'i wlad yn y Marathon ac yntau heb redeg y pellter erioed o'r blaen. Y fe gipiodd y fedal aur.

Abebe Bikila o Ethiopia a frasgamodd yn droednoeth o gwmpas strydoedd coblog Rhufain yn 1964 a gorffen 200m o flaen y gweddill. Bikila oedd y person du cyntaf o gyfandir Affrica i dderbyn Medal Aur Olympaidd.

Tom Richards o Gwmbrân a groesodd y llinell yn yr ail safle yn Llundain yn 1948 dim ond 16 eiliad ar ôl yr enillydd Delfo

Cabrera o'r Ariannin. Dyma'r agosa' y daeth unrhyw Brydeiniwr i ennill y ras greulon hon ar lefel Olympaidd.

Bu'n rhaid aros tan 1984 cyn i'r mudiad Olympaidd dderbyn bod merched yn ddigon abl i redeg chwe milltir ar hugain.

Chwarter canrif ar ôl cwblhau Marathon Llundain mae'r atgofion yn llifo'n ôl:

- y cyffro ar y trên o Gastell-nedd i Paddington – y mwyafrif o'r cerbydau yn llawn cystadleuwyr a'r sgwrsio'n troi o gwmpas y paratoadau a'r gobeithion;
- rhannu sedd ar y trên â Catrin Morgan, cyn-ddisgybl yn Ysgol Gymraeg Cwm Nedd. Roedd hi'n dychwelyd i'r brifysgol yn Loughborough i gwblhau cwrs fel peiriannydd sifil. "'Smo chi'n gall," oedd ei sylw;
- Llundain yn galeidosgôp o liw gyda'r holl bosteri, baneri a goleuadau fin nos;
- pasta ar y fwydlen ym mhob un café, *brasserie* a thŷ bwyta;
- balchder wrth dderbyn y rhif swyddogol o'r babell gofrestru;
- gwisgo cap pinc (ie, pinc) er mwyn i'r gyflwynwraig Sioned Mair fy adnabod. Ro'dd rhaglen *Y Maes Chwarae* yn fy nghyfweld ar hyd y daith ac am gael gw'bod shwd o'n i'n ymdopi;
- bron pob cystadleuydd yn codi arian i ryw elusen (oddi ar y ras gynta' un yn 1981 mae'r rhedwyr wedi codi bron biliwn o bunnoedd i achosion da);
- oddi ar 1981 mae miliwn o redwyr wedi croesi'r llinell derfyn.

Roedd y dydd ei hun yn un bythgofiadwy. Yn naturiol, mae'r wasg a'r cyfryngau yn canolbwyntio ar y rhedwyr *élite*, y rhai sy'n debygol o gyrraedd pen y daith mewn ychydig dros ddwyawr. Ond am ryw reswm (ac fel cyn-gystadleuydd gallaf dystio i hyn) mae'r miloedd a fu'n ddigon lwcus i gael eu derbyn yn teimlo'n *superstars* ar y diwrnod, yn ymwybodol eu bod yn cyflawni rhywbeth mas o'r cyffredin. Pan redodd y cricedwr Matthew Maynard Farathon Efrog Newydd ym mis Tachwedd 1994 dywedodd, "*For thirty seconds after I crossed the finishing line, the euphoria surpassed anything I had experienced on a cricket field.*" 'Na chi ddweud!

Terry Waite o'dd y cychwynnwr ar y diwrnod ac ar ôl iddo danio'r gwn, bu'n rhaid cerdded am rai cannoedd o lathenni cyn ymestyn ein cam gan fod dros 35,000 o redwyr o'n cwmpas. Ces i gwmni Jonathan o Gastell-nedd, pensaer yn y ddinas ac yn gyn-fachwr i Gymry Llundain. Bu'r ddau ohonom am deirawr yn rhedeg yn hamddenol, yn blasu'r naws a'r awyrgylch, yn cyfathrebu â'r miloedd oedd yn sefyllan ar y palmentydd ac yn manteisio ar y cyfle i werthfawrogi holl olygfeydd y brifddinas – y Cutty Sark yn Greenwich, Pont y Tŵr a Canary Wharf. Ond fe'n gwahanwyd o gwmpas Tŵr Llunden pan ddatblygodd cramp yn fy nghoes; y strydoedd coblog oedd yn benna' gyfrifol. Bu'n anodd am filltir neu ddwy ond llwyddais i atgyfnerthu a chwblhau'r ras mewn ychydig dros bedair awr a hanner. Yr arwyr ar y diwrnod o'dd Antonio Pinto (Portiwgal) a Katrin Dorre (Yr Almaen) gyda Daniel Wesley a'r Gymraes Tanni Grey yn cipio'r anrhydeddau yn y cystadlaethau cadair olwyn. Ond wedi meddwl, roedd yna 35,750 o arwyr!

Viv Richards, Robert Croft a'r tîm cyfan yn cyfarch y dorf yng Nghaergaint ar ôl i Forgannwg gael eu coroni'n bencampwyr Cynghrair y Sul 1993.

Pennod 30

1993: Doedden nhw'n ddyddiau da!

Disgrifiwyd criced gan D.J. Williams fel 'y grefydd fawr Sacsonaidd'. Ond ar un achlysur yn y ganrif ddiwethaf, bu Morgannwg yn bencampwyr y gêm undydd a ro'n i yno yng Nghaergaint ar gyfer gornest dyngedfennol Cynghrair y Sul, cystadleuaeth a noddwyd gan gwmni AXA Equity and Law.

Mae'r mwyafrif o bobol y dyddiau hyn yn gwylio gemau byw ar y sgrin, gan ymddiried yn llwyr yn y sylwebyddion hollwybodus. Ond dim ond drwy fynychu gêm yn y cnawd mae profi'r cynnwrf i'r eithaf. Ma' 'da fi record go dda o fynychu gemau byw. Dwi'n cofio fawr ddim am yr hyn a ddigwyddodd ar y cae yn Rownd Gyn-derfynol y Copa Libertadores rhwng River Plate a Boca Juniors yn Stadiwm El Monumental de Nunez yn Buenos Aires ym mis Mehefin 2004, ond mae rhibidirês o ddelweddau yn dal yn fyw yn y cof. Yno y synnais wrth weld tân gwyllt yn cael eu tanio yn dilyn gôl, ac yno y rhyfeddais at y gwthio ar y teras yn dilyn symudiad cyffrous. Doedd neb wedi clywed am y geiriau 'Iechyd a Diogelwch'! Ac mae gan y maes hwnnw arwyddocâd arbennig i Archentwyr – yno y cipiwyd Cwpan Pêl-droed y Byd yn 1978.

Cefais brofiadau personol tebyg yn y Maracanã yn Rio, y Bernabéu yn Madrid, y Palas yn Detroit, Madison Square Garden yn Manhattan, y Stade de France, Twickenham, Wembley, y SkyDome yn Toronto ac ar gaeau criced Thomas Lord, Old Trafford a St Lawrence yng Nghaergaint. Mae cefnogwyr byd y campau yn cysylltu caeau chwarae â blynyddoedd penodol – pobol Uruguay yn dal i ramantu am fuddugoliaeth eu gwlad yn y Maracanã yn 1950, a wnawn ninnau byth anghofio ymdrech ddewr Tommy Farr yn yr Yankee Stadium yn y Bronx yn 1937. Ond i'r rheiny sy'n hoff o glywed sŵn y bat ar y bêl, roedd Morgannwg yn y nawdegau yr un mor llwyddiannus a chystadleuol â'r siroedd cyfoethog, ffasiynol yn Lloegr; y siroedd hynny oedd yn derbyn y sylw parhaol ym mhapurau dyddiol Canary Wharf. Ac o'dd hwnna'n rhoi pleser mawr i'r cefnogwyr.

Cyfrinach cricedwyr Morgannwg yn ystod eu hoes aur o'dd eu hysbryd, eu hagwedd a'u hiwmor. Ro'dd hi'n anarferol gweld criw o chwaraewyr yn cymysgu mor braf a hamddenol â'u cefnogwyr. Ro'n nhw yn eu helfen yn rhannu'r llwyddiant ac yn ddigon bodlon cydnabod a chyfadde eu camgymeriadau. Datblygwyd perthynas â'r ffans a dwi'n meiddio dweud yn gwbl agored fod y cymdeithasu braf yn gymorth mawr ac yn ffactor allweddol yn eu canlyniadau da nhw.

Bu tymor 1993 yn un anghredadwy i Forgannwg yng Nghynghrair y Sul. Chwaraewyd dwy ar bymtheg o gemau, gyda thîm Hugh Morris yn ennill tair ar ddeg. Colli o'dd yr hanes yn y ddwy ornest gynta' – ar y Cae Ras yn Derby o dri rhediad ac ar Barc-y-Dwrlyn ym Mhentyrch yn erbyn Swydd Northampton o dair wiced. Ond wedi hynny, seriwyd y perfformiadau a'r canlyniadau ar y cof, diolch i allu ac ymroddiad cricedwyr ein gwlad. Roedd pob un ohonynt yn arwyr – y bowlio'n gywrain, y batio'n ffrwydrol a'r maesu'n gymen. Ym myd y campau, trwch jocstrap sy 'na rhwng ennill a cholli. Yn aml mae'r cwbl yn dibynnu ar fowns pêl neu benderfyniad dyfarnwr . . . symudwch y deial sy'n rheoli'r gawod ryw filimetr a ma' tymheredd y dŵr yn cwmpo deg gradd. Arllwyswch ormod o *weed and feed* ar y lawnt ac fe fydd y darn tir yn felynach na'r Sahara. Ond cymysgwch y cynnwys yn ôl y cyfarwyddiadau ac fe gewch chi gwrt Wimbledon tu fas i'r drws ffrynt.

Yn dilyn y ddwy golled ddiwedd Mai (gohiriwyd dwy arall yn erbyn Gwlad yr Haf ac Essex yn sgil glaw trwm) gwefreiddiwyd y cefnogwyr â chyfres o berfformiadau campus, a phan gyfarfu Caint a Morgannwg yn y gêm ola' un ar y 19eg o Fedi yng Nghaergaint, roedd y byd criced yn ymwybodol o bwysigrwydd yr ornest gan mai'r enillwyr yn unig fyddai'n codi'r cwpan ac yn blasu'r cafiar a'r siampên.

Bu'n bererindod i filoedd o Gymry, o'r de a'r gogledd, i'r de-ddwyrain ar gyfer gêm a ddisgrifiwyd yn y wasg yn *Gunfight at the O.K. Corral* (gyda Viv Richards yn chware rhan Wyatt Earp). Ro'dd yna ryw ddeuddeg ohonon ni'r ffyddloniaid wedi aros dros nos yn y cyffiniau ac yn rhyfeddu fod yna dagfeydd traffig o gwmpas y cae am wyth y bore. Bu'n rhaid i Robert Croft gerdded yr hanner milltir ola' gan adael ei gar ym meddiant un o gefnogwyr Morgannwg. Roedd y cae yn llawn dop rai oriau cyn gosod y ffyn. Mawr o'dd y disgwyl i'r 12,000 a lwyddodd i dderbyn tocynne ac i'r cannoedd o filoedd a wyliai ar deledu.

Steve Marsh alwodd yn gywir, a'i benderfyniad i fatio'n gynta' yn yr heulwen yn anochel. O fewn munudau roedd Ward ar ei ffordd 'nôl i'r pafiliwn yn dilyn y cyffyrddiad lleia' o belen Watkin i fenig Metson, ond bu cyfraniadau Fleming (44) a Hooper (60) yn hwb i obeithion Caint cyn i Croft a Barwick hawlio'u wicedi. Roedd bowlwyr Morgannwg, Watkin, Lefebvre, Barwick, Croft a Dale yn wir arwyr gyda'r tîm cartre' yn colli eu pum wiced ola' am bedwar rhediad ar ddeg. Roedd cyfanswm

Caint o 200-9 ar ôl eu hanner can pelawd yn annigonol ond gan ei bod hi'n *ffeinal*, doedd neb o gefnogwyr Morgannwg yn or-hyderus.

Hawliodd Igglesden wiced Steve James yn ei ail belawd ond tawelwyd y nerfau diolch i bartneriaeth ymosodol o 78 rhwng Morris a Dale. Cyfeiriais yn gynharach at fowns pêl neu benderfyniad dyfarnwr yn effeithio ar ganlyniad gornest, a dyna'n union a ddigwyddodd yn ystod batiad Morgannwg. Daliwyd Viv Richards, y maestro o'r Caribî, oddi ar belen fer y bowliwr cyflym Duncan Spencer. Roedd Viv wedi cymryd cam i gyfeiriad y pafiliwn pan glywyd y dyfarnwr David Constant (cyn chwaraewr Caint) yn bloeddio 'pelen wag' (*no-ball*). Heb unrhyw amheuaeth, bu'r penderfyniad yn drobwynt wrth i Viv a Tony Cottey ychwanegu trigain rhediad am y bumed wiced gan adael y Cymry'n fuddugol o chwe wiced gyda phedair pelen ar ddeg yn weddill. Ymgasglodd miloedd ohonom ar y cae gyda Robert Croft (a ddaeth e o hyd i'w gar dwedwch?) yn cyfnewid ei fat am faton ac yn arwain y canu am weddill y noson.

Pennod 31

1994: Gwylio Brian Lara yn Port of Spain

Un o fatwyr gorau'r gêm – Brian Lara o Ynys Trinidad yn y Caribî.

Teithiais i'r Caribî am ddeg diwrnod ym mis Mawrth 1994 yng nghwmni sylwebydd criced y BBC yng Nghaerdydd, Edward Bevan. Ro'n ni yno i weld India'r Gorllewin yn herio Lloegr yn y trydydd prawf, mewn cyfres o bump, ar gae y Queen's Park Oval yn Port of Spain. A bod yn onest, ro'n i'n lled obeithio y byddai dau aelod o garfan Lloegr a Chymru, Steve Watkin a Matthew Maynard, hoelion wyth tîm Morgannwg, yn cael eu dewis i chware yn y gêm yn ogystal â'r chwaraewr amryddawn Chris Lewis a ddatblygwyd fel cricedwr gan ei athro Addysg Gorfforol yn Ysgol Gyfun Willesden yn Llundain, sef Elis Wyn Williams o Frynaman.

Roedd yna reswm arall dros deithio'r holl ffordd i ynys Trinidad. Petaech chi'n fy holi am fy hoff gricedwyr, yna chwaraewyr y Caribî, yn eu plith Everton Weekes, Rohan Kanhai, Garry Sobers, Gordon Greenidge, Vivian Richards, Clive Lloyd, Michael Holding, Malcolm Marshall a Brian Lara fydde ar frig y rhestr. Roedd Lara yn athrylith. Profiad unigryw oedd ei weld yn cerdded yn hamddenol braf i'r llain heb yr un gofid yn y byd. Roedd e mor ddibryder; y cerddediad i'r canol fel petai e ar ei ffordd i'r siop leol i brynu torth o fara.

Cyfrinach y cricedwr o ynys Trinidad oedd ei allu i synhwyro bwriad y bowliwr yn gynnar ac yna symud ei draed a'i gorff i'r union fan lle'r oedd modd llywio'r bêl yn gelfydd i bellafoedd y maes. Roedd ganddo lygaid hebog tramor a system radar ymenyddol i'w alluogi i dorri calon bowlwyr gorau'r byd criced.

Agoriad llygad o'dd treulio oriau ger y rhwydi ar y Queen's Park Oval a gwylio'r cricedwyr yn paratoi ar gyfer yr ornest. Bu'r profiad o gerdded ar draws y Savannah, rhyw 260 erw o dir gwastad ar gyrion y brifddinas, yn un cofiadwy gan ryfeddu fod cannoedd o blant wrthi'n 'ware criced ar stribedi o dir diffaith. Y bwriad oedd efelychu'u harwyr a bron pob un ohonynt am fod yn Ambrose, Richardson, Walsh neu Lara.

Cael a chael o'dd hi am dri diwrnod a hanner o'r prawf, gyda Lloegr, os rhywbeth, yn drech na'u gwrthwynebwyr. Siomedig oedd cyfraniad tîm Richie Richardson yn eu batiad cynta' gyda'u cefnogwyr unllygeidiog yn anfodlon â'u cyfanswm pitw o 252. Haynes (38), Lara (43) a Richardson (63) oedd y prif gyfranwyr, gyda Lewis a Fraser yn cipio pedair wiced yr un. Un o gymeriadau'r Queen's Park Oval oedd Jumbo, gŵr oedd yn gwerthu cnau, pysgod a bara cartre' ei fam. Drwy gydol y diwrnodau bu'n ddigon parod i gydio yn ei gorn siarad a lleisio barn i gricedwyr ei famwlad. Ces i sawl sgwrs ag e, a sylweddoli fod ganddo agwedd iach tuag at fywyd. "*My ma-ma told me – Son, always sell yourself first. If people love you, they will buy from you.*" Roedd gan hwn bersonoliaeth fagnetig.

Brwydrodd Lloegr yn ddewr ar yr ail ddiwrnod gyda'r capten Atherton (48), Hick (40) a Thorpe (86) yn dodi Lloegr 76 o rediadau ar y bla'n ar y batiad cyntaf. Ro'dd yr ymwelwyr yn synhwyro buddugoliaeth yn dilyn ail fatiad tîm Richie Richardson gyda chyflymdra Caddick (6-65) a Lewis (3-71) yn peri problemau ar lain oedd yn gwaethygu'n raddol. Teimlai'r gwybodusion yn hyderus y gallai Lloegr sgorio'r 194 angenrheidiol.

Pan gamodd y ddau agorwr Atherton a Stewart i gyfeiriad y canol, roedd amser o'u plaid. Roedd 'da nhw bron i gant a hanner o belawdau i gyrraedd y nod. Ond a fyddai'r cymylau bygythiol uwchben y bryniau cyfagos yn cynnig rhywfaint o gymorth i Ambrose, Walsh a Benjamin symud y bêl yn yr awyr? Ro'n i wedi archebu tacsi ar gyfer y pedwerydd prynhawn er mwyn cyrraedd y maes awyr mewn da bryd i hedfan gartre'. O fewn hanner awr roedd y freuddwyd o ennill y prawf ar chwâl gyda'r wicedi'n cwmpo fel dominos.

Â Lloegr yn 21-4, bu'n rhaid i'r ddau ddyfarnwr dywys y chwaraewyr o'r maes yn dilyn cawod drom. Ro'n i ar y pryd yn aros am y tacsi yn ymyl prif fynedfa'r maes ac yn cysgodi o dan falconi un o'r 'stafelloedd newid. Edrychais i fyny. Yno roedd Brian Lara yn edrych i gyfeiriad y bryniau yn asesu a oedd y cymylau yn teneuo rhywfaint. Manteisiais ar y sefyllfa. Yn fy mag roedd llyfr nodiadau a gofynnais iddo'n garedig am ei lofnod. Gwenodd ac yna gofynnodd, "*Would you like me to get the autographs of my team mates?*" Llyncais fy mhoer; ro'n i'n gegrwth ac yn methu'n lân ag ynganu gair! Cricedwr gorau'r blaned yn gofyn a o'n i am iddo gasglu llofnodion y tîm cyfan? Am rai munude roedd Port of Spain wedi gefeillio â Brynaman! Ro'dd y tacsi newydd gyrraedd ond do'n i'n gofidio dim am fod yn hwyr. Fe alle'r awyren esgyn hebddo i; ro'n i am aros i Brian ddod 'nôl, costied a gostio.

Dychwelodd, diolchais a ffarweliais. Edrychais ar y dudalen o'dd yn cynnwys yr unarddeg chwaraewr a'r deuddegfed dyn Phil Simmons. Ro'n i fel plentyn ar fore Nadolig a'r gyrrwr tacsi ar ben ei ddigon, gyda Lloegr yn 40-8 ac Ambrose a Walsh yn creu hafoc. Ar yr awyren ro'n i'n eistedd drws nesa' i ferch unarddeg oed o ddinas Port of Spain oedd yn hedfan i Lunden i dreulio'r Pasg gyda'i mam o'dd yn nyrsio yn Ysbyty Great Ormond. Cyn i ni lanio yn Barbados ro'n i'n gw'bod pob dim amdani hi, ei hysgol, ei theulu a'i diddordebau! "*I just love cricket,*" meddai "*and especially Brian Lara!*" Eglurais fy mod wedi torri gair ag e ryw deirawr ynghynt. Dangosais y llofnodion iddi. Roedd ei hwyneb yn bictiwr. Rhwygais y dudalen yn ofalus a'i chyflwyno iddi hi.

O.N. Cyfanswm Lloegr yn eu hail fatiad oedd 46 gyda Curtly Ambrose a Courtney Walsh yn cipio naw o'r wicedi. Aeth Brian

Lara yn ei flaen i sgorio 375 o rediadau yn y prawf yn Antigua yn Ebrill 1994 ac ym mis Mehefin sgoriodd 501 heb fod mas i swydd Warwick yn erbyn Durham yn Edgbaston – cricedwr o'r radd flaena' a finne'n ei adnabod yn dda!

Pennod 32

1994: Cais Jonathan Davies yn Wembley

Cyfrinach Jonathan oedd ei gyflymdra a'i gyfrwystra.

Peniad, croesiad, rhediad, gwthiad; naid, anaf a thacl; ceisiau a goliau, ergydion ac arbedion. Am yn agos i ganrif, tystiodd Stadiwm Wembley i'r gwych a'r gwael, y llon a'r lleddf, i berfformiadau a buddugoliaethau bythgofiadwy yn ogystal â symudiadau i gyflymu curiad calon. Cyffrowyd a chynhyrfwyd cenedlaethau o gefnogwyr gyda Chymry ar flaen y gad mewn ystod cang o gampau.

Y Cymro Syr Owen Williams oedd prif beiriannydd a phensaer y Stadiwm, un a dderbyniodd ei addysg yn Ysgol Ramadeg Tottenham ar ôl i'w rieni Evan a Mary Williams symud i Lundain i redeg siop groser. Ar y cae hanesyddol â'i dyrau mawreddog, cyflwynwyd Cwpan Lloegr i bump o Gymry sef Fred Keenor (1927), Roy Paul (1956), Graham Williams (1968), Peter Rodrigues (1976) a Kevin Ratcliffe (1963). Yma rhedodd Tom Richards o Gwmbrân ras ei fywyd ym Marathon Mabolgampau Olympaidd Llundain yn 1948, ac ar borfa Wembley yn 1953 dyfarnwyd ffeinal Stanley Matthews gan Mervyn Griffiths a fagwyd ym mhentre' Blaena yn yr hen Sir Fynwy. Teimlai Ian Rush a Mark Hughes yn gartrefol ar y maes gyda'u goliau yn ysbrydoli Lerpwl a Manchester United i fuddugoliaethau cofiadwy rhwng 1989 ac 1994. Cyflwynwyd Tlws Lance Todd i dri Chymro; Willie Davies (Bradford Northern 1947), Rees Thomas (Wigan 1958) a Kel Coslett (St Helens 1972) a hynny am eu perfformiadau ardderchog yn

Rownd Derfynol y Cwpan Her. Yn 1999 anfarwolodd Scott Gibbs a Neil Jenkins eu hunen â chais a throsiad i selio buddugoliaeth anhygoel o 32-31 yn erbyn Lloegr.

Erys cais arall cofiadwy yn dilyn rhediad unigol dramatig, a ro'n i'n ddigon ffodus i fod wrth y meic yn sylwebu'n fyw i S4C ar y gêm rhwng Prydain ac Awstralia yn 1994. Ro'dd y mwyafrif o'r trigain mil yn bresennol yn ymwybodol o dalent Jonathan Davies. Fel dwedodd un cefnogwr o'dd wedi teithio ar y trên o Lanelli i'w gefnogi: "Mae e mor *exciting* achan – mae e jyst fel y boi 'na yn yr *advert* Cadbury's Milk Tray!"

De's i'n ymwybodol o'i ysbryd anturus yn y saithdegau cynnar. Prynhawn dydd Gwener o'dd hi a thîm Ysgol Gynradd Llandybïe ar ei ffordd i Drimsaran. Ro'dd bws Rees a Williams yn llawn bechgyn ifanc hyderus . . . y tîm heb golli gêm, a phawb (gan gynnwys yr hyfforddwr) yn sicr o fuddugoliaeth arall. Chwalwyd ein gobeithion gan grwt deng mlwydd oed â rhif deg ar ei gefn. Ers blynyddoedd roedd gwybodusion y gêm yn tueddu i ddosbarthu'r maswr i un o ddau gategori – teip y Sais, hir o goes a bras ei gamau neu'r dewin o Gymro a alle ochrgamu i'r naill gyfeiriad a'r llall a chreu anhrefn llwyr. Roedd perfformiad Jonathan y prynhawn heulog hwnnw yn wefreiddiol ac roedd hyd yn oed ei hyfforddwr doeth, Meirion Davies, yn brin o anadl. Gadawodd y profiad argraff arhosol arnaf – y llygaid glas llawn disgwyliad, ei ddwylo esmwyth yn byseddu'r bêl a'r ddawn gynhenid i wibio a lledgamu.

Roedd buddugoliaeth Prydain yn erbyn Awstralia ym mis Hydref 1994 yn rhyfeddol a hynny mewn gêm a fydd yn dal yn hir yn y cof. "Trueni'n wir nad aeth un o'r teulu o Gwm Gwendraeth mas fel carcharor i Botany Bay yn ystod Terfysg y Siartwyr!" oedd sylw bachog Jonathan Davies ar ôl gweld Awstralia yn chwalu gobeithion Wigan fis cyn gornest ryngwladol Wembley. "Teimlais wefr o'u gweld a sylweddolais faint y dasg oedd yn ein hwynebu," meddai.

I mi fel sylwebydd, roedd hi'n gwbl amlwg o'r gic gynta' fod yr hyfforddwr Ellery Hanley wedi 'neud ei waith cartref. Mynnodd fod yn rhaid i bob un chwaraewr daclo'n ffiaidd – un yn llorio'r dyn â'r bêl a'r llall yn cyrraedd mewn amrantiad er mwyn sicrhau nad oedd y bêl yn cael ei throsglwyddo i neb arall. Ond drwy'r prynhawn, yn enwedig ar ôl i Shane Edwards ga'l ei hala bant am benio'i wrthwynebydd, crëwyd ansicrwydd yn rhengoedd yr ymwelwyr drwy ymosodiadau celfydd y Prydeinwyr.

Ac yna, cafwyd eiliad o ddewiniaeth a sicrhaodd y fuddugoliaeth. A bod yn onest, doedd dim byd 'mla'n – y sefyllfa ar un olwg yn anobeithiol. Derbyniodd bàs oddi wrth Dennis Betts a synhwyro'r bwlch lleia'. Fe faeddodd e'r dyn cynta' a phenderfynu gwyro ar y tu fas. Yno, o'i flaen, o'dd Brett Mullins, un o chwaraewyr cyflyma'r byd rygbi, yn barod am y dacl. Arafodd Jonathan, cyn rhedeg fel cath o dân a phlymio'n fuddugoliaethus dros y llinell gais. Roedd y newid cyflymdra sydyn wedi twyllo Mullins yn llwyr a finne yn y blwch sylwebu wedi colli pob hunanreolaeth.

Cafwyd digwyddiadau eraill o bwys ar yr hen gae – plismon ar geffyl gwyn yn cadw rheolaeth ar dorf o 200,000 a mwy yn y gêm rhwng Bolton a West Ham yn 1923; Fanny Blankers-Koen yn cipio pedair medal aur yng Ngemau Olympaidd 1948; *hat-trick* Hurst i Loegr yn 1966; Don Fox yn yr eiliadau ola' yn methu â throsiad o fla'n y pyst yn 1956; Best yn bafflo Benfica yn 1968 a gôl unigol Ricky Villa i Spurs yn 1981. Cysylltir Wembley hefyd â *Live Aid* yn 1985 a'r cyngerdd deyrnged i Mandela ar ei ben-blwydd yn 70 oed yn 1988. Ond da chi, peidiwch ag anghofio cais anghredadwy Jonathan yn 1994.

Trystan, y mab, yn dechre tyfaru'r penderfyniad i wylio gêm y Bulls mewn Sports Bar yn Chicago.

Pennod 33

1996: Michael Jordan

Dwi'n dal i gico fy hunan . . . mas yn Chicago, aros mewn gwesty o fewn milltir i'r United Centre, cartre' tîm pêl-fasged y Chicago Bulls, a gwrthod cynnig y *concierge*. Anghredadwy! Yn gynnar y prynhawn hwnnw, cysylltes i â'r Swyddfa Docynne a gwrando ar y neges ganlynol ar y peiriant ateb – "*All tickets for this evening's Bulls versus Pistons match have been sold.*"

Yn dilyn y siom penderfynodd Trystan, y mab, a finne hawlio'n sedde yn y bar a gwylio'r gêm ar deledu – dewis eang o sgrîns o'n blaene a'r 'stafell ishws yn llenwi. Fel hoci iâ ym Montreal, pêl-droed yn Buenos Aires, rygbi yn Auckland ac Abertawe, criced ym Mumbai a phêl-fasged yn Chicago, mae'r dinasoedd yma yn dod i stop adeg gemau o bwys a ro'dd hon, yn y ddinas ar lannau Llyn Michigan, yn ornest dyngedfennol yn nhymor y Bulls. Ro'dd pob tad a thad-cu, pob wncwl ac anti, pob copa walltog â'u llyged ar bob un symudiad tan yr eiliad ola' un.

Ar y ffordd i far yr Holiday Inn ces i air 'da'r *concierge*. "Oes unrhyw obeth am diced?" "Wel oes," meddai. "Un alwad ffôn a ma' modd ca'l tocynne i'r ddau ohonoch dim ond i chi dalu can punt yr un."

Camodd y ddau ohonom ni naill ochor i gynnal cyfarfod brys a phenderfynu gwrthod. Ro'dd meddwl am dalu £200 a'r gêm ar ga'l ar deledu yn y gwesty yn wrthun i'r ddau ohonom. Do, gwrthodwyd y cynnig a phob un dydd oddi ar hynny (365 diwrnod x 21 o flynyddoedd – cyfanswm o 7665 o ddiwrnodau) dwi wedi dyfaru'r penderfyniad. Pam felly?

Ry'n ni gyd ag arwyr mewn ystod eang o feysydd. Haneswyr yn eu helfen yn astudio dogfennau ac yna'n 'sgrifennu cyfrolau am hoelion wyth y gorffennol. Gwyddonwyr yn gwirioni ar fformiwlas a dyfeisiadau'r cewri – Rutherford, Einstein, Newton. Llenorion yn rhyfeddu at gampweithiau geiriol ac i ni sy'n dilyn byd y bêl a byd y campau mae gorchestion Di Stéfano, Bradman, Jesse Owens, Babe Ruth, Campese a Michael Jordan yn falm i'r enaid.

Ie, Michael Jordan. Y fe o'dd seren y Bulls, y fe yn ôl gwybodusion y gamp o'dd y chwaraewr pêl-fasged gore erio'd, y fe o'dd â'r gallu i lansio'i hun ryw 44 modfedd i'r awyr. Ac mae yna ffeithiau eraill amdano yn gwbwl frawychus gan fod ei gyflymdra a'i athletiaeth yn yr awyr yn creu'r argraff ei fod e'n hedfan. "Dyw hwn ddim yn ddynol," oedd un disgrifiad ohono. Ro'dd hwn yn gallu perffeithio'r *slam-dunk* (dyw'r gair ddim wedi'i gofnodi hyd yn hyn yng ngeiriadur Bruce) o'r llinell tafliad-rhydd.

Dau gan punt. Swm o arian o'n ni wedi'i dalu am ryddhau'r car ar ôl torri'r gyfraith yn Llundain; *bargain break weekend* mewn gwesty *boutique*; pris dau grys a phâr o drowsus; aelodaeth teuluol i'r Cyngor Gwarchod Adar. Beth 'nath lywio'r fath benderfyniad? Dylse rhywun fod wedi bloeddio, "Tynna dy garden blastig mas o dy boced nawr!"

Glyn Adams, yr athro Addysg Gorfforol yn Nyffryn Aman, 'nath gyflwyno'r gêm i ni yn y chweched dosbarth a rwy'n hynod ddyledus iddo. Chwaraeais am dair blynedd yn y Coleg ac yn ddiweddarach yng nghwmni pobol ifanc yng Nghanolfan Hamdden Pontardawe, a rhaid cyfadde', o'r holl gemau a chwaraeais, dyma'r un a greodd y cyffro penna'. Meddyliwch, y fi o fewn milltir i'r United Centre yn Chicago ac yn gwrthod y cyfle i weld Michael Jordan yn y cnawd. Pam na waeddodd rhywun, "*Just do it!*"

Colette Besson (Ffrainc) yn cyrraedd y llinell derfyn fodfeddi o flaen Lillian Board ym Mabolgampau Olympaidd Dinas Mecsico 1968.

Pennod 34

1997: Espace Sportif Colette Besson, Font-Romeu

Lillian Board oedd *Pin-Up Girl* diwedd y 60au. Daeth i'r amlwg gyntaf yn dilyn ei buddugoliaeth yn ras y 400m i dîm y Gymanwlad yn erbyn yr Unol Daleithiau yn Los Angeles, fis Gorffennaf 1967. O'r wythfed safle, brasgamodd dros y 200m olaf i ennill cystadleuaeth bwysicaf ei bywyd. Darlledwyd y ras yn fyw ar deledu lliw ar draws y byd a'i hamser o 52.8 eiliad oedd y gorau erioed i ferch o Ewrop.

Yn dilyn ei champ yn Los Angeles, aeth yn ei blaen i osod ei stamp ar y byd athletau. Er nad oedd hi erioed wedi cystadlu ar y llwyfan Olympaidd, roedd dishgwl i'r ferch 19 oed o ardal Ealing, Llundain, lwyddo yng Ngemau Olympaidd Dinas Mecsico 1968. Ond roedd Lillian a'i hyfforddwr yn bryderus am yr amodau rhedeg yno. Roedd y ddinas wedi ei lleoli ar dir ddwywaith yn uwch na'r Wyddfa. Doedd dim amdani felly ond cyrraedd dipyn cyn dechrau'r ras er mwyn cyfarwyddo â'r prinder ocsigen.

Lillian oedd y ffefryn clir i gipio'r fedal aur yn ras y 400m i ferched ac am 399m yn y rownd derfynol Lillian oedd ar y blaen. Ond, mewn diweddglo dramatig, fe ymddangosodd Colette Besson o Ffrainc ac ennill y fedal aur o drwch fest. Er bod Lillian yn hynod o siomedig a'r dagrau'n llifo lawr ei gruddiau, aeth yn ei blaen i longyfarch yr enillydd yn wresog cyn gadael y stadiwm. Wedi'r seremoni wobrwyo, dywedodd Besson mewn cyfweliad ar deledu Canal Plus mai'r ymarfer dwys ar diroedd uchel y Pyrénées yn Font-Romeu a fu'n benna' gyfrifol am ei buddugoliaeth. Bu farw Lillian o gancr y coluddyn yn 1970 yn 22 oed.

Yn dilyn llwyddiant cwbl annisgwyl Besson, derbyniodd anrhydeddau lu yn ei mamwlad gyda chynghorau yn mynnu cynnwys ei henw ar gampfeydd a chanolfannau chwaraeon o Calais i Carcassonne ac o La Rochelle i Lyon. Cwblhawyd campws amlbwrpas yn Font-Romeu yn 1967 ar gyfer athletwyr o Ffrainc ac o bedwar ban byd oedd â'u bryd ar gystadlu ar y lefel ucha'. Rai blynyddoedd yn ddiweddarach, ychwanegwyd enw Colette Besson i'r Espace Sportif yn y Pyrénées.

Ddeng mlynedd ar hugain ar ôl adeiladu'r ganolfan (1850 metr uwchben lefel y môr), ro'dd Alun Morris Jones (dyn camera a golygydd profiadol) a minne ar ein ffordd o faes awyr Barcelona ar hyd yr C17 i gyfeiriad Font-Romeu, pentre'n cysgodi'n gysurus yng nghesail rhai o'r mynyddoedd mawreddog sy'n gwahanu Sbaen a Ffrainc. Yno roedd nifer fawr o athletwyr amlyca'r byd yn ymarfer yn galed ar gyfer Gemau'r Gymanwlad yn Kuala Lumpur. Ro'n ni yno ar gyfer ffilmio paratoadau Angharad Mair oedd wrthi'n rhedeg dan reolaeth ei hyfforddwr Bruce Tulloh ryw deirgwaith y dydd ar lwybrau'r *Parc Naturel Régional des Pyrénées Catalanes*.

Ar y pryd doedd y mwyafrif o wylwyr S4C yn gw'bod fawr ddim am yrfa arall y gyflwynwraig Angharad Mair. Penderfynodd ganolbwyntio ar y Marathon yn ystod y nawdegau cynnar.

Yn dilyn cyfres o berfformiadau addawol, dewiswyd Angharad i gynrychioli Prydain am y tro cynta' yng Ngwlad yr Iâ a'r awr fawr oedd gwisgo'r fest ym Mhencampwriaethau Athletau'r Byd yn Athen yn 1997. Hi oedd y Brydeinwraig gynta' i orffen, a'i hamser o 2:42:31 yn y gwres tanbaid yn gamp aruthrol. Allan o 74 o gystadleuwyr fe orffennodd yn 23ain a chreu argraff ddofn ar y dewiswyr – roedd pethe'n argoeli'n dda am fedal yng Ngemau'r Gymanwlad yn Kuala Lumpur yn 1998. Chwalwyd breuddwyd Angharad mas yn Malaysia ychydig cyn y ras pan ddarganfu'r staff meddygol ei bod yn diodde' o *stress fracture* yn ei phigwrn.

Arfer yw mam pob meistrolaeth ac roedd tystio i ddisgyblaeth yr athletwyr yn Font-Romeu yn brawf pendant o'u hymroddiad llwyr. Yn ôl yr arbenigwyr, arweiniai'r holl redeg cyson ar uchder at amserau cystadleuol. Yn ogystal â'r hyfforddi doeth, manteisiai'r athletwyr ar bresenoldeb dietegwyr a ffisiotherapyddion. Yno hefyd yn manteisio ar y cyfleusterau godidog roedd Paula Radcliffe; y rhedwraig Marathon adnabyddus, yn byw mewn fflat ar gyrion y ganolfan ac yn gwneud defnydd helaeth o'r holl gyfleusterau.

Un arall a dreuliai gryn amser yn y Pyrénées oedd y rhedwraig o Rwmania, Gabriela Szabo. Yn ôl yr adroddiadau, hi oedd yr athletwraig gynta' i ennill dros filiwn o ddoleri ar y gylchdaith. Roedd hi a'i hyfforddwr Zsolt Gyöngyössy i'w gweld drwy gydol y dydd naill ai ar y llwybrau mynyddig neu ar y trac o fla'n y ganolfan. Enillodd Szabo fedal aur Olympaidd yn y ras 5000m yn Sydney 2000 a thair o fedalau aur ym Mhencampwriaethau'r Byd yn Athen 1997 (5000m), Seville 1999 (5000m) ac Edmonton 2001 (1500m).

Hyfforddwr Angharad oedd Bruce Tulloh, y rhedwr pellter hir a gipiodd fedal aur Ewropeaidd yn Belgrade yn 1962. Anfarwolwyd y rhedwr troednoeth wedi iddo redeg ar draws yr Unol Daleithiau o Los Angeles i Ddinas Efrog Newydd a chwblhau'r siwrnai mewn 64 o ddiwrnodau. Pan glywodd Bruce 'mod i wedi paratoi cyfres o gwestiynau ar y Gemau Olympaidd, trefnodd gwis ar gyfer yr athletwyr. Diddorol a dweud y lleia' oedd gweld Paula Radcliffe, Gabriela Szabo, Richard Nerurkar, Bruce Tulloh ac eraill yn cystadlu'n frwd.

Pennod 35

1998: Dysgu gwers ym Mumbai

Cynnyrch cartre' ar werth tu fas i Stesion Chhatrapati Shiraji ym Mumbai.

Gwireddais freuddwyd â thaith o gwmpas y byd . . . efelychu camp Phileas Fogg a Michael Palin . . . Llundain, Mumbai, Singapore, Kuala Lumpur, Penang, Sydney, Auckland, Fiji, San Francisco, Llundain . . . y cyfan mewn tair wythnos nid tri mis! . . . 25,547 o filltiroedd . . . y prif bwrpas oedd ymweld â Mabolgampau'r Gymanwlad yn Kuala Lumpur ond ugain mlynedd yn ddiweddarach, y delweddau a'r profiadau o'r amser a dreuliais ym Mumbai yn yr India sy'n aros yn y cof.

Am y tridiau, ro'n i'n aros yng Ngwesty'r President, lle oedd yn addas ac yn gweddu i unrhyw arlywydd. O fewn bachiad Sachin Tendulkar i'r adeilad moethus ro'dd yna fae cysgodol i bysgotwyr gyda thai shanti ar y lan wedi'u hadeiladu mas o ddefnydd a gasglwyd o domenni sbwriel. 'Crafu bywoliaeth' o'dd patrwm beunyddiol y gymuned hon a thra oedd y tri ohonom (Alun Morris Jones y dyn camera, Paul Davies o Landybïe o'dd yn digwydd bod ym Mumbai ar y pryd, a finne) yn syllu ar yr haul yn machlud ar y gorwel pell, yr olygfa yn gymysgwch hudolus o binc ac oren, sylweddolwyd na allai Turner fod wedi creu'r fath olygfa ar gynfas. Am eiliad dychmygais ein bod ym mharadwys ar draeth rhamantus un o Ynysoedd Môr y De. Yr unig beth oedd ei angen i gwblhau'r cameo o'dd gweld Racquel Welch neu Halle Berry yn camu mas o'r heli â darn siocled Bounty ar ein cyfer.

Peth peryglus yw dychmygu. Oddi tanom, â'r môr ar drai, gwelwyd degau ar ddegau o ddynion yn plygu'n israddol gan ddefnyddio'r pyllau soeglyd ar y traeth yn fodd i waredu'r gwastraff corfforol. Ond wedi meddwl, onid dyma'r drefn yn y byd gorllewinol sy'n ymffrostio ei fod mor greadigol a soffistigedig? O gwmpas ein harfordiroedd, yn amlach na pheidio, pibau concrit anferthol sy'n chwydu'r carthion mas i'r môr glas, gloyw. Cofiais y stori am Mahatma Gandhi yn ymweld â Phrydain yn y tridegau ac yn cael ei dywys o gwmpas ysgolion, ysbytai ac adeiladau o bwys gan Aelod Seneddol. "*What do you think of Western civilisation?*" oedd y cwestiwn ofynnwyd. "*I think it would be a very good idea,*" oedd ateb bachog Gandhi.

Profiad iasol oedd cerdded lawr i'r bae un noson fyglyd; fflatiau crand ar un ochr o'r stryd yn adlewyrchu'r cyfoeth oedd ar gael i'r ychydig. Ac ar yr ochr arall, o fewn hyd llain griced, yr hofelau hyll yr olwg yn symbol creulon o'r pegwn arall. Yna'n sydyn o'n blaenau ymddangosodd llygoden ffyrnig yn cripad yn llechwraidd o dan ryw ddarn aflêr o blastig a oedd i bob pwrpas yn dalcen tŷ i deulu anffodus. Tu fewn, o bosib, ro'dd yna faban yn cysgu neu wraig wrthi'n paratoi'r swper hwyrol. Ac ar ôl gresynu at y fath olygfa, camu 'mla'n gan drio gwthio'r pictiwr i gefn y meddwl a'i anghofio am byth.

Mae poblogaeth yr India ymhell dros y BILIWN a'r dasg o geisio ymgodymu â chyfleusterau byw o'r fath yn creu hunlle' i'r awdurdodau a'r asiantaethau dyngarol. Yn hwyr neu'n hwyrach ceir chwyldro ac anhrefn. Sut all y dinasoedd yma, sy'n llawn dop o bobol, dderbyn miloedd ar filoedd o enedigaethau'r dydd? Sut all Mumbai ymdopi â'r holl bobol sy'n cyrraedd fesul awr gan freuddwydio, fel Dic Whittington gynt, fod palmentydd y ddinas wedi'u gorchuddio ag aur?

Dw i ddim yn athronydd. Does gen i mo'r hawl i gynnig fformiwla a fydd yn datrys y sefyllfa. Yn ystod y nawdegau tystiais yn uniongyrchol i sefyllfaoedd tebyg yn y Caribî, Lesotho, Soweto, Alexandria, Mumbai, Cairo, favellas Rio a São

Paulo. Shwd ar y ddaear ma' cymaint o'r tlodion yn llwyddo i ofalu am eu teuluoedd gan gofio fod yr amodau byw yn ymdebygu i *Dante's Inferno*?

Shwd yn hollol ma' nhw'n llwyddo i lenwi'u bolie a dilladu'u teuluoedd? Eu breuddwyd yw ceisio am well yfory. Un peth sy'n sicr, mae anffodusion yr hen fyd 'ma yn meddu ar weledigaeth; eu balchder a'u penderfyniad yn esiampl i drigolion y byd gorllewinol. Ry'n ni'n rhan annatod o athroniaeth a ddechreuwyd gan Thatcher o ofalu am yr unigolyn. Smo'r gri "*I'm alright Jack*" i'w glywed ar balmentydd Mumbai! Yn y bôn rhaid parchu'n gilydd – rhaid cynnal trafodaethau, rhesymu'n ddoeth, ysgwyd llaw â holl bobloedd y byd, boed yn Gristion, yn Fwslim, yn Sikh, yn Hindu neu'n anffyddiwr. Ym Mumbai mae yna angen aruthrol ond mae yna onestrwydd a pharch at gyd-ddyn. Y ni, y rheiny sy'n hawlio'r swyddi bras, sy'n gyfrifol am y poen a'r galar.

Ar y palmentydd yn ymyl Pencadlys y Llynges ac yn y maestrefi o gwmpas y maes awyr y gwelwyd y cartrefi gwaetha'. Nid cartrefi dros dro o'dd y rhain ond cyfeiriad parhaol trueiniaid Mumbai. Roedd y cwteri yn ymyl ochr y pafin yn dai bach ac yn 'stafelloedd ymolchi; y drewdod yn annioddefol. Roedd yr hysbyseb ar dop y wal uwchben mewn llythrennau bras, '*14 flights a week to Chicago*' yn amherthnasol.

80,000 yn bresennol yn Stadiwm Spartan yn y gêm bêl-droed Americanaidd rhwng prifysgolion Michigan State a Penn State.

Pennod 36

1997: Heb y sicrwydd o ennill, does dim pwynt cystadlu

Nid rygbi, na phêl-droed chwaith, yw prif gemau'r Unol Daleithiau. Nid pasio a chicio pledrenni moch ymysg ei gilydd yw dull yr Yanks ifanc o ddiddanu eu hunen. Yn hytrach, fe'u gwelir yn saethu o bellter at fasgedi, yn perffeithio symudiadau astrus ar yr iâ, yn ymuno mewn ymladdfeydd barbaraidd ar lain *astroturf* neu'n cledro'r bêl fas i'r entrychion a hawlio *home-run*. Yn y 90au, sêr amlyca' byd y campau yn y *Good US of A* oedd Michael Jordan, Peyton Manning, Wayne Gretsky a Mark McGwire – y rhain o'dd yn cael eu hystyried yn dduwiau gan y wasg a'r cyfryngau. Mae Pêl-fasged, Pêl-droed Americanaidd, Hoci Iâ a Phêl-fas yn denu torfeydd anferthol ac yn hawlio sylw parhaol ar dudalennau blaen y *Chicago Tribune*, y *New York Times* a'r *Washington Post*. Chwaraewyr o'r campau yma sy'n llofnodi cytundebau gwerth miliynau o ddoleri ac yn cael eu gwahodd i swpera â'r Arlywydd yn y Tŷ Gwyn a rhannu sgyrsiau hwyrol â David Letterman.

Serch hynny, o Galifornia i Dde Carolina, mae'r diddordeb mewn pêl-droed a rygbi yn cynyddu ymhlith poblogaeth sy'n ymddiddori'n fawr yn y campau. Ymhen blynyddoedd, efallai mai'r Americanwyr fydd yn rheoli byd y bêl gron a'r hirgron. Cofier mai y *stars and stripes* yw'r pencampwyr rygbi Olympaidd presennol ar ôl cipio'r tlws pymtheg bob ochr ar y Stade Colombes yn Paris yn 1924. Eu rhinwedd penna' fel cystadleuwyr yw'r reddf gynhenid i beidio ag ystyried unrhyw fath o fethiant. Fe heuir ac fe fegir hyn yn y cartrefi, yr ysgolion a'r prifysgolion. Yn ideolegol, nid yr ennill sy'n bwysig yng Nghymru ond y cymryd rhan. Mae athroniaeth yr Americanwyr yn wahanol: "Heb y sicrwydd o ennill, does dim pwynt cystadlu!" Petai llywodraethau yn Washington yn penderfynu gwario ynni ac arian ar bêl-droed a rygbi, byddai'n amen ar deyrnasiad *La Furia Roja* a'r Crysau Duon.

Yn yr Unol Daleithiau mae llwyddiant ar y cae chwarae yr un mor bwysig â llwyddiant academaidd nes i'r elfen lwyddiannus ddod yn rhan annatod o'u cymeriad fel cenedl. Cynigir ysgoloriaethau chwaraeon gan brifysgolion i'r sawl sy'n rhagori yn eu crefft, ac yno y datblygir y talent a'i baratoi i'w osod ar lwyfan rhyngwladol. Yno y gwelir yr hyfforddwyr gorau, sy'n atebol i'r brifysgol o ran eu perfformiadau. Canlyniad hyn yw bod y talent, nid yn unig yn cael ei feithrin, ond fod pob owns o'r gallu naturiol yn cael ei ddatblygu i'w lawn botensial.

Gyda dyfodiad teledu lloeren, mae modd gwerthfawrogi'r campau Americanaidd yma yng Nghymru. Yn ystod y chwarter canrif diwetha' dwi wedi dilyn hynt a helynt y Chicago Bulls, y Green Bay Packers, y Detroit Tigers a'r Boston Red Sox, a bob hyn a hyn wedi'u gweld mewn gemau byw yn yr Unol Daleithiau a Chanada.

Yn 1992, ar ymweliad â dinas Efrog Newydd gogyfer â'r Marathon blynyddol, prynodd deg ohonom docynnau i wylio'r gêm hoci iâ rhwng y Rangers a'r Quebec Nordiques. Penderfynodd y sylwebydd pêl-droed John Hardy, am reswm sy'n dal yn ddirgelwch, gefnogi'r Nordiques. Er ein bod wedi'n hamgylchynu'n llwyr â chefnogwyr selog y Rangers, lleisiodd John ei gefnogaeth yn ei lais treiddgar a chreu rhywfaint o ddrwgdeimlad. O fewn munudau roedd cyfartaledd uchel o'r 16,441 yn yr arena yn hisian eu hanfodlonrwydd ac am i'r stiwardiaid ei d'wlu mas. Y Rangers o'dd yn fuddugol o 6-3 ond tybed a fydden ni wedi cyrraedd y gwesty ar 42nd Street petai'r sgôr wedi ffafrio'r Nordiques?

Cafwyd modd i fyw ym mis Tachwedd 1997 pan lwyddodd Trystan, y mab, gael gafael mewn ticedi ar gyfer gêm bêl-droed Americanaidd rhwng Prifysgolion Michigan State a Penn State ar y Sadwrn a'r gêm bêl-fasged rhwng y Detroit Pistons a'r Vancouver Grizzlies yng nghynghrair yr NBA ar y nos Sul. Ro'n i a'r dyn camera Alun Morris Jones wrthi'n dilyn trywydd y pensaer Frank Lloyd Wright, yn ogystal â ffilmio pytiau o'r gemau yn Stadiwm Spartan a'r Palace of Auburn Hills. Yn anghredadwy, derbyniodd y ddau ohonom docynne o'dd yn caniatáu i ni ffilmio o fewn llathenni i'r chwaraewyr a hyd yn oed crwydro ar yr *astroturf* a'r cwrt yn ystod yr egwyl. Pan glywodd yr awdurdodau ein bod yn darlledu'r darnau ar deledu yng Nghymru, ro'n nhw'n fwy na pharod i agor eu drysau er mwyn marchnata'u gemau i gynulleidfa ehangach.

Roedd 73,623 yn bresennol yn yr ornest rhwng y ddwy brifysgol; rhai yn cyrraedd yn eu Corvettes a'u Cadillacs am ddeg y bore. Mae yna draddodiad a elwir yn *tailgating* yn mynd â bryd y cefnogwyr – cesys o siampên, basgedi o fwyd, meicrodon, cadeiriau esmwyth a systemau sain yn ymddangos o gefn y cerbydau. Erbyn amser cinio roedd yr haul yn ei anterth ac awyrennau yn hedfan uwchben ag arwyddion ar eu cefnau yn hysbysebu FIRST BANK OF AMERICA, HEWLETT PACKARD a HÄAGEN DAZS. Roedd yr adloniant cyn gêm yn ymdebygu i Fardi Gras New Orleans – cefnogwyr y brifysgol leol wedi paentio'u hwynebau'n wyrdd ac yn llafarganu a sgrechian eu cymeradwyaeth. Uchafbwynt y prynhawn o'dd edrych a gwrando ar y band pres; cant a mwy o offerynwyr wedi'u dilladu mewn gwyrdd a gwyn a bob hyn a hyn yn trefnu'u hunen ar ffurf GO STATE yn union fel y cannoedd a ffurfiodd yr X yn hysbyseb bachog Cymdeithas Adeiladu Halifax. Ac yna'r baneri, y tân gwyllt a'r floedd *'It's a beautiful day for football'* i groesawu'r ddau dîm i'r cae – dwi'n cofio fawr ddim am yr ornest gan mai'r adloniant cyn, yn ystod ac ar ôl y gêm 'nath greu'r argraff. Gyda llaw, Michigan enillodd o 49-14.

Drannoeth yr *extravaganza* yn Stadiwm Spartan, teithiodd Alun a finne i Detroit, dinas dlota'r Unol Daleithiau, ond yr ardal gyfagos yn gartre' i bobol gyfoethoca'r wlad. Gan mlynedd yn ôl, denwyd miloedd i Detroit i weithio i gwmnïau ceir Ford gyda'r perchennog Henry Ford yn sefydlu'i gwmni yn Dearborn ar gyrion y ddinas. Fe dalon ni ymweliad â'r Pontiac Silverdome yn ystod y prynhawn, stadiwm a adeiladwyd yn 1975 ar gyfer ystod eang o gampau a digwyddiadau. Daeth 93,682 i groesawu'r Pab Ioan Paul II yn 1987; cynhaliwyd cyngherddau Elvis Presley, Bruce Springsteen a Led Zeppelin yno yn ogystal â Superbowl 1982 rhwng y San Francisco 49ers a'r Cincinnati Bengals. Yma hefyd y chwaraewyd pedair gêm yng Nghwpan Pêl-droed y Byd yn 1994. Ond dirywio 'nath y lle yn y nawdegau ac erbyn hyn mae yna gynlluniau ar waith i ddymchwel y campws. Pan gyrhaeddon ni'r drysau caeedig roedd yna arwydd tu fas: "*Seats at $100 but only if you're prepared to take them home!*"

Treuliwyd y noson yn y Palace yn gwylio'r Pistons yn chwarae yn erbyn y Vancouver Grizzlies. Derbyniom groeso cynnes, gyda'r swyddogion yn mynnu ein bod yn ishte reit yn ymyl y cwrt er mwyn ffilmio'r chwarae. Roedd 22,076 yn bresennol, y gêm yn un hynod gyffrous gyda'r Grizzlies yn fuddugol o 97-95. Yn y gynhadledd i'r wasg, cwestiynais y Prif Hyfforddwr Doug Collins (cyn-hyfforddwr y Bulls ac aelod o dîm yr Unol Daleithiau pan gollon nhw yn yr eiliad ola' un i

Rwsia ym Mabolgampau Olympaidd Munich yn 1972) am ei benderfyniad i 'ware'n garcus yn yr eiliadau ola' a cheisio sicrhau gêm gyfartal yn hytrach na saethu o bellter, hawlio tri phwynt a chipio buddugoliaeth. "*It's all about not losing,*" oedd ei ateb sy'n ein hatgoffa unwaith eto o athroniaeth yr Yanks. 'Smo nhw'n lico colli!

Y rheng flaen (ym mhob ystyr): Dwayne Peel, Ray Gravell a Stephen Jones.

Pennod 37

1999: 'Da Grav i Galway

Ddiwedd Hydref 1999, adeg Cwpan Rygbi'r Byd, a'th Grav a fi, ynghyd â'r Gwyddel Kevin Loughney, i ddinas Galway, gan dorri'r siwrne ym mhentre cysglyd Kilreekill. Ro'dd Kevin yn gyfarwydd â pherchen siop y pentre', adeilad diflas yr olwg o'dd yn gyfuniad o garej (y pwmps petrol heb eu defnyddio ers i gwmni petrol National Benzole fynd i'r wal), siop bentre' a thafarn. Do'dd neb yno pan gyrhaeddon ni, ond o fewn ugen muned ro'dd y pentre' cyfan wedi clywed fod un o sêr y byd rygbi wedi galw heibio. O fewn dim ro'dd y Guinness yn llifo, y sgwrsio'n troi o gwmpas y gêm hollbwysig rhwng Iwerddon ac Ariannin yn Lens y noson honno a Ray yn ei seithfed ne' yn dweud ei ddweud yn ogystal ag ail-fyw gemau'r gorffennol rhwng Cymru ac Iwerddon.

Ond sylwodd Raymond graff fod yna gant a mwy o *toilet rolls* ar y silff ucha' ac yn naturiol ddigon dyma fe'n holi'r perchennog am eu presenoldeb. Derbyniodd eglurhad: "*Some ten years ago my father, who's now passed away, God rest his soul, bought a thousand rolls of Andrex from a commercial traveller at a competitive price. These,"* meddai gan bwyntio at y silff ucha, "*are the only ones left.*" Aeth yn ei flaen, "*A few years ago I was given a similar deal when a salesman offered me a thousand tubes of toothpaste. Ray, I refused. If people in Kilreekill,*" meddai, gan ddal i bwyntio at y silff ucha, "*don't wipe their arses, there's no way they're going to clean their teeth!*"

Doedd fawr o ddathlu yn Kilreekill na Galway yn dilyn yr ornest yn Lens wrth i Diego Albanese groesi am gais allweddol a gorffen gobeithion y Gwyddelod o gyrraedd rownd yr Wyth Ola'.

Mae yna gannoedd ar gannoedd o westai yn Nulyn ond ffefryn Ray o'dd y Shelbourne gyferbyn â Pharc St Stephen's Green. Mae'n lle llawn hanes, traddodiad a diwylliant. Y noson cyn y daith i Galway, fe benderfynodd y ddau ohonom ga'l te prynhawn yn y lolfa foethus, a thra ro'dd y canolwr cydnerth yn rhamantu am y gorffennol dynesodd gwraig olygus ganol oed tuag atom:

Mary:	*Are you, by chance, Ray Gravell who played for Wales back in the 1970s?*
Ray:	*Well, yes. I'm surprised you recognised me.*
Mary:	*Mr Gravell – this is your bill, which is outstanding since 1974.*
Ray:	*O! Mary fach!*

Ro'dd e rhywfaint yn nerfus. Yn ôl pob tebyg bu bron iddo gymryd *beta blockers* cyn mentro o Fynydd-y-garreg i Aberhonddu i ffilmio *Rebecca's Daughters* ochr yn ochr â Peter O'Toole, Keith Allen, Joely Richardson a'i ffrind Dafydd Hywel. Ro'dd Ray wastad ar bige'r drain cyn gadel y 'stafell newid ar gyfer gêm rygbi, ond cyment mwy o'dd yr ansicrwydd ar set, yn enwedig wrth sylweddoli ei fod e'n rhannu sgript a llwyfan â nifer o sêr Hollywood.

Fe gyrhaeddodd e ben bore gan fod angen awr a hanner yn y garafán goluro. Ro'dd e'n chware rhan Jonah, un o ferched Beca, ac yn gorfod duo'i wyneb a gwishgo fel gwraig o'r bedwaredd ganrif ar bymtheg. Cyn gêm, Ray o'dd y mwya' swnllyd – yn cwestiynu cyd-chwaraewyr yn ddidrugaredd er mwyn cael setlo'r stumog a pharatoi'n seicolegol ar gyfer yr ornest. Ond yma, ar leoliad, ar lethre Bannau Brycheiniog, ro'dd e'n swil, yn ddideimlad ac yn brin o ran emosiwn.

Ar y bore cynta' un ro'dd e'n ishte yng nghornel y garafán yn pori drwy'r sgript tra ro'dd Lawrence of Arabia ei hun, un o fawrion y sgrin fawr, Peter O'Toole, yn derbyn colur gan Marina Monias. Ro'dd Raymond yn dawel fach yn ysu am ga'l ei gyfarfod. Ro'dd Marina yn arbenigwraig yn ei maes ac yn hen gyfarwydd â choluro hoelion wyth y cyfnod. Ro'dd Ray, wedi'i wisgo mewn ffrog, blows a phais yn barod i dderbyn cymysgwch o eiddo Marina.

Marina, yn ôl Ray, a ddechreuodd y sgwrs.

Marina: *Peter, this is Ray.*

Peter: (yn dishgwl yn syth ar y drych o'i flaen) *How are you?*

Ray: *Fine, thank you, Mr O'Toole.*

Marina: *He's played a bit of rugby, you know. In fact he's quite friendly with Richard* (Harris) *and Terry* (y cerddor Dr Terry James).

Ar ôl clywed hyn, fe edrychodd O'Toole ato drwy gil ei lygaid. Ond, yn y wisg a'r colur fydde pobol Mynyddygarreg ddim wedi'i 'nabod.

Peter: *You've played rugby have you? Who did you play for?*

Ray: *I played 485 games for Llanelli during the 70s and early 80s.*

Peter: *That's a lot! Did you play against JPR?*

Ray: *Mr O'Toole, I was honoured and privileged to have played with and against JPR, Gareth and Gerald.*

Peter: (Erbyn hyn roedd yr actor adnabyddus wedi'i gynhyrfu ac yn dishgwl i fyw llygaid Grav) *Which other teams did you play for?*

Ray: *I represented Wales, the Barbarians, and the British Lions as a centre threequarter . . . without forgetting Carmarthenshire!*

Peter: *You played for Wales? Who was the finest centre you played against?*

Ray: *That has to be the Irishman, Michael Gibson. A true great!*

Peter: (Ro'dd O'Toole ar ei dra'd, a gyda photeli colur Marina Monias ar lawr, dyma fe'n camu at Grav) *You played against Mike Gibson! You're not that man mountain, Ray Gravell?*

Ray: *Well, yes I am!*

Peter: *You wait till I get back to London and tell them I'm in a film with Ray Gravell!*

Clive… ..byth yn brin o eirie'.

Pennod 38

2000: Clive – Arglwydd Cwmtwrch!

Am bron i ddegawd ces i'r pleser a'r anrhydedd o gyd-sylwebu â'r gwrw o Gwmtwrch, yr anghymharol Clive Rowlands. Yn y blwch sylwebu ac i filoedd o wrandawyr BBC Radio Cymru, roedd Clive yn donic, yn datgan ei farn yn glir ac yn gryno heb unrhyw ffafriaeth, heb unrhyw falais. Do'dd e byth yn dal dig; yn wyliwr craff oedd yn fodlon lleisio'r hyn o'dd e'n ei weld ac yn ei deimlo.

Fe lwyddodd Clive (Top Cat i rai o'i gyd-chwaraewyr yn y chwedegau, ac Arglwydd Cwmtwrch i eraill) i gwmpasu pob agwedd o'i gamp am yn agos i bum degawd. Rwy'n cofio dweud wrtho ar un achlysur, "Clive, yr unig beth y'ch chi heb wneud ar y ca' ma' (Cae y Cardiff Arms, Parc yr Arfau, y Maes Cenedlaethol, Stadiwm y Mileniwm, Stadiwm Principality) yw torri'r gwair a glanhau'r tai bach!" Mae'r rhestr o'r hyn gyflawnodd e tra'n gwisgo'i het rygbi yn ddiarhebol: chwaraewr rhyngwladol, hyfforddwr rhyngwladol, Cadeirydd y *Big Five*, Llywydd Undeb Rygbi Cymru, Rheolwr y Llewod, baswr o fri 'da Côr y Gyrlais yn yr adloniant cyn gêm, ail lais craff i Radio Cymru, siaradwr gwadd mewn ciniawau cyn gêm yn ogystal â bod yn gefnogwr brwd.

Beth felly oedd cyfrinach Clive Rowlands? Yn syml, ei onestrwydd, ei ddiffuantrwydd, ei wybodaeth yn ogystal â'i gymeriad byrlymus a charismataidd. Ro'dd pawb yn dwlu arno, gan gynnwys y rheiny o'dd yn gw'bod dim am rygbi ac yn tiwnio mewn i'r gwasanaeth cenedlaethol ar brynhawne Sadwrn er mwyn clywed ei acen, ei lais a'i hiwmor iach. Tra oedd Emyr a Derwyn a finne'n disgrifio cic o dro'd chwaraewr fel un aneffeithiol neu ddigyfeiriad, bydde Clive yn manteisio ar y tawelwch er mwyn i'r genedl gyfan glywed cymalau a brawddegau o'dd wedi'u bathu yn ystafell ffrynt y bynglo yn Hewl Glyncynwal: "'Na ti gic potel bop!" Ro'dd gan hwn y ddawn i wella rheiny o'dd yn diodde' o iselder ysbryd.

Beth o'n i'n ei hoffi amdano o'dd ei barodrwydd i gyfleu'r hyn o'dd yn digwydd ar y ca' heb ofidio dim am y canlyniadau. O'r cychwyn cynta' ro'dd e'n anhapus ynglŷn â phenodi hyfforddwyr o Seland Newydd gan ddweud, "Wyt ti'n credu am funed y bydden **nhw'n** debygol o benodi bachan o Dreorci neu o Dymbl?"

Pan benodwyd Clive yn Athro Addysg Gorfforol yn yr hen Sir Fynwy, ymunodd â Chlwb Rygbi Pont-y-pŵl ac o fewn tymor, crëwyd sioc ar raddfa uchel ar dabl Richter pan gyhoeddwyd y tîm i 'ware yn erbyn Lloegr ar Barc yr Arfau yn 1963. Nid yn unig o'dd D.C.T. Rowlands o Gwm Tawe yn ennill ei gap cynta' fel mewnwr ond roedd e hefyd yn gapten! Dyma'r union fewnwr o'dd wedi gorfod ymuno ag Abercraf fel maswr gan fod Cwmllynfell, Cwmtwrch, Ystalyfera ac Ystradgynlais â mewnwyr profiadol. Bu ei yrfa ar y lefel ucha' yn llwyddiannus wrth i Gymru gipio'r Goron Driphlyg yn nhymor 1964/65 a hynny am y tro cynta' ers cyfnod John Gwilliam yn y pumdegau cynnar. Clive fydde'r cynta' i gydnabod nad y fe o'dd y mewnwr cyflyma' na'r mewnwr amlyca' i gynrychioli'i wlad ond fel y canodd Syr Walter Scott yn ei nofel *Guy Mannering*: "*Cometh the hour, cometh the man!*"

Beth oedd ei brif rinweddau fel mewnwr? Yn gynta', y gallu cynhenid i arwain. Petai e'n wleidydd yna fe fydde'r Prif Weinidog. Roedd ganddo'r gallu i ddod â'r gore mas o'i gyd-chwaraewyr, ac ro'dd rheiny yn ei barchu. Fel ciciwr, gallai ddodi'r bêl ar bishyn 'wech ac ennill tir sylweddol mewn cyfnod pan o'dd modd cicio'n syth dros yr ystlys. Un o brynhawne mwya' cofiadwy Clive fel mewnwr a chapten o'dd ar Sain Helen yn 1967 yn y gêm rhwng Gorllewin Cymru â'r Crysau Duon. Yn ystod y chwarae ar brynhawn heulog, llwyddodd Clive greu dau gais drwy weithio'r ochr dywyll. Croesodd Hywel Williams ddwywaith ond ro'dd y dyfarnwr, Mike Titcomb, o'r farn fod asgellwr Castell-nedd yn camsefyll y tro cynta' a bod pàs Clive mla'n yr eildro. Ro'n i'n un o'r 40,000 ar Sain Helen ac er mai'r Crysau Duon a'th â hi o 22-14, derbyniodd y Cymry ganmoliaeth o bob cyfeiriad am eu hymroddiad a'u dull cyffrous o chware.

Yn dilyn ei ymddeoliad, penodwyd Clive yn hyfforddwr cenedlaethol effeithiol gan fod wrth y llyw pan gipiodd tîm John Dawes Gamp Lawn fythgofiadwy yn 1971. Ro'dd 'da fe farn bendant ar strwythur a thactegau ac yn mynnu fod y tîm yn sgorio ceisiau drwy ymosod yn ddi-baid. Yn ystod y cyfnod, a phan o'dd e'n aelod o'r *Big Five* (y criw dethol o'dd yn dewis y tîm cenedlaethol), ro'dd yna alwadau ffôn cyson rhwng Heol Coelbren Ucha' ar y Waun a Chwmtwrch Ucha' gyda Gareth yn trio ffindo mas os o'dd e yn y tîm ar gyfer y gêm nesa'. Bydde'r sgwrs yn dilyn y trywydd yma:

Gareth:	Margaret – os modd ca'l un gair bach â Clive? [Margaret o'dd fel arfer yn ateb y ffôn]
Margaret:	Clive! Ma' Gareth am ga'l gair â ti. Dere glou!
Clive:	Ie. Be' ti'n moyn?

Gareth: Wel, ma'r garfan yn ca'l ei chyhoeddi 'fory. Ydw i yn y tîm?

Clive: Gareth – alla i byth â dweud. Ma'n waith i fel hyfforddwr yn dibynnu'n llwyr ar onestrwydd a chadw cyfrinache. Dwi'n gw'bod yr ateb i dy gwestiwn, ond 'smo i'n fo'lon dweud.

Gareth: Ond Clive . . . !

Clive: Sori, Gareth. Ry'n ni'n 'nabod ein gilydd yn dda – y ddau ohonon ni'n siarad Cymra'g ac yn dod o'r un ardal ond 'smo i'n fo'lon dweud!

Gareth: Ond Clive . . . !

Clive: Dishgwl Gareth. Alla i byth â dweud os wyt ti yn y tîm. Ond fe alla i ddweud hyn – dwyt ti ddim mas o'r tîm!

Gareth: Diolch Clive – joia dy ddiwrnod!

Tristwch y presennol yw bod y cymeriadau sy' wedi britho'r gêm am ganrif a mwy yn araf ddiflannu. Ro'n i mewn deintyddfa y dydd o'r blaen ac o 'mla'n i ro'dd yna boster yn dweud mai gwên yr unigolyn sy'n hawlio sylw. Er diodde' a gorchfygu siomedigaethau a salwch, mae Clive yn dal i wenu ac yn berchen ar fformiwla i 'neud i eraill wenu. Y dydd o'r blaen, mewn cinio yng Nghaerdydd, fe glywes i'r stori, a hynny am y canfed tro, am y mewnwr yn bwydo'r bêl i'r sgrym . . . a dwi'n dal i 'werthin!

Bae Guanabara yn Rio.

Pennod 39

1999: Rio a São Paulo

Des i'n gyfarwydd â Phêl-foli mas yn Munich yn 1972. Ro'dd chwech ohonom yn y ddinas am y diwrnod, gyda'r gobaith o wylio un o'r campau Olympaidd. Ro'dd y rhan fwya' o'r neuaddau a'r stadia yn llawn dop ond fe'n cysurwyd pan eglurodd swyddog yn y ganolfan docynne fod modd i ni weld Tsiecoslofacia yn herio gwlad Pwyl yn y Volleyballhalle. Cafwyd awr a hanner diddorol yn yr oriel ucha' yn trio deall a dehongli'r rheolau ynghyd â chymeradwyo doniau'r chwaraewyr. A'th deng mlynedd ar hugain heibio cyn i mi chware'r gêm o ddifri', a hynny ar draeth mewn gwlad estron.

Derbyniais ddos sylweddol o Dde America yn y gwersi daearyddiaeth yn Ysgol Dyffryn Aman ac yn ara' deg fe gwmpes i mewn cariad â'r cyfandir deheuol. Ai brwdfrydedd yr athro, J R Evans, oedd yn gyfrifol am y garwriaeth neu enwau egsotig megis Valparaiso, Aconcagua, Titicaca, Iguazu, Copacabana a

Machu Picchu? Ychydig a feddyliais bryd hynny y buaswn yn ymweld deirgwaith â'r cyfandir deheuol ac yn treulio wythnosau yn ninasoedd Rio, São Paulo a Buenos Aires. Rhyfeddais at fawredd Aconcagua (6962m), mynydd ucha' cyfandir America a Hemisffer y De, yn ogystal â dod i 'nabod ein cefndryd yn y Gaiman a Threlew.

O holl ddelweddau Rio, cerflun 'Crist yr Iachawdwr' yw'r un cyfarwydd, wedi'i leoli ar y Corcovado, crwmp o fynydd lle gwelir breichiau agored yr Iesu yn ymestyn i gyfeiriad bae Guanabara. Ac am dair noson ar draeth Ipanema, sy'n rhan o'r bae hudolus, bûm yn ymuno â degau ar ddegau o drigolion lleol i chware pêl-foli a foli-troed (lle ro'dd gofyn cadw'r bêl yn fyw drwy ddefnyddio'r traed, y penliniau a'r pen cyn cyfeirio'r bêl ysgafn dros y rhwyd). Ro'n ni yno tan hanner nos yn cymdeithasu'n braf, diolch i'r llifoleuadau ar bob cwrt.

Ar y bedwaredd noson yno, mynnodd ein gyrrwr tacsi, a fu'n ein tywys o gwmpas y ddinas am rai oriau, ein bod yn westeion iddo yn y Maracanã gan fod dau o dimau pêl-droed lleol, Fluminense ac Olaria Atlético, yn herio'i gilydd mewn gêm gynghrair. 'Na chi noson! Bu'r profiad yn un bythgofiadwy gan fod y stadiwm yn un o'r mwya' eiconig yn yr holl fyd.

Yma y cynhaliwyd Rownd Derfynol Cwpan Pêl-droed y Byd yn 1950 rhwng Brasil ac Uruguay. Y tîm cartre' oedd y ffefrynne amlwg, ac yn ôl rhai adroddiadau, llifodd 200,000 o gefnogwyr drwy'r clwydi. Ro'dd Brasil yn hyderus, yn or-hyderus o bosib, ac yn ffyddiog o ennill y gystadleuaeth am y tro cynta' yn eu hanes. Roedd hon yn Rownd Derfynol gyffrous gyda Brasil yn yr hanner cynta' yn rheoli'r chware ac yn mynd ar y bla'n ar ddechrau'r ail hanner pan sgoriodd Friaça. Ond taro'n ôl wnaeth yr ymwelwyr – ergyd anarbedadwy Schiaffino o groesiad Ghiggia yn unioni'r sgôr cyn i Uruguay selio'r fuddugoliaeth a derbyn Cwpan Jules Rimet am yr eildro yn eu hanes – Ghiggia yn derbyn pàs Perez a chanfod cornel y rhwyd.

Ar hyd fy mywyd profais gyffro byd y campau ym mhob un

o'r pum cyfandir, ond heb unrhyw amheuaeth, rhagorai cefnogwyr Brasil ar y gweddill o safbwynt ysbryd, sŵn, lliw ac awyrgylch. Roedd ceisio canolbwyntio ar y chware yn amhosib gan fod cyment yn digwydd ar y terasau; 40,000 o gefnogwyr Fluminense ac Olaria yn creu'r cynnwrf a dau o Ddyffryn Aman yn fythol ddiolchgar i yrrwr tacsi o Rio am y profiad.

Drannoeth y gêm, fe godon ni'n pac a theithio rhyw awr mewn awyren i São Paulo, un o ddinasoedd mwya' poblog yr holl fyd. Yma y cyrhaeddodd trigolion o dde Ewrop yn eu miliynau yn y dauddegau yn ceisio am fywyd gwell. Roedd yna dlodi difrifol – pobol yn cysgu ar y strydoedd heb do, heb ddoler a heb freuddwyd. Un prynhawn fe deithion ni am drigain milltir i blanhigfa goffi ryw drigain milltir o'r canol ac ro'n ni'n dal yn São Paulo! Amcangyfrifir bod ugain miliwn yn byw yn y ddinas a'i hardaloedd cyfagos – y mwyafrif llethol yn sgrabin bywoliaeth gan chwilio am El Dorado.

Er tristwch yr amgylchiadau, roedd gan São Paulo rinweddau. Doedd dim yn ormod o drafferth, roedd yna ymdeimlad o berthyn a'r São Paulistas yn benderfynol o greu gwell dyfodol ar gyfer eu plant a'u hwyrion. Mae'r *Rough Guides* a'r *Lonely Planet Guides* o'r farn fod cafés a thai bwyta São Paulo yn darparu'r bwydydd gorau ar wyneb daear a rhaid cytuno â'r farn 'rôl blasu'r *lasagne* tri chaws, cigoedd y *churrascaria*, *moqueca* (cawl pysgod) a *pão de queijo* (cymysgedd o fara a chaws).

Treuliwyd hanner diwrnod yn dishgwl am fedd y gyrrwr Grand Prix lleol, Ayrton Senna. Bu farw mewn damwain ddifrifol ar ôl taro mewn i wal goncrit ar dro Tamburello ar drac rasio Imola yn yr Eidal yn 1994. Daethom o hyd iddo mewn llecyn agored, cysgodol ar gyrion canol y ddinas. Disgrifiwyd Senna gan hoelion wyth y gamp yn un o'r goreuon erioed, ei allu greddfol fel gyrrwr yn ogystal â'i reolaeth ar y trac, yn enwedig adeg tywydd anffafriol, yn ei wneud yn wir bencampwr. Yn gyson yn ystod ei yrfa cyfrannodd gyfartaledd uchel o'i enillion i gynorthwyo plant a thlodion São Paulo, a hyd yn oed heddiw, bron i chwarter canrif ar ôl ei farwolaeth, trosglwyddir cyfran helaeth o'i gronfa bersonol i drueiniaid Brasil. Ymgasglodd miliwn o São Paulistas ar hyd lonydd y ddinas i ffarwelio â'u harwr. Roedd e'n ddyn crefyddol; cyfrannodd $80 miliwn i raglenni elusennol yn ei famwlad a hyd yn oed creu comic i blant ar anturiaethau mini-Senna. Mae pobol yn Brasil yn dal i gofio amdano.

Pennod 40
2001: Morlais

(O'r chwith): Ken Maddocks (un a gyrhaeddodd gopaon pob un o'r Munros yn yr Alban) yng nghwmni'r cerddwr a'r cyn-fachwr, Morlais Williams – y ddau ar fin concro Glencoe.

Rees Stephens, Roy John, Brian Thomas, Dai Morris, Courtenay Meredith, John Dodd, Viv Evans, Ron Waldron, Grahame Hodgson . . . rhai o hoelion wyth tîm rygbi Castell-nedd yn y pumdegau a'r chwedegau a'r rhestr yn darllen fel rhyw *Who's Who* o'r byd rygbi. Ond mae un peth yn sicr – yr enw cyntaf ar dudalen yr ysgrifennydd ar y nos Fawrth oedd Morlais Williams. A bod yn onest, doedd dim angen y Williams gan mai Morlais o'dd e i'r cefnogwyr, y chwaraewyr a'r gwrthwynebwyr a phawb yn ei barchu'n fawr.

Cryf, cadarn, cyhyrog, dibynadwy, dawnus, diymhongar – mae'r holl ansoddeiriau yn addas ar gyfer y bachwr brwdfrydig o Flaendulais. Morlais fydde'r cynta' i gwmpo ar y bêl yn y llacs a hynny o flaen blaenwyr ffiaidd y gwrthwynebwyr. Y fe fydde'r cynta' i gyrra'dd yr ystafell newid noson yr ymarfer a'r diwetha' i adael y cae. Bu'n eilydd i Gymru droeon ond yn anffodus ro'dd Bryn Meredith a Norman Gale yn chwarae ar yr un pryd. Mewn oes arall, mewn cyfnod arall, mi fydde Morlais wedi ennill ugen cap a mwy.

Ond do'dd y siom bersonol honno ddim wedi achosi unrhyw anniddigrwydd; doedd yna ddim chwerwder. Fydde rhai yn dweud ei fod wedi gwireddu'i freuddwyd drwy gamu lawr y cwm a gwisgo crys du Castell-nedd a gwneud hynny ag urddas ac awdurdod. Unigolyn unigryw, ffrind mynwesol, cymeriad cyflawn.

Des i w'bod am Morlais 'nôl yn y chwedegau cynnar gan fod bachwr yr ysgol, Hywel Evans (bu'n rhaid iddo newid ei enw i Dafydd Hywel gan fod Hywel Evans arall ar restr Equity) yn gwirioni arno. Tra ro'dd y mwyafrif o'r bois rygbi yn Ysgol Rhydaman yn sôn byth a beunydd am Dewi Bebb, Cyril Davies, Dai Watkins, Alan Rees a Terry Davies, bydde Hywel yn mynnu canu clodydd y bachwr 'ma o Gastell-nedd. Yn ôl Hywel, ro'dd y gwybodusion ar y Gnoll yn debygol o ddweud, "Ydi, mae e'n fachwr da ond ddim hanner cystal â Morlais!"

Ro'dd Morlais a'i wraig Myrna yn byw yn Stanley Place – ystâd a adeiladwyd yn dilyn y penderfyniad i ddymchwel Porthdy Llangatwg, plasty o'dd yn gartre' i deulu'r Tennants, tirfeddianwyr a pherchnogion glofeydd. Yno am gyfnod y treuliodd H.M. Stanley rai blynyddoedd o'i fywyd ar ôl priodi Dorothy, a addysgwyd yn Ysgol Gelf y Slade. Ac am rai degawdau, bu'r Porthdy yn hafan i Winifred Coombe Tennant, un o ferched mwya' goleuedig y ganrif ddiwetha' – ffeminydd, heddychwraig, cenedlaetholwraig, Meistres y Gwisgoedd, Ustus Heddwch ac ymgyrchydd brwd dros hawliau carcharorion. Ac os bydd S4C yn comisiynu cyfres arall o *Mamwlad*, gobeithio y caiff Winifred y sylw haeddiannol.

Fe chwaraeodd Morlais ei gêm ola' i'r Cryse Duon ym mis Ebrill 1967 ar ôl cynrychioli'r clwb am ddegawd a chware bron i bumcant o gemau, ond parhau wnaeth y berthynas. Fe ddatblygodd yn gefnogwr gwybodus, yn ei seithfed ne' pan enillodd y tîm y Cwpan yn 1972 ac yr un mor gefnogol pan a'th pethe o ddrwg i waeth ar ddiwedd y saithdegau. A phan fydde Elgan Rees, Jonathan Davies a Shane Williams yn creu hud a lledrith, yna Morlais fydde'r cynta' ar ei draed yn yr eisteddle sinc hynafol yn bloeddio'i gefnogaeth a hynny mewn Cymra'g graenus.

Ond ro'dd yna ochor arall i'w fywyd; roedd yna ddiddordebau eraill, roedd yna gyfrifoldebau eraill a rheiny'n cynnwys consyrn tuag at ei fro ynghyd â'i gariad angerddol tuag at ei wlad. Yn dilyn ei ymddeoliad, troediodd Fan Gyhirych, March Hywel, Craig-y-Llyn, Fan Nedd, Llyn-y-Fan, Pen-y-Fan a Sgydau Cwm Nedd, gyda'r mwyafrif ohonom yn ei chael hi'n anodd dala lan 'da fe! Roedd prydferthwch ac ysblander byd natur yn ysbrydoliaeth iddo a dyma lle ro'dd e yn ei elfen.

Ym mlwyddyn ola'r mileniwm, fe gerddodd dros ugain ohonom o Ynysygerwn i Aberhonddu ar hyd Sarn Helen – pum milltir ar hugain o gerdded corfforol. Ac ar ôl martsio ar draws y Bannau am o leia' wyth awr ac wedi llwyr ymlâdd, ro'dd Morlais, yr hynaf o'r criw, yn sôn am gerdded yr holl ffordd 'nôl. Flwyddyn ynghynt, brasgamodd Morlais ar hyd llethrau caregog Glencoe yn yr Alban fel gafr fynyddig gan brofi fod pethe eraill mewn bywyd yn bwysicach o lawer na chwrso ar ôl pêl hirgron!

Daeth degawdau ola' ei fywyd â phleserau anghymharol iddo, wrth i'r gŵr a fentrodd lawr i'r ffas lo yn bedair ar ddeg mlwydd oed ddarganfod ei Gymreictod. Symudodd i weithio o'r lofa yng Nghwm Dulais i weithfeydd metel Castell-nedd a phenderfynu trwytho'i hun yn niwylliant ei wlad. Roedd e'n un o wrandawyr mwya' cyson a ffyddlon Radio Cymru, yn ddarllenwr cydwybodol a lwyddai i siarad yn huawdl am bob pwnc dan haul.

Ro'dd Morlais yn ffrind agos i brop rhyngwladol Castell-nedd, y diweddar Brian Williams. Pan ddioddefodd hwnnw anaf erchyll i'w fraich, y cynta' ar y ffôn o'dd Morlais. "Brian, dwi'n deall dim am ffarmo, ond dwi'n fodlon gwrando. Pryd ma' modd 'da fi ddod lawr i'r Gorllewin i helpu tra fod ti'n gwella?" Ac yn 1996 a'th chwech ohonom mas i Athen i redeg y Marathon. Da'th Morlais 'da ni fel rhyw fath o reolwr. Y cricedwr adnabyddus Anthony Cottey o'dd un o'r rhedwyr, a fuodd y ddau ohonynt yn dodi'r byd i'w le am w'thnos gyfan. Ar y ffordd 'nôl yn yr awyren medde Tony am Morlais, "*What a great guy!*" a dyna ni, pedwar gair i grisialu'r cymeriad.

Drwy gydol ei fywyd dringwyd pob llethr, pob bryn a mynydd ond er iddo frwydro'n ddewr i geisio gorchfygu'r cancr dieflig, bu'n rhaid derbyn y ffaith nad oedd modd mwyach i ganfod cyfrinachau Cymru. Ce's i'r fraint a'r anrhydedd o draddodi'r deyrnged yn ei angladd yn Amlosgfa Margam. Mynnodd fod pob un gair yn y Gymraeg.

Crwydro ardal Hamilton, Seland Newydd yng nghwmni Gerald Davies a Gareth Charles –ddiwrnod cyn i Gymru golli o 55-3 i'r Crysau Duon.

Pennod 41

2003: The Marriage of Figaro

'*Annus horriblis*' o'dd barn y bobol am dymor llwy bren 2003 a pharhau i dangyflawni wna'th y cryse cochion yn Hemisffer y De dros yr haf. Ro'n i yno yn darlledu ar ran BBC Radio Cymru ac yn dyst i'r canlyniadau trychinebus yn Sydney (10-30) ac yn Hamilton (3-55). Yn ystod ei gyfnod wrth y llyw, bu'r hyfforddwr Steve Hansen yn real Jeremiah. Argyhoeddodd y chwaraewyr yn ddyddiol eu bod yn ymdebygu i 'hen fags te' ac roedd hi'n anodd anghytuno â'r Kiwi yn dilyn y canlyniadau. Bu'r crawn yn crynhoi yn y briw ers peth amser ond y teimlad cyffredinol oedd fod angen agwedd ffres, ffwrdd-â-hi i geisio codi'r ysbryd.

Gwelsom y maswr meistrolgar Daniel Carter yn ennill ei gap cynta' dros ei wlad yn Hamilton a hynny yn safle'r canolwr. Cyfrannodd ugain pwynt i'r cyfanswm a phleser oedd ei weld yn cymryd gwynt dyn yn lân â'i redeg gwefreiddiol a'i basio celfydd. Ac roedd cicio at y pyst mor hawdd â phoeri i'r crwt o Canterbury.

Treuliwyd yr wythnos cyn y gêm yng Ngwesty'r Heritage yn Auckland yng nghwmni Gerald Davies, Huw Llywelyn Davies, Gareth Charles a Clive Rowlands. Ofer oedd ceisio cael gair â'r chwaraewyr gan eu bod yn gaeth mewn canolfan debyg i Alcatraz ar gyrion y ddinas yn paratoi ar gyfer her Hamilton. Hefyd roedd Cwpan Rygbi'r Byd ar y gorwel.

A ninne'n ceisio atgyfnerthu ym mar y gwesty ar ôl dwy awr heriol o ddilyn cyfarwyddiadau *A-Z of Auckland* o gwmpas yr harbwr, clywyd llais Gerald o gornel pella'r 'stafell. Ro'dd e wrthi'n darllen y *NZ Herald* ac wedi canfod fod Cwmni Opera Seland Newydd yn perfformio *The Marriage of Figaro* yn theatr 'SkyCity', adeilad o'dd o fewn pedwar can llath i'r gwesty. Ei anwybyddu wnaeth y gweddill ond er mwyn profi 'mod i'n cymryd rhywfaint o ddiddordeb yng nghampwaith Wolfgang Amadeus, cytunais fynd yn gwmni iddo. O fewn munude, ro'dd Arglwydd Llansaint wedi archebu'r tocynne a sicrhau bwrdd mewn *brasserie* cyfagos – ro'dd hon yn debygol o fod yn noson gofiadwy.

O fewn dim i gyrraedd y tŷ bwyta, ro'dd Gerald wedi archebu poteled o Cloudy Bay Pinot Noir (gwin lleol ardal Marlborough) a finne'n gyndyn i gyfadde' mai unwaith neu 'falle ddwywaith y flwyddyn fydden i'n yfed un glased, heb sôn am rannu poteled mewn awr? Ond pan y'ch chi yng nghwmni un o gewri byd y campau, mae'n anodd gwrthod; rhaid cyfaddawdu!

O fewn munude i'r perfformiad ddechre, ro'n i'n cael gwaith canolbwyntio ac o fewn eiliade i'r goleuadau ddiffodd, ro'n i'n cysgu'n drwm. Dychmygwch yr embaras ryw dri chwarter awr yn ddiweddarach pan dda'th y gole nôl 'mla'n, y gynulleidfa'n clapo o'm cwmpas a finne heb glywed un aria o'r ddwy act gynta'. Fe droies i at Gerald i ymddiheuro a sylweddoli ei fod e hefyd yn cysgu'n braf! 'Sgwn i beth fydde'r *Times* wedi'i ddweud petai e'n ohebydd y celfyddydau?

Ro'dd Gerald a finne ar ddihun ar gyfer y ddwy act ola'.

Ro'dd y ddau ohonom yn ddigon effro i gadarnhau mai Figaro 'nath swyno Susanna, nid y merchetwr, Almaviva. Ro'dd gweddill y criw yn dal yn y bar pan gyrhaeddon ni'n ôl ac yn awyddus i ga'l adroddiad cynhwysfawr o'r hyn ddigwyddodd. Cyhoeddwyd mai rygbi, cynhyrchu cig oen, tyfu grawnwin a chneifio yw cryfderau trigolion Seland Newydd. Petai hi wedi bod yn gystadleuaeth Eisteddfodol rhwng Cwmnïau Opera Cymru a Seland Newydd, fydde'r Kiwis ddim wedi ca'l llwyfan! Bryn Terfel 6 Kiri Te Kanawa 0.

Ac ro'dd yna un digwyddiad arall reit ddoniol noson y gêm brawf yn Hamilton. Bu'n rhaid i hoelion wyth y Crysau Duon adael eu ceir ryw hanner milltir lawr yr hewl, ond fe lwyddon ni barco reit gyferbyn â'r Stadiwm. A'r traffig yn symud yn araf, a'r stiwardiaid yn gwrthod derbyn fod 'da ni offer radio trwm yn y bŵt, fe benderfynes i lywio'r car oddi ar yr hewl a'i adael am y tro yn ymyl talcen bynglo cyfagos. Atebwyd y drws gan ŵr o'dd o Fietnam (neu Cambodia). Eglurais ein bod wedi teithio yr holl ffordd o Gymru. Estynnais ddeg doler iddo ac fe gytunodd ar unwaith i ni adael y Ffordyn tu fas i'r drws ffrynt. Yr ochor arall i'r hewl, yn rhyfeddu ar y digwyddiadau, o'dd Syr Brian Lochore, cyn gapten tîm Seland Newydd. Medde Clive (Rowlands) wrth ei hen ffrind, "*Brian, let me know the next time you're visiting Hamilton. I'll arrange a parking pass for you!*" A dyna i bob pwrpas o'dd un o uchafbwyntiau'r daith!

Jesse Owens, pedair medal aur ym Mabolgampau Olympaidd Berlin 1936; yma yn y ras 200m a enillodd mewn amser o 20.7eiliad.

Pennod 42

2003: Meddylu a myfyrio

Rai blynyddoedd yn ôl tra'n ymweld â Stadiwm Olympaidd Berlin, treuliais funed neu ddwy yn ystyried yr hyn sy' wedi digwydd ym myd y campau oddi ar perfformiadau bythgofiadwy yr athletwr du o'r Unol Daleithiau, Jesse Owens, nôl yn 1936.

. . . Adolf Hitler yn anfodlon mai gŵr du o'r Unol Daleithiau a hawliodd y penawdau; y Fuhrer yn ogystal â'i Arlywydd, Franklyn Delano Roosevelt, yn gwrthod ei gydnabod yn bencampwr . . . y duon yn Ne Affrica yn cael eu diystyru a'u diraddio o ganlyniad i bolisïau anghyfiawn ac anfoesol llywodraethau hiliol . . . yn y saithdegau, cystadleuwyr Dwyrain Ewrop a Rwsia yn ennill medalau drwy ddibynnu'n llwyr ar gyffuriau . . . y dial a'r lladd ym Mabolgampau Olympaidd Munich yn 1972 . . . Boris Onishenko yn twyllo a chamarwain er mwyn cyrraedd y brig ym Montreal yn 1976 . . . ennill pencampwriaeth, medalau a chynghreiriau drwy niweidio'n bwrpasol . . . canlyniadau gemau criced a phêl-droed yn cael eu trefnu 'mlaen llaw . . . ymosodiad corfforol ar y sglefrwraig Nancy Kerrigan mewn stryd gefn yn Detroit . . . a thu ôl i'r llenni ambell asiant yn mynnu fod arian yn y banc yn bwysicach na'r gamp.

Ac nid y cystadleuwyr yn unig sy'n euog! Mae'r campau erbyn hyn yn fusnes sy'n denu nawdd corfforaethol o bob cyfeiriad ac o ganlyniad gwelir gweinyddwyr a gwleidyddion yn gweithio hyd fêr eu hesgyrn i ddylanwadu ar eraill er mwyn denu cystadlaethau a phencampwriaethau i'w milltir sgwâr. Does dim amheuaeth fod llwgrwobrwyo a ffafriaeth yn rhemp. Y dyddiau 'ma, gofynnir i'r cefnogwr cyffredin wylio'r chwarae ar deledu, tra bod y cyfoethogion a'r pwysigion (sy'n deall fawr ddim) yn lled-edrych o foethusrwydd 'stafelloedd lletygarwch.

Dw i ddim am funed yn awgrymu fod yr uchod yn rhan o'n diwylliant ni yng Nghymru ond mae angen cadw llygad barcud ar Brif Weithredwyr yr holl gampau i sicrhau tegwch, effeithiolrwydd a gonestrwydd. Cyrraedd, hawlio cyflog uchel, diwygio cyfundrefnau a ffarwelio yw dull y mwyafrif. O bryd i'w gilydd, mae angen gwneud penderfyniadau amhoblogaidd i geisio diwygio'r system. Gofynnir am newidiadau strwythurol a strategaethol ond mae'r rheiny mewn grym, sy'n aml yno o ganlyniad i gysylltiadau gwleidyddol ac aelodaeth grwpiau dylanwadol, yn brin o ran synnwyr cyffredin ac yn argyhoeddedig fod tystysgrif geni o Awstralia a Seland Newydd gyfystyr â llwyddiant.

> *" – champagne and caviar will come within reach if you've got the bread and butter values right."*
>
> Bill Shankly

Mae rygbi a phêl-droed yn bwysig i ni fel cenedl; mae yna le i'r ddwy gêm a'r nod yw perfformio'n gystadleuol ar y meysydd chwarae. Byddai ennill prif gystadlaethau yn gamp aruthrol i wlad o ddwy filiwn a thri chwarter.

Roedd llwyddiant Jesse Owens a Kip Keino yn y Mabolgampau Olympaidd yn ysbrydoliaeth i filiynau a drigai mewn amgylchiadau anodd. Bu Fanny Blankers-Koen yn arwres i fenywod ledled byd ar ôl ei buddugoliaethau ym Mabolgampau Olympaidd Llundain yn 1948. "Y cystadlu sy'n bwysig nid yr ennill," oedd cri'r Ffrancwr, Baron Pierre de Coubertin ym 1896 a thra'n ail-fyw'r gorffennol yn Berlin, teimlaf fwyfwy fod rhaid ailedrych ar amcanion gwlad fel

Cymru ym myd y campau. Mae'r mwyafrif ohonom yn cael ein cyfareddu gan ddawn unigolion – y ffyddloniaid ar y teras yn edmygu athrylith a chwarae greddfol criw dethol o berfformwyr, sy' trwy ryw ddewiniaeth, yn creu'r annisgwyl. Dyna gryfder y Cymry.

Proffwydodd George Orwell y byddai'r campau ar chwâl ar droad y mileniwm o ganlyniad i gasineb, hunanoldeb a drwgdeimlad. Byddai rhai yn dweud fod y Mab Darogan yn llygad ei le! Yng Nghymru, rhaid diogelu'r chwarae cynhenid a fu'n amlwg o gyfnod Percy Bush a Billy Meredith i'r presennol ond cofier, nid ennill yw pob dim.

Pennod 43

2005: Arwr Garth Morgan

Garth Morgan o Frynaman – asgellwr, saer coed a chymeriad.

Chwaraeodd Gareth Edwards am ddeuddeng mlynedd i Gaerdydd, Cymru, y Barbariaid a'r Llewod, rhannu 'stafelloedd, tactegau a chyfrinachau â dwsinau o gyd-chwaraewyr o Gymru a gwledydd eraill Prydain, a chydnabod un ffaith ryfeddol. Wedi ymddeol, sylweddolodd Gareth fod y mwyafrif llethol o'i ffrindiau penna' yn chwaraewyr o'dd e wedi chwarae yn eu herbyn – unigolion oedd yn elynion iddo ar y maes chwarae, unigolion o'dd e am eu hyrddio i ganol y llacs a'u chwalu, unigolion o'dd e'n eu casáu am awr ac ugain muned ar brynhawne Sadwrn. A dyna, efalle, sy'n gwneud rygbi yn wahanol iawn i bob un camp arall.

Aelod ifanc o garfan Seland Newydd ar y daith i Brydain Fawr yn 1972/73 o'dd yr ail reng, yn enedigol o Wanganui, ac yn cynrychioli talaith Auckland – yr anfarwol Andy Haden. Fe dda'th e'n ffrind agos i Gareth, yn benna oherwydd eu diddordeb mawr mewn pysgota. Yn aml roedd Gareth yn codi pac a dianc am dair wythnos i Ynys y Gogledd yn Seland Newydd a threulio amser yng nghwmni Andy yn pysgota afonydd y wlad. Yn yr un modd, bydde ail reng y Cryse Duon yn ymddangos ar y stepen drws ym Mhorthcawl ac wrth ei fodd yn crwydro glannau Tywi a Theifi.

I'r mwyafrif o gefnogwyr Cymru, mae Mistar Haden yn ddihiryn o'r radd flaena'; y fe a Frank Oliver a blymiodd mas o'r lein yng Nghaerdydd yn 1978, a thwyllo'r dyfarnwr Roger Quittenton. Dyfarnwyd cic gosb i'r Crysau Duon, llwyddodd

Brian McKechnie â'r gic, ac enillodd Seland Newydd o 13 i 12. Mae'n debyg mai Gareth Edwards yw'r unig un sy wedi madde iddo! Ond, darllenwch 'mla'n – ma' 'na un Cymro arall yn ei barchu'n fawr!

Ma' Garth Morgan yn un o gymeriadau'r Gwter Fawr ac yn frawd-yng-nghyfraith i'r tribannwr o Geredigion, Tegwyn Jones. Roedd Garth yn saer coed y bydde Joseff o Nasareth wedi'i gyflogi ac yn asgellwr llathraidd a chwaraeodd dros bum cant o gemau i Frynaman. Do'dd e byth wedi teithio 'mhell oni bai am drip blynyddol y tîm rygbi i Southend a gwyliau haf yn Aberaeron a Majorca. Ond syfrdanwyd poblogaeth Dyffryn Aman yn 2005, pan benderfynodd Garth a chriw lleol hedfan i Seland Newydd i gefnogi'r Llewod.

Chwilio am diced o'dd y cymeriad hoffus yn Wellington ar gyfer yr ail brawf pan welodd e Maureen, gwraig Gareth Edwards, yn cerdded ar y pafin yr ochr arall i'r hewl. Roedd Linda, gwraig Garth, yn un o ffrindie agosa Maureen yn ystod dyddie plentyndod ar y Waun. Bu'r ddau yn clebran am fywyd ar balmant un o strydoedd mwya bishi'r ddinas cyn i Maureen ofyn y cwestiwn tyngedfennol, "O's ticed 'da ti ar gyfer y gêm?"

Fel ddwedes i, ma' Garth yn un o gymeriade mwya bywiog a ffraeth y Gorllewin, ac yn dal yn winad fod Andy Haden wedi neidio mas o'r lein yng Nghaerdydd yn 1978. Garth, yn fwy na neb arall, a ddiawliodd ac a fychanodd Andy Haden yn dilyn y weithred honno a gipiodd y gêm i Seland Newydd.

Pan gyfaddefodd nad o'dd ticed 'da fe, tynnodd Maureen ei ffôn symudol mas o'i bag mewn 'wincad a chysylltu â Gareth. "Gareth. Fi sy 'ma. Ma' Garth (do'dd dim ishe'r Morgan) 'da fi fan hyn, a 'sdim ticed 'da fe ar gyfer y gêm 'fory. O's modd i ti ffono Andy."

O fewn pum muned, gyda Maureen a Garth yn clebran yn hapus yn Starbucks, daeth cadarnhad fod yna ddau diced ar ga'l, dim ond iddo alw amdanyn nhw ar fore'r gêm yng ngwesty'r

Inter-Continental yn y ddinas lle ro'dd 'na dderbyniad a chinio i'r rheiny o'dd wedi gwishgo'r crys du.

Ro'dd Garth siŵr o fod yn teimlo'n lletchwith pan ddwedodd Maureen wrtho ma' Andy Haden o'dd wedi ca'l gafael ar y tocynne iddo – yr un Andy Haden ag a neidiodd mas o'r lein yn 1978! Ond, am un ar ddeg y bore, ro'dd Garth tu fas foyer moethus y gwesty, yn ca'l ei gwestiynu'n dwll gan un o'r swyddogion diogelwch. "*There's no way you're going in here mate. This is for All Blacks!*"

Fe gysylltodd Garth yn uniongyrchol ag Andy ac o fewn eiliade ro'dd un o fawrion y gorffennol yn camu drwy'r dryse i'w groesawu. Fe dreuliodd y ddau amser 'da'i gilydd, diolchodd am y tocynne a derbyn gwahoddiad am goffi yn ei gartre' yn Auckland cyn y prawf ola'. Mae'n debyg i Garth ddychwelyd i Frynaman a dweud wrth ei ffrindie, "Do's dim un ffordd n'idodd Andy Haden mas o'r lein 'na yn 1978!"

Billy Boston o Tiger Bay a oleuodd Wigan â'i ddoniau llachar.

Pennod 44

2004: Brenin y bobol – Billy Boston

Ro'dd y weithred yn hwb i'r galon ac yn profi fod parch yn drech na difaterwch. I ni'r Cymry, ac i garfan sylweddol o gefnogwyr gwybodus yng nghyffiniau Wigan, fe gyrhaeddodd tymor 2003/2004 benllanw ar ddiwrnod crasboeth yn Stadiwm y Mileniwm, Caerdydd gyda dau dîm o Ogledd Lloegr, St Helens a Wigan, yn cyfarfod yn Rownd Derfynol Cwpan Her Powergen, un o brif gystadlaethau'r gamp. Enillwyd y gêm gan y Saint, ond o safbwynt personol a chenedlaethol, nid yr ymrafael ar y cae a greodd y diddordeb ond un digwyddiad arwyddocaol cyn y gic gyntaf.

Fel arfer, mae timau mewn ffeinal yn cael eu harwain i'r cae gan Lywyddion ariannog mewn siwts Armani neu bwysigion brenhinol ffwdanus a phwysig. Y tro hwn, daeth tro ar fyd. Cyhoeddwyd ryw bythefnos cyn y gêm gan uwch-swyddogion clwb Wigan mai brodor o Tiger Bay yng Nghaerdydd fyddai'n tywys y tîm o glydwch yr ystafell newid i faes y gad. Roedd pobol y dref ddiwydiannol yn Swydd Gaerhirfryn wedi penderfynu anfarwoli un o fawrion byd y campau ym Mhrydain, y cawr addfwyn Billy Boston.

Y mae'n bosib mai bregus oedd gafael Cymru ar Billy Boston, ac erbyn 1953 yr oedd wedi ffarwelio â'i famwlad ac wedi ymgartrefu yn Wigan, a'r dref hon ac ardal gogledd-orllewin Lloegr fu ei gartref a'i gynefin wedyn. Gan fod Boston o gefndir hiliol cymysg, y mae'n debyg fod enw da clwb Wigan yn hafan i chwaraewyr o bedwar ban byd ers dechrau'r ugeinfed ganrif ac yn rheswm dros setlo yn y dref. Does dim amheuaeth fod Boston wedi dioddef rhagfarn hiliol yn ei berthynas neu ddiffyg perthynas â rygbi'r undeb. Drwy gydol ei yrfa, goleuodd Boston y gêm dri ar ddeg gyda'i ddoniau llachar; fel llymed o Bovril hanner amser, cynhesai'r cyrff ar Central Park. Dros gyfnod o ugain mlynedd, sgoriodd Boston (o'dd yn meddu ar gyflymdra Offiah, hud a lledrith Campese a chryfder Lomu) 478 o geisiau i Wigan mewn 521 gornest.

Mae Aneirin Rhys Thomas yn ei lith am Boston yn *Cewri Campau Cymru* yn ei grisialu'n berffaith, 'Brenin hoffus ac un agos at ei bobol ydoedd. Efallai bod Wigan a'i thai teras gefn wrth gefn â'i gilydd, Wigan y simneiau mwg, Wigan y clwb a'r dafarn, Wigan y siarad rygbi, yn debyg i Tiger Bay pan oedd Boston yn ôl yng Nghymru. Ef oedd Brenin y deyrnas hon.'

Yn sicr roedd yna debygrwydd o ran cefndir a daearyddiaeth ond profwyd ar Sadwrn y 15fed o Fai 2004 fod trigolion Wigan yn gynhesach, yn decach, yn glyfrach ac yn ddoethach na ni'r Cymry. Ni dderbyniodd barch ac urddas yng ngwlad ei febyd. Tybed oes modd ei anrhydeddu drwy osod cerflun ohono ym Mae Caerdydd? Mae e eisoes wedi derbyn cydnabyddiaeth o'r fath yn Wigan a Wembley Way.

Jeff Jones y bowliwr cyflym o bentre' Dafen ger Llanelli a fu'n gaffaeliad i Forgannwg a Lloegr yn y chwedegau.

Pennod 45

2005: Trwy gamau bach y daw'r gamp fawr

Does dim hawl gyfreithiol gan y clybiau enwoca' fel y Green Bay Packers, Real Madrid, Edmonton Oilers, Manchester United, Montreal Canadiens, Boca Juniors, Stade Toulousain, Los Angeles Lakers, South Melbourne a Kerry i lwyddo o dymor i dymor. Yn aml, ar ôl degawd a mwy o gipio cwpanau ac ennill tarianau, mae yna flynyddoedd hesb a chyfnodau o ddiffyg perfformio. Dyna pryd mae'n angenrheidiol ailadeiladu, atgyfnerthu ac ailosod seiliau ar gyfer gwell dyfodol. Dyna sy'n digwydd i'r cewri a dyna ddigwyddodd i dîm Robert Croft yn ystod tymor 2005 gan fod buddugoliaethau'r pymtheng mlynedd ddiwethaf yn rhan o hanes. Mae modd ail-fyw'r dyddiau da trwy edrych ar DVDs, a darllen am y llwyddiannau yng ngholofnau'r *Western Mail* yn ein llyfrgelloedd ac mewn sawl cyfrol a 'sgrifennwyd i gofnodi'r hyn a ddigwyddodd.

Yn ystod y mileniwm presennol, daeth gyrfaoedd sawl un o'r hoelion wyth i ben ac o ganlyniad bu'n rhaid i Glwb Criced Morgannwg fuddsoddi yn y to ifanc er mwyn ceisio dod o hyd i gricedwyr ifanc talentog. Yn dilyn anafiadau di-ri, cafodd nifer gyfle i brofi'u gallu ar y lefel ucha'; llwyddodd rhai ond bu'n brofiad chwithig ac annymunol i eraill.

Heb amheuaeth, fe berthyn tymor 2005 i'r bowliwr cyflym o bentre' Dafen ger Llanelli, Simon Jones. Mewn ystod o gampau, dangosodd sawl Cymro a Chymraes addewid yn ddiweddar ond heb danio yng ngwres y frwydr. Y gwir seren yw'r un sy'n disgleirio'n gyson ac yn llwyddo i argyhoeddi ac ysbrydoli pan fo eraill yn methu. Dyna wnaeth Simon Jones yng Nghyfres y Lludw.

Yn amlwg, mae'r dawn a'r gallu yn y genynnau. Cynrychiolodd ei dad, Jeff Jones, Loegr ar bymtheg achlysur 'nôl yn y chwedegau gan gipio 34 o wicedi. Mae yna dri pheth yn aros yn y cof. Roedd ei weld e'n gwibio o ben y pafiliwn (weithiau o ben y môr, yn dibynnu ar yr awel) ar gae criced Sain Helen yn Abertawe yn brofiad gwefreiddiol. Roedd yna farddoniaeth yn ei rediad at y wiced; y rhythm a'r gynghanedd yn amlwg a'r galon yn raddol gyflymu wrth ei weld yn agosáu at y crîs cyn hyrddio'r bêl ledr goch fel rhyw daflegryn i gyfeiriad y batiwr rhyw ugain llath i ffwrdd a hwnnw druan ond yn dal darn o bren i'w amddiffyn. O holl fowlwyr cyflym llaw chwith y gorffennol, doedd neb pertach yn ei ddull o fowlio.

Ar ôl ymddeoliad Jeff o'r gêm broffesiynol a fyntau wedi arafu yn sgîl anafiadau, derbyniais yr her o'i wynebu i Rydaman yn Rownd Gyntaf Cwpan Stuart Surridge yn erbyn Dafen. Dwi'n dal i gofio'r belen gyntaf a hyrddiwyd i'm cyfeiriad. I.J. Jones yn brasgamu mewn o ryw ddeg llath a'r bêl yn nwylo'r wicedwr cyn i mi feddwl am symud y bat. A diolch fod y gŵr â'r menig yno, ne' fydde'r bêl wedi cyrra'dd Llangennech.

Y tad . . . a'r mab. Roedd ei lun ar gylchgronau *glossy* y stryd fawr; mae e 'run mor adnabyddus fel model â Frederick Michalak, Gavin Henson, David Ginola, Thierry Henry a Roger Federer. Yn ôl Jill, y wraig, llwyddodd Simon Jones i hawlio cytundeb â thŷ ffasiwn Jaeger gan ei fod e'n *real hunk*, yn meddu ar *pecs* a *biceps* uwch naturiol! Ac os ga' i ddyfynnu Derek Pringle, "*Simon started the season posing nude for a women's magazine, but it was his naked ambition and determination that left an impression on the series.*"

I rywun fel chi a fi, fydde hi'n anrhydedd o'r mwya' i

gynrychioli Morgannwg heb sôn am ddringo'r ysgol a chamu ar rai o feysydd enwoca'r byd. Cipiodd y tad chwe wiced ar yr Adelaide Oval yn 1966 – wicedi Simpson, Thomas, Veivers, Burge, Stackpole ac Ian Chappell. Efelychodd y mab gamp ei dad yn Old Trafford yn ystod trydydd prawf yr haf yma – 6-53 a chipio wicedi Ponting, Gilchrist, Warne, Clarke, Gillespie a Lee. Cyfrinach Simon yw ei allu i feistroli'r grefft a berffeithiwyd gan Wasim Akram a Waqar Younis – y grefft o gael pêl sy' wedi meddalu ychydig i symud mewn i gyfeiriad y batiwr. Mae angen i un ochor fod yn esmwyth ac yn gymharol llaith, a'r ochor arall fod yn sych ac yn arw. Roedd gwrando ar gyngor Waqar a pherffeithio'r dechneg yn y rhwydi yng Nghaerdydd wedi talu ar ei ganfed.

Pennod 46

2006: Ar lannau Loch Ruthven

Gwalch-y-pysgod yn hawlio'i brae.

Land Rover o'dd yr unig gerbyd nele'r tro gan ein bod ni ar lôn a fyddai wedi peri gofid i borthmyn y ddeunawfed ganrif. Fel yr hed y frân, ro'n ni rhyw ugen milltir o Inverness. Cyfarwyddyd Stuart Benn o'r Cyngor Gwarchod Adar o'dd mentro 'mla'n drwy'r pyllau a'r llacs er mwyn cyrraedd loch anghysbell Ruthven. Eisteddai'r pedwar ohonom yn y cerbyd yn gwerthfawrogi ysblander y golygfeydd; y swyddog lleol, yr adarwr gwybodus Iolo Williams, y ferch gamera Delyth Owen (yn wreiddiol o Lanfaelog ar Ynys Môn ac un o gefnogwyr seloca' tîm pêl-droed Lerpwl) a finne. Pwrpas y saffari oedd ffilmio'r gwalch-y-pysgod yn ei gynefin, un o adar ysglyfaethus mwya' gosgeiddig y byd pluog. Bu'n freuddwyd gennyf ers blynyddoedd i ymweld â'r Alban a gweld yr aderyn gosgeiddig yn plymio i ddyfnderoedd rhyw lyn diarffordd i ganfod ei brae. Taniwyd y dychymyg ar ôl gweld un o gyfresi'r athrylith David Attenborough *The World About Us* ar BBC2 un nos Sul yn yr wythdegau. Cyfeiriwyd at lu o ffeithiau difyr . . . yr aderyn yn dibynnu'n llwyr ar bysgod am gynhaliaeth, yn un o helwyr mwya' trawiadol byd natur, croenen denau yn amddiffyn y llygaid adeg plymiad, golwg y creadur 'wech gwaith mwy pwerus na dyn.

O fewn munudau roedd y ddau adarwr profiadol wedi'n tywys i lecyn cysgodol o'dd yn berffaith ar gyfer ffilmio'r ddrama. Fe ddatgysylltodd Delyth y lens arferol a gosod un arall hynod bwerus yn ei lle. Sylweddolai pob un ohonom nad oedd unrhyw sicrwydd y byddai'r aderyn yn ymddangos ac roedd Delyth druan ar bigau'r drain ac yn ymwybodol o'r pwyse o'dd arni i ffilmio'r helfa ar gyfer y rhaglen Wedi 3 ar S4C. Y tro hwn doedd yna ddim ail gyfle. Yn ôl Iolo doedd y gwalch ddim yn dal brithyll bob un tro a phwysleisiodd y ddau fod rhai ffotograffwyr a chwmnïau teledu yn gorfod aros mewn cuddfannau am ddiwrnodau cyn sicrhau llun a ffilm wrth eu bodd.

Ond o fewn chwarter awr o sefyllan, ymddangosodd yr aderyn filltir neu ddwy yn y pellter. Bu'n hofran yn yr unfan am hanner munud cyn disgyn ar gyflymdra aruthrol i'r llyn a dod i'r wyneb eiliadau'n ddiweddarach â brithyll brown anferthol yn glynu'n dynn at y crafangau miniog. Cododd yn urddasol i'r awyr a diflannu i gyfeiriad y Cairngorms, gan adael yr adarwyr amatur a phroffesiynol yn gwbl fud. Roedd Delyth yn ei seithfed ne' – ar ôl gwylio'r ail-chwarae, cadarnhaodd fod yr helfa wedi'i hoelio ar dâp ac ar gael i wylwyr S4C am genedlaethau.

Tra ro'n ni'n gwerthfawrogi mawredd yr aderyn yn yr Alban, roedd miloedd o gefnogwyr tîm rygbi'r Gweilch yn llawn gobaith am dymor llwyddiannus ar y cae rygbi. Yn y gorffennol, hedfan yn ddigyfeiriad wnaeth y garfan; ar adegau'n hofran yn obeithiol ond eto'n methu â chlwyfo'r gelyn. Yn dilyn buddsoddiadau sylweddol, roedd pethe'n debygol o fod yn wahanol ar gyfer tymor 2007/08. Teimlai'r aficionados yn hyderus ac yn ffyddiog fod modd cystadlu â'r goreuon – Marshall a Hook â'r gallu i lywio'r chwarae; Shane i greu anhrefn ar yr asgell; Byrne yn barod i wrthymosod o safle'r cefnwr a Henson a Parker yn ddigon cryf a chraff i lywio ac amrywio symudiadau. Ac wedi cyfeirio at y dawnswyr bale, doedd dim modd anwybyddu'r ceffylau gwedd. Duncan, Huw Bennett ac Adam yn gaffaeliad yn y rheng flaen; y ddau Ian ac Alun Wyn yn lond llaw yn yr ail reng a Ryan, Tiatia a Jonathan Thomas yn cyfuno'r gwaith dinistriol a chyffyrddiadau creadigol yn y rheng ôl.

Uwchben y loch diarffordd, mentro wnaeth y gwalch; gamblo os mynnwch chi er mwyn bwydo'r cywion. A dyna sy'n rhaid i'r tîm rygbi wneud. Ar hyd y blynyddoedd ym myd y bêl, y timau sy'n fodlon creu cynnwrf sy, rhan amla', yn cipio'r anrhydeddau. Ystyriwch dimau pêl-droed Brasil, cricedwyr y Caribî a charfanau rygbi Seland Newydd ac Awstralia. Droeon gwelwyd cryse cochion Cymru yn gwefreiddio'r genedl – ton ar ôl ton o ymosodiadau yn arwain at fuddugoliaethau. Nid breuddwyd ofer i'r Gweilch yw cyrraedd Rownd Derfynol Cwpan Heineken.

Criw o Adran Chwaraeon y BBC yn ymyl lle glaniodd y Mimosa. (O'r chwith): Huw Pateman, Geraint Rowlands, Nerys Rowlands, Trevor Poynter, Garin Jenkins, Gwyn Jones, Nick Webb, Hugh Davison.

Pennod 47

2006: Ariannin v Cymru ym Mhorth Madryn

Gartre' o'n i, hithau'n Fehefin braf a'r cae criced gyferbyn â'r drws ffrynt ym Mrynaman yn atynfa ddeniadol. Ond rywsut, ro'n i'n gaeth i'r parlwr tan oriau mân y bore yn gwylio Cwpan Pêl-droed y Byd o Ariannin bell. Darlledwyd gemau ar y ddwy sianel a'r ffwtbol a chwaraewyd yn gyflym, yn gelfydd ac yn gyffrous. Gwefreiddiwyd miliynau o ddilynwyr y bêl gron gan ansawdd y chwarae ond cwestiynwyd doethineb FIFA yn rhoi sêl bendith i'r gystadleuaeth gan gofio'r holl drafferthion gwleidyddol o fewn y wlad. Dros y blynyddoedd daeth y byd a'r betws i wybod am greulondeb y junta a'r anghyfiawnder a fodolai.

Mae'r atgofion o'r gystadleuaeth yn rhai byw:

(i) cyhuddiadau o lwgrwobrwyo yn dilyn canlyniadau annisgwyl; angen pedair gôl ar Ariannin i gyrraedd y

Rownd Derfynol – Periw yn ildio chwech!

(ii) penderfyniad annealladwy y Cymro, Clive Thomas, i chwythu am y chwib ola' yn y gêm rhwng Brasil a Sweden – y bêl wedi'i chwipio ar draws y gôl o gornel, gyda Zico yn penio i'r rhwyd.

(iii) gôl unigol fythgofiadwy Archie Gemmill i'r Alban yn erbyn yr Iseldiroedd.

(iv) eiliadau'n weddill a Rob Rensenbrink yn dod o fewn milimetrau i ennill y gêm a'r Rownd Derfynol i'r Iseldiroedd.

(v) chwaraewyr celfydd Ariannin yn hawlio'r sylw – Kempes, Luque, Ardiles, Villa, Houseman, Passarella, Fillol a Tarantini.

(vi) sibrydion yn dilyn y gystadleuaeth fod Daniel Passarella yn siarad Cymraeg ac yn enedigol o Drelew. Ai Sulwyn Thomas ar ei raglen foreol ar Ebrill 1af o'dd yn gyfrifol am ledu'r fath stori?

Wrth wylio'r Rownd Derfynol gofiadwy ar yr Estadio Monumental yn Buenos Aires ddeugain mlynedd yn ôl, ychydig a feddyliwn y buaswn yn teithio deirgwaith i wlad y gaucho, y tango, y mate a'r paith. Fel y mwyafrif o Gymry sy'n ymweld â Phatagonia, mae'n anochel y bydd nifer fawr ohonom ar ryw adeg yn dychwelyd. A dyna'n union a ddigwyddodd i mi.

Teithiais ym mlwyddyn ola'r mileniwm diwetha' i ddinas Mendoza yng nghysgod yr Andes (dinas ac ardal sy'n gyfarwydd iawn i chi sy'n hoffi glased o win) ac i'r brifddinas Buenos Aires lle 'nes i gyfarfod a chyfweld ag arwr personol. Petai'n rhaid i mi enwi deg o gewri'r bêl hirgron, yna bydde'r maswr Hugo Porta yn un ohonynt. Disgrifiwyd Porta gan y gohebydd rygbi John Reason fel "*sleepy eyed Clint Eastwood waiting to erupt from under his sombrero*". Roedd Porta yn ddewin, hynny'n ddi-os, ac yn unigolyn oedd â'r gallu prin i ychwanegu at yr opsiynau oedd ar gael i'w gyd-chwaraewyr.

'Nôl yn 1999, Hugo Porta oedd y gweinidog yn y llywodraeth oedd yn gyfrifol am y campau yn Ariannin. Roedd e'n berson diymhongar, yn huawdl ac yn fwy na pharod i rannu atgofion. Ar ôl rhyw hanner awr, ymddiheurodd ei fod yn gorfod rhuthro i apwyntiad arall ond mynnodd ein bod yn aros am ychydig i gael te a theisen gyda'i ysgrifenyddes. Eglurodd honno fod Hugo ar ei ffordd i chwarae gêm bêl-droed ac yn gwneud hynny bob prynhawn Iau. Aeth yn ei blaen, "Mae'n debyg, petai Señor Porta wedi dewis y bêl gron yn hytrach na'r hirgron, fe fyddai wedi chwarae yn nhîm Ariannin a gipiodd Gwpan Pêl-droed y Byd yn 1978."

Daeth cyfle i ddychwelyd i'r wlad ar ddau achlysur ym mlynyddoedd cynta'r mileniwm, a'r bêl hirgron oedd yn gyfrifol am yr ymweliadau. Chwaraewyd y prawf cynta' yn 2004 wrth droed yr Andes yn Tucumán a gan fod pum niwrnod cyn yr ail brawf yn Buenos Aires, fe benderfynodd Huw Llywelyn Davies a minne ffoi i Drelew a'r Gaiman i brofi hud a lledrith Patagonia . . . a 'na chi agoriad llygad!

Glaniodd y Mimosa ar Benrhyn yr Ogofâu (Punta Cuevas) ym Mhorth Madryn ar Orffennaf 28ain, 1865 ac yno, yn yr union fan, ro'n i yn 2006 yn syllu ar y tonnau brigwyn gan geisio dehongli a dadansoddi teimladau'r 160 o Gymry a gyrhaeddodd y wlad estron hon yn chwilio am fywyd amgenach. Er yn newynog, roedd Lewis Jones ac Edwin Cynrig Roberts yno i'w cyfarfod a'u harwain i gyfeiriad Dyffryn Camwy. Mae'r gweddill yn rhan o hanes a Chymry Patagonia i'w llongyfarch yn wresog am ddiogelu'r Gymraeg a'u Cymreictod am ganrif a hanner.

Nid dyna ddigwyddodd yn yr Unol Daleithiau. Am gan mlynedd, rhwng 1820 ac 1920, ymfudodd tua 75,000 o Gymry i weithfeydd glo Scranton a Wilkes-barre yn nhalaith Pennsylvania. Cyhoeddwyd erthygl yn Y Drych ym mis Hydref 1872 – 'Y Cymry yn yr Unol Daleithiau yn llwyddo i ddiogelu a pharchu eu cefndir, eu treftadaeth a'u diwylliant'. Mae'n ddiddorol dyfynnu rhai o'r prif bwyntiau – "yn gwneud hynny â brwdfrydedd – wedi bwrw ati'n gydwybodol i ddysgu pob dim am ddeddfau'r Unol Daleithiau a'u sefydliadau . . . Cymry yn ddinasyddion gwerthfawr ond eto heb anghofio'u cefndir . . . yn Gristnogion brwd, yn gosod y capel, y Beibl a'r Eisteddfod o flaen gwleidyddiaeth".

Erbyn 1942 roedd dirywiad Cymreictod yn yr ardal yn amlwg. Y pedwerydd a'r pumed cenhedlaeth yn fwyfwy apathetig – '*not dead but gone to Detroit*'. Roedd cynheiliaid Cymreictod yn yr Unol Daleithiau 'wedi mynd i chwilio am Wncwl Sam'.

Yn gynnar yn 2005, cyhoeddodd Undeb Rygbi Cymru mai Porth Madryn, Patagonia fyddai lleoliad prawf cynta' taith 2006 – roedd Huw a finne ar ben ein digon! Beth sy' mor arbennig am Patagonia? Pam mae yna ysfa i ddychwelyd gan gofio fod y tir o gwmpas Trelew, Porth Madryn a'r Gaiman yn ddi-nod ac anial, y lonydd yn llychlyd, y bryniau'n noeth a'r paith yn ddiflas a di-liw? Mae'r ateb yn syml – ei phobol a'i lletygarwch. Mae brawddeg ola' cyfrol R. Bryn Williams yn adrodd cyfrolau, "Af yn ôl i Gymru yn gyfoethog o gyfeillgarwch."

Roedd crwydro o gwmpas y Gaiman yn brofiad anhygoel – siarad â phobol nad oedd erioed wedi ymweld â dinas Buenos Aires heb sôn am fentro i Gymru ond eto yn meddu ar y Gymraeg perta' a glywais erioed – yn lân a graenus. Treuliwyd y rhan fwya' o'r amser, diolch i Ivon Williams ac Antonino Mirantes, yng nghwmni aelodau Clwb Rygbi'r Ddraig Goch yn y Gaiman, clwb sy'n meithrin a datblygu chwaraewyr ifanc ac yn gwneud defnydd helaeth o'r Gymraeg yn eu sesiynau hyfforddi. Cafwyd un sesiwn fythgofiadwy ar y cae gyda rhyw gant a hanner o blant yn cael modd i fyw yng nghwmni'r ddau chwaraewr rhyngwladol, Emyr Lewis a Garin Jenkins. Yn dilyn cawod, fe'n gwahoddwyd i *asado* – noson gymdeithasol draddodiadol yng nghartre' Billy Hughes lle roedd cigoedd gorau'r ardal yn cael eu coginio ar ein cyfer ar gymysgedd o dân coed crin a chonau pinwydd – ni phrofais ddim mor flasus yn fy mywyd.

Heb os, un o uchafbwyntiau'r wythnos ym Mhatagonia yn 2006 oedd y gêm ryngwladol hanesyddol rhwng Ariannin a Chymru yn Stadiwm Raul Conti ym Mhorth Madryn. Roedd yna awyrgylch drydanol cyn, yn ystod ac ar ôl y gêm, gyda channoedd yn gwisgo crysau glas a gwyn yn siarad Cymraeg, yn canu emynau Cymraeg ond eto'n cefnogi'r pumas. Yn canu'r ddwy anthem ag arddeliad roedd Billy Hughes, gyda nifer o Archentwyr yn eu dagrau yn methu â chredu fod dwy wlad oedd yn golygu cymaint iddynt, yn cystadlu yn eu milltir sgwâr.

A'r haul yn ei anterth, cafwyd gwledd o rygbi, ac i ni oedd wedi treulio wythnos ym Mhatagonia yng nghwmni'n cefndryd, doedd hi fawr o ots pwy enillai. Ariannin a'th â hi yn y diwedd o 27-25 gyda phedwar Cymro yn gwisgo'r crys coch am y tro cynta' – Alun Wyn Jones, Ian Evans, James Hook a Richard Hibbard. A gyda llaw, roedd ail reng Ariannin, Rimas Alvarez-Kairelis â chysylltiad Cymreig. Roedd e'n briod â Lisa o Felinfoel, cyn-ddisgybl yn Ysgol y Strade, a'u plant yn siarad Cymraeg!

Cefnogwyr Clermont yn cyfarch eu harwr, Stephen Jones, ar strydoedd Marseille.

Pennod 48

2007: Allez les bleus

Swynwyd hanner can mil o gefnogwyr ar Barc yr Arfau ar y 29ain o Fawrth 1958 a ro'n i yn un ohonyn nhw. Cymru, o dan gapteniaeth Clem Thomas, yn ffefrynnau clir, ond fe'u sgubwyd o'r neilltu gan wrthwynebwyr oedd yn gryfach, yn glyfrach, ac yn gyflymach. Trwythwyd *les bleus* gan Lucien Mias a lwyddodd yn ystod ei yrfa i drawsnewid dull chwarae'r Ffrancwyr drwy fynnu bod eu blaenwyr cydnerth yn sgrymio'n gadarn, yn rheoli lein, ryc a sgarmes, yn rhedeg ac ymosod yn fygythiol ac yn fwy na pharod i ryddhau set o dri chwarteri oedd â'r gallu i gyflawni'r annisgwyl. Chwaraeodd Cymru fel petai plwm yn eu 'sgidie a Ffrainc mewn cymhariaeth yn mabwysiadu dull Muhammad Ali – *'float like a butterfly, sting like a bee'*.

Ddeugain mlynedd yn ddiweddarach, rwy'n dal i godi 'nghap i'r Ffrancwyr. I rai, byddai codi am hanner awr wedi dau y bore yn hunlle' llwyr, yn effeithio'n andwyol ar gorff ac enaid – *jet lag*, a hynny heb adael Cymru! Erbyn min nos, dyw'r codwyr boreol ddim mewn hwyliau i wynebu siarad gwag a thynnu coes. Serch hynny, roedd codi cyn cŵn Caer bob bore Mawrth am saith mlynedd yn bleser ac yn anrhydedd o'r mwya'; dau ohonom (Anna Owen, Bethan Clement a Rachel Nicholson yn eu tro) yn codi'n blygeiniol, derbyn tapiau o Ffrainc yn cynnwys dwy gêm lawn a chant a mil o symudiadau cyffrous o'r Championnat. Dros gyfnod o wyth awr câi'r lluniau eu prosesu, eu golygu, eu llywio a'u lleisio cyn darlledu'r rhaglen yn hwyr y nos ar S4C. Dilynodd *Le Rygbi* fformat llwyddiannus *Sgorio*, y gwylwyr yn benna' yn ddilynwyr y bêl hirgron ledled Ewrop gyda'r arlwy yn wahanol i'r traddodiadol.

I'r Ffrancwyr, mae ennill yn bwysig, ond mae gofyn creu a diddanu. Mae doniau'r *tricolor* â'r bêl yn eu dwylo yn ddiarhebol. Petai'r chwaraewyr chwimwth yn loetran yn segur ar yr asgell, petai'r timau yn anfodlon mentro o'u dwy ar hugain, petai'r doniau trafod cynhenid yn cael eu gwthio naill ochr, yna fe fyddai'r cefnogwyr (sy'n llifo yn eu degau ar ddegau o filoedd yn wythnosol) yn dangos eu hanfodlonrwydd drwy beidio â chefnogi, ac yn hytrach, yn treulio prynhawnau Sadwrn naill ai'n siopa yn uwchfarchnadoedd Leclerc neu'n adeiladu estyniad i'r *gîte*.

> *To think of rugby football as merely thirty hirelings passing a ball is merely to say that a violin is wood and cat gut, Hamlet so much ink and paper. It is conflict, art, magic.*

Yn ystod y blynyddoedd, oddi ar chwyldro Lucien Mias, mae'r *tricolor* wedi cyrraedd yr uchelfannau. Oddi ar i'r Bwrdd Rygbi Rhyngwladol gyflwyno Cwpan Rygbi'r Byd yn 1987, y Ffrancwyr a fu'n gyfrifol am greu'r cyffro. Dyna i chi'r gêm anhygoel yn 1987 pan groesodd Serge Blanco yn yr eiliadau ola' i gipio buddugoliaeth yn erbyn Awstralia – cameo bythgofiadwy. Ac yna yn 1999 ar faes Twickenham, chwalwyd gobeithion y Crysau Duon gan berfformiad ffwrdd-â-hi y gleision mewn gornest a fydd yn dal yn fyw yn y cof tra bod sôn am Bonaparte, Chevalier,

Piaf a Bardot. Beth sy'n gyfrifol am y llwyddiant? Beth sy'n gyfrifol am y dull anturus, athrylithgar o chwarae? Ai deiet o olew'r olewydd, neu *moules marinières* a garlleg?

Rhaid edmygu eu hagwedd. Mae'r dawn i greu gwagle, y dull o lywio ac amrywio symudiadau, yng ngwead genynnol y genedl. Mae'n cyfeillion o'r de o Dieppe yn llawn *joie de vivre*, yn dilyn dull rhyfelgar yr Ymerawdwr Napoleon. "Ymosod ac ymosod yw'r amddiffyn gorau" oedd y geiriau mewn llythrennau bras ar dudalen flaen ei lyfr gosod i'w filwyr. Nawr peidiwch camddeall y geiriau uchod. Mae'r Ffrancwyr yn gallu amddiffyn, mae eu disgyblaeth erbyn hyn o dan reolaeth, ond pwrpas rygbi yw sgorio ceisiau. 'Arfer yw mam pob meistrolaeth' medd yr hen ddihareb ac mae perffeithio sgiliau yn rhan annatod o'u paratoadau.

Cytuna'r *aficionados*, o'r diwrnod y penderfynodd William Webb Ellis gydio yn y bêl ar gae chwarae Ysgol Fonedd Rugby a rhedeg nerth ei draed i gyfeiriad y gôl, fod mantais sylweddol 'da'r tîm sydd â'r bêl yn eu dwylo. Yng Nghymru ry'n ni wedi perffeithio'r grefft o drosglwyddo'r bêl i'r gwrthwynebwyr; yn Ffrainc nodweddir y chwarae gan allu dewinol y chwaraewyr i gadw'r bêl yn fyw – gweu patrymau, rhyddhau cyn creu ryc a sgarmes yw'r nod. Ar droad y mileniwm, gofynnwyd i chwech o gyn-gewri'r byd rygbi (gan gynnwys Campese, Fitzpatrick, Pienaar a Carling), ddewis eu tîm cyfoes delfrydol. Roedd chwe Ffrancwr yn y tîm.

Yn ystod y blynyddoedd mae pymtheg Cymro a gynrychiolodd y Llewod wedi chwarae rygbi yn Ffrainc – Brian Price a Denzil Williams (Vichy), James Hook (Perpignan), Andy Powell (Beziers), Colin Charvis (Tarbes), Gareth Thomas (Toulouse), Gavin Henson, Gethin Jenkins, Leigh Halfpenny (Toulon), Stephen Jones, Lee Byrne, Jonathan Davies (Clermont), Jamie Roberts, Dan Lydiate, Mike Phillips (Racing 92). Mae pob un o'r pymtheg wedi 'neud eu marc ond y gŵr 'nath greu'r argraff penna' oedd y maswr Stephen Jones, a'r cefnogwyr yn ei eilunaddoli ac yn cydnabod ei gyfraniad amhrisiadwy i'r clwb dros ddau dymor. Tystiais i'w boblogrwydd pan deithiodd y ddau ohonom i'r Stade Vélodrome yn Marseille yn 2007 i weld Clermont a Toulouse yn chwarae Rownd Gyn-derfynol y Championnat. Tra'n cerdded i'r cae, amgylchynwyd y maswr gan gefnogwyr Clermont a'r chwaraewyr, tra'n gwneud eu ffordd o'r 'stafelloedd newid i ystwytho cyn y gêm, yn ei gyfarch ac yn gwerthfawrogi'i bresenoldeb. Ma' nhw mor brin â gwiwerod cochion – *role-models* ar ac oddi ar y cae.

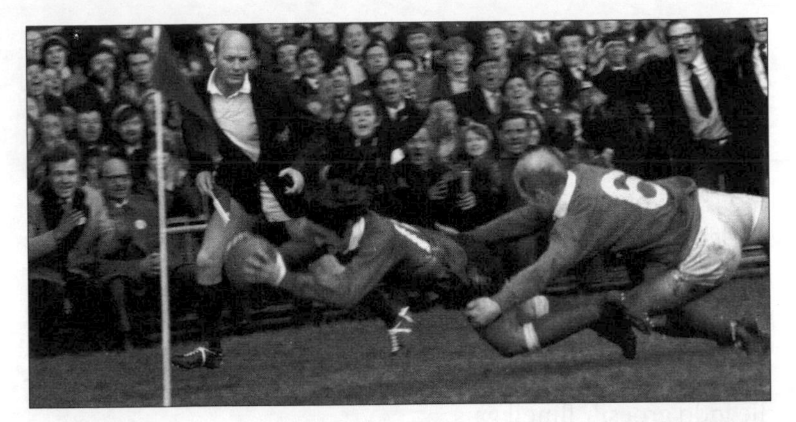

Asgellwr de Cymru, Gerald Davies, yn gwasgu mewn yn y cornel yn erbyn Iwerddon ar Barc yr Arfau 1971. Ymgais y blaenasgellwr Mike Hipwell i'w rwystro yn aflwyddiannus.

Pennod 49

2009: Trysorau'r gêm – Gerald a Shane

Yr elfen liwgar sy'n ei gwneud yn hawdd 'sgrifennu am ambell gymeriad yn y byd rygbi. Ond nid yw Gerald Davies yn perthyn i'r categori yna; gŵr tawel, diymhongar, digyffro ydyw. Cefais y fraint o'i gyfarfod am y tro cyntaf yn 1967 ar ôl iddo chwarae dros Gaerdydd ar faes San Helen. Roedd yn ddigon amlwg mai'r hyn a hoffai ar ôl y gêm oedd treulio awr neu ddwy yn siarad yn graff ac yn feddylgar am y chwarae ac yna dychwelyd i lonyddwch ei gartref. Roedd yn amlwg iawn hefyd ei fod yn hynod o boblogaidd ac yn cael ei edmygu gan y chwaraewyr, y cefnogwyr a'r wasg am ei fod yn hynaws ac yn onest. Nid un i siarad yn ormodol amdano ef ei hun mohono gan ymffrostio a gorfoleddu yn ei lwyddiant. Derbyniai gydnabyddiaeth yn ddiffuant a chadw yn y cefndir. A pharhaodd y nodwedd hon yn ei gymeriad dros flynyddoedd ei lwyddiant fel chwaraewr o'r radd flaena'.

Cafwyd enghraifft o'i hynawsedd yn ystod taith y Llewod i Seland Newydd yn 1971. Y tro hwnnw, sgoriodd Gerald bedwar cais gwych yn erbyn Hawke's Bay. Roedd yr olaf ohonynt, ar ôl iddo symud o'r asgell mewn i chware fel canolwr, yn anhygoel oherwydd roedd hi'n edrych yn debyg ar un adeg ei fod yn mynd i basio, ond yna mewn fflach fe saethodd drwy amddiffynfa dynn fel cotwm yn symud drwy grai nodwydd heb gyffwrdd â'r ochrau a chroesi'r llinell gais. Cwestiwn Carwyn iddo ar ôl y gêm oedd, "Sut yn y byd mawr . . . ?" Ateb Gerald yn syml oedd talu teyrnged i'r olwyr am eu pasio cyflym gan roi'r amser a'r lle iddo groesi'r llinell gais.

Cofiaf glywed am ddigwyddiad yn ystod ei ddyddiau yng Ngholeg Loughborough, digwyddiad sy'n dangos yn hollol sut berson dibynadwy oedd e. Roedd Clwb Dosbarth Cyntaf wedi cysylltu ag e a gofyn iddo chwarae yng Nghystadleuaeth Snelling ar faes San Helen yn Abertawe. Roedd gwahoddiad o'r fath yr adeg honno yn dipyn o anrhydedd gan fod safon y chware yn uchel a'r miloedd yn tyrru'n flynyddol i gefnogi.

Ond roedd un problem yn wynebu Gerald wrth iddo ddarllen y llythyr. Roedd twrnament pêl-droed i'w chwarae 'run prynhawn ar feysydd Ashleigh, filltir o San Helen, ac roedd e wedi addo i'w ffrind Peter Griffiths o Lansaint y byddai'n chwarae yno i dîm Ysbyty Treforys. Colli yn y Rownd Gynta' wnaeth tîm Treforys a Gerald druan wedi cadw'i air a chwarae o flaen ugain yn hytrach nag ugain mil.

Ond beth amdano fel chwaraewr? Roedd safon ei chwarae fel gwin da, yn gwella gydag amser. Pleser oedd ei weld yn rhuthro'n egnïol o gwmpas y maes, yn creu anhrefn â'r bêl yn ei ddwylo. Roedd yn adweithio'n rhyfeddol o gyflym gan weld agoriad mewn fflach, ac mae'n wir dweud fod yna ddealltwriaeth gynhenid rhyngddo ef a JPR, y ddau wedi perffeithio'r grefft o wrthymosod.

Roedd saith o gwmpas y bwrdd yn Ristorante del Giglio gyferbyn â'r Tŷ Opera yn Rhufain, a chyn i'r antipasta ein cyrraedd eisteddai pump ohonom yn fud tra'n gwrando ar Gerald a Phil yn bwrw ati i ddisgrifio chwarae Shane ar y Stadio Flaminio yn 2005. Mae'n wir dweud fod y mwyafrif ohonom yn colli rheolaeth ar ein synhwyrau pan fydd yr asgellwr o Ddyffryn Aman yn cydio yn y bêl a phenderfynu gwrthymosod. Os ga' i fenthyg disgrifiad ardderchog Geraint Jenkins mas o'i gampwaith *Cewri'r Bêl-droed yng Nghymru* – mae e'n debyg i 'benbwl yn ymnyddu trwy bwll brwnt'. Roedd gwrando ar Phil a Gerald yn dehongli a dadansoddi chwarae'r asgellwr yn funudau i'w trysori. Meddyliwch, dau o chwaraewyr mwya' dawnus y gêm yn cyfaddef fod chwarae Shane Williams o Lanaman yn eu cyffroi. Roedd y ganmoliaeth yn hael, y geiriau'n ddiffuant ac roedd clywed y ddau yn parablu dros lasaid o *vini italiani* yn golygu y byddai'r rheiny a'u clywsant yn eu cofio am weddill oes.

Uchafbwynt yr ornest rhwng Cymru ac Ariannin yng Nghaerdydd yn 2009 oedd ail gais Shane; yr eiliadau yn brawf pendant ei fod e'n un o'r chwaraewyr rygbi gorau erioed. 'Nôl yn amddiffyn oedd dewin Dyffryn Aman, a phan gydiodd e yn y bêl o gwmpas hanner ffordd, roedd pymtheg *puma* o'i fla'n e yn barod i'w flingo. Roedd y dorf ar flaenau'u traed gan wybod y byddai'r asgellwr yn mentro. A rywsut fe dda'th e o hyd i wagle a newid gêr fel fydde gyrrwr mewn Aston Martin neu Ferrari yn ei wneud. Yn sydyn fe ddatblygodd lle yn Serengeti'r stadiwm ac mewn chwincad, ar ôl rhediad o hanner can metr, ro'dd e'n crymanu'i ffordd heibio i amddiffynwyr ffwndrus a phlannu'r bêl yn ddiseremoni o dan y pyst.

Hawliodd Shane drigain o geisiau rhyngwladol yn ystod ei yrfa ac ymhlith y goreuon oedd yr un yn erbyn De Affrica ar y Loftus Versfeld yn Pretoria ym mis Mehefin 2008. Y Springboks o'dd yn bygwth ar y pryd cyn iddyn nhw golli'r meddiant yn ymyl yr ystlys agosa'. Yno ro'dd Shane yn llechu. Â saith o amddiffynwyr De Affrica o'i gwmpas, cydiodd yn y bêl rydd ryw ddeugain metr o'r llinell gais ac anclu'n syth am ganol cae.

Mewn amrantiad, gwyrodd yn ei ôl i gyfeiriad yr ystlys gan adael y gwŷr yn y gwyrdd yn yr unfan, yn ymdebygu i gerfluniau yn amgueddfa Madame Tussauds. Methodd yr amddiffynwyr gyffwrdd ag e a phan groesodd y llinell, cododd 43,393 o gefnogwyr De Affrica i'w ganmol. I'r cyfrwys a'r cyflym, mae modd cyrraedd pen y daith.

Carfan rhaglen Y GAMP LAWN ar BBC Radio Cymru 2005: (Rhes gefn) Emyr Lewis, Clive Rowlands, Cennydd Davies, Alun Wyn Bevan (Y rhes flaen) Tomos Owen, Eleri Sion, Dot Davies, Derwyn Jones.

Pennod 50

2009: Dau athrylith

Criced! Hoff gêm C.L.R. James, Neville Cardus, Donald Bradman, Sachin Tendulkar, Tomos Owen a finne. Ac er mai byd y bêl hirgron fyddai'r sail i'r galwadau ffôn wythnosol, fe fyddai'r sgwrs yn troi'n gyflym i gyfeiriad ergydion clasurol Hobbs, Hammond a Hutton ar gae criced yn hytrach na doniau greddfol Henson, Hook a Hernandez ar gae rygbi. Roedd criced yn rhan o gyfansoddiad Tomos a droeon yn ystod y blynyddoedd, fe ddaeth y batiwr talentog a'i frawd Hywel, i chwarae mewn gemau cyfeillgar yn y gorllewin.

Dw i'n cofio am un gêm yn anad un arall. Trefnwyd gornest hanner can pelawd ar brynhawn Sul bendigedig ddechrau Medi yn erbyn Pontarddulais. Ro'n nhw, whare teg, wedi dangos parch at eu gwrthwynebwyr drwy gynnwys eu XI gorau. Y Bont fatiodd gynta' a chyrraedd cyfanswm anrhydeddus o 270 o rediadau. A bod yn onest, llwyddodd y batwyr ddisgleirio yn yr heulwen a ni'r gwrthwynebwyr yn cwrso peli i bob rhan o'r maes.

Roedd tîm Barry Lloyd (capten y Bont a chyn-gapten Morgannwg) yn dawel hyderus yn ystod y toriad o frechdanau a phice. Ond dangoswyd rhywfaint o gonsyrn pan gamodd un o hoelion wyth y gêm i'r llain. Roedd Alan Jones yn chwe deg a phedair oed ond am ddwy awr gofiadwy, fe brofodd ei fod e'n dal yn lond corff o egni ac ystwythder. Fe gyfrannodd cyn-agorwr Morgannwg 84 o rediadau i'r ymdrech gan gyfareddu cefnogwyr selog y pentre'. Fe wnaeth e gymryd gwynt dyn yn llwyr, yr ystod eang o ergydion clasurol yn haeddu cael eu cynnwys ar ffurf prints ffotograffig mewn llyfryn hyfforddi. Fe fydde'r lluniau wedi datgan cyfrolau am osgo, techneg ac amseriad y dyn. Fe rannodd Tomos bartneriaeth sylweddol â'r meistr; profiad y gwnaeth y cynhyrchydd ei drysori'n fawr. Mae'r geiriau a ddefnyddiodd Tomos i ddisgrifio batiad Alan yn dal yn fyw yn y cof. "Artist wrth ei waith!" meddai. Roedd y ddau ohonom yn dal i sôn am y batiad rai blynyddoedd yn ddiweddarach. Trueni na fyddai camerâu teledu wedi bod yn bresennol.

Mae llun yn datgan cyfrolau; mewn blynyddoedd fe fydd prints ffotograffwyr o galibr Geoff Charles, Ron Davies a Marian Delyth yn gofnod hollbwysig o'r gorffennol. Ond dyw'r llun a gymerwyd ar brynhawn heulog yn Abertawe ym mis Mai 2005 ddim mewn gwirionedd yn cyfleu'r holl stori.

Yn dilyn llwyddiant ysgubol ein tîm rygbi cenedlaethol ym Mhencampwriaeth y Chwe Gwlad yn 2005, daeth cyfranwyr rhaglen *Y Gamp Lawn* at ei gilydd ar gyfer pryd bwyd i ddathlu campau Mike Ruddock a'i dîm. Dyma'r criw wnaeth geisio trosglwyddo cyffro'r achlysur ar donfeddi BBC Radio Cymru yn ystod pum gêm fythgofiadwy. Cafwyd pryd bwyd chwaethus yng Ngwesty Morgans, gyda'r cwmni llon yn ail-fyw'r uchafbwyntiau â gwên ar wyneb. Cyn ffarwelio, tynnwyd llun o fla'n y gwesty a phan ymddangosodd y print, daeth un ffaith yn amlwg. Ro'dd y mwyafrif yn wynebau cyfarwydd - i ni'r Cymry mae Eleri Siôn a Dot Davies 'run mor adnabyddus â Cheryl Cole a Lily Allen. Ac i Mr a Mrs Jones o Grymych, mae Clive, Emyr, Derwyn a Cennydd yn rhan o'r teulu. Ond, i rai mae yna un gŵr yn y llun sy'n ddieithr - ddim mor adnabyddus â'r gweddill efallai. Dyma'r cefndir.

Roedd y diweddar Bill Shankly, rheolwr carismataidd Clwb Pêl-droed Lerpwl, yn diolch yn gyson i'r unigolion y tu ôl i'r llenni. Cafwyd un araith gofiadwy ar dop *double-decker* o flaen miloedd pan ddiolchodd i'r tirmon a'r staff cyffredinol ac anwybyddu Smith, Heighway, Toshack a Keegan. Yn ôl y rheolwr, ro'dd cyfraniad y criw wrth gefn yn dyngedfennol i'r llwyddiant.

A dyna gyfrinach y llun. Tomos Owen, y cynhyrchydd diflino, oedd yn gyfrifol am egni a brwdfrydedd y gweddill. Y fe oedd y catalydd, a thrwy losgi'r gannwyll hyd yr orie mân, a chwblhau tyrn o waith cartre trylwyr, fe sicrhaodd fod pob dim ar y diwrnod yn gw'itho fel watsh. Yn bwysicach fyth, roedd yn Gymro, yn gymeriad o galibr ac yn ysbrydoliaeth i bawb. Ro'n ni'n meddwl y byd ohono. Ro'dd yna barch aruthrol i'w gyfraniadau a phawb oedd yn ei adnabod yn ei gyfri'n athrylith. Yn sicr ro'dd 'da fe ac Alan Jones rywbeth yn gyffredin. Bu farw Tomos yn Ionawr 2009 ar ôl brwydr ddewr yn erbyn leukaemia.

Peter O'Sullevan BBC Radio Cymru – Alun Tudur Jenkins

Pennod 51

2009: Charles Assheton-Smith a'r sgandal

Rhaid cyfadde' mod i'n gw'bod dim yw dim am geffyle, a hyd yn oed llai am eu rasio ar y fflat a thros ffos a pherth. Ffaith hynod oherwydd ro'dd fy nhad-cu, John Bevan, yn manteisio ar bob un cyfle i ymweld â ffair geffyle fisol Llanybydder. Ro'dd e'n prynu a gwerthu merlod mynydd Cymreig, yn eu cadw ar fynydd y Gwrhyd ac yn eu marchogaeth yn rheolaidd. Yn ddeng mlwydd oed, treuliais ddiwrnod yng nghwmni fy nhad a Ieuan Morris yn marchogaeth o Dro'r Dyrlwyn ar y Mynydd Du yr holl ffordd draw i Lyn-y-Fan Fach (a 'nôl!). Cystal dweud nad wy' byth wedi bod ar gefen ceffyl oddi ar hynny!

'Pawb a'i gleme', a 'smo i byth wedi astudio tudalennau cefn y papurau dyddiol â'u gwybodaeth manwl am hanes y ceffyle sy'n rhedeg a shwd ma' nhw'n debygol o berfformio. 'Smo i erio'd wedi dishgwl ar ras ar deledu, ddim hyd yn oed y Grand National a'r Derby ond ma' nifer o'm ffrindie yn gw'bod pob dim am y gamp ac yn ymwelwyr cyson â'r bwci. Efalle mai'r holl sylw o'dd raso ceffyle'n ei ga'l ar raglenni fel *Grandstand* a *World of Sport* a greodd y diddordeb.

O fechgyn Brynaman sy' wedi ymddiddori yng nghamp Red Rum, Lester Piggott a ribidirês o Aga Khans, fe lwyddodd Alun Tudur (Tuds) addysgu a dylanwadu cenedlaethau o wrandawyr BBC Radio Cymru â'i sylwebaeth afaelgar o'r Grand National. Yn wreiddiol, lleisio ar sgrin fawr yn Llandaf o'dd Tuds cyn i'r Adran Chwaraeon, yn eu doethineb, benderfynu darlledu'n fyw o Aintree yn 1991 gyda John Ifans yn creu'r awyrgylch a Tuds yn sylwebu'n fyw ar y ras yn ogystal â throsglwyddo manylion am y rhedwyr a'r jocis. Tipyn o gamp, a rhaid o'dd sicrhau cywirdeb o'r naid ddiwetha' i'r llinell derfyn.

Un bore yn ystod gaea' 2008 darllenais erthygl hynod ddiddorol yn sôn am y cysylltiad rhwng Stad y Faenol ar lannau'r Fenai a'r Grand National. Ymhen munude, cysylltais ag Alun Tudur ar y ffôn ac erbyn diwedd y prynhawn ro'dd pob dim wedi'i drefnu i'r ddau ohonom ymweld â'r safle ar gyfer eitem deledu.

Tra'n gyrru i'r gogledd, ro'dd Tuds yn *encyclopaedia* o wybodaeth am y cyfnod ac yn ysu trosglwyddo pob dim i lygad y camera. Am rai canrifoedd, teulu'r Assheton-Smiths o'dd perchnogion y stad ac roeddent yn hoffi brolio eu bod yn berchen ar 36,000 o erwau yn yr ardal, yn cyflogi miloedd yn chwarel Dinorwig ac, ar ddechrau'r bedwaredd ganrif ar bymtheg, yn allforio dros ugen mil o dunelli o lechi. Does dim amheuaeth fod miloedd o denantiaid yn cael eu godro'n ariannol gan deulu o'dd gyda'r cyfoethoca' ym Mhrydain. 'Sdim rhyfedd fod cymaint o drigolion Gwynedd yn poeri mas o ffenestri'u ceir wrth yrru heibio'r stad wrth gofio am ddioddefaint eu cyndeidiau.

Magodd Charles Assheton-Smith neu'r Barwnig Duff o'r Faenol, dri cheffyl a gipiodd anrhydeddau yn y Grand National – Cloister yn 1893, Jerry M yn 1912 a Covertcoat yn 1913. Gwariwyd arian mawr ar y stablau, a hyd yn oed heddi' ma' ymwelwyr yn rhyfeddu at foethusrwydd y lle gyda'r pren mahogani a'r holl osodiadau drudfawr yn brawf pendant fod y teulu o ddifri' ynglŷn â'u bwriadau. O gwmpas y stablau roedd yna erwau o dir agored; lle godidog i hyfforddi.

Ar ddiwedd y bedwaredd ganrif ar bymtheg, pardduwyd enw Charles Assheton-Smith gan sgandal a ymddangosodd ar dudalennau blaen papurau'r cyfnod. Ar ôl dod yn ail yn 1891 ac 1892, llwyddodd Cloister i ennill y Grand National yn 1893 a hynny o ddeugain hyd ceffyl. Yn 1894 ac 1895 Cloister o'dd y ffefryn amlwg a nifer fawr wedi gosod bet wythnosau os nad misoedd cyn y ras, er mwyn ca'l gwell *odds*. *Ante-Post betting* yw'r term a ddefnyddir gan y bwcis am hyn ac yn yr achos hwn, fe benderfynodd Charles dynnu'r ceffyl mas o'r ras rai diwrnodau cyn y diwrnod mawr. Yn ôl y drefn, pan ddigwyddai hyn, ni fyddai'r arian yn cael ei roi'n ôl i bocedi'r werin bobol ond i'r bwcis . . . ac efalle y perchen, petai cytundeb rhyngddynt. Efalle fod Charles yn gwbl ddieuog ond parhau mae'r dirgelwch.

Pennod 52
2010: Criced 20/20 ar S4C

Cyflwyno gwobr Chwaraewr y Gêm i Ravi Bopara (Essex) mewn gornest ugain pelawd yng Nghaerdydd.

Rhaid cyfadde' fod criced, oddi ar i W.G. Grace gydio yn ei fat yn Oes Fictoria, yn cynhyrfu rhai a diflasu eraill. Mae'r gêm yn gallu bod yn araf a di-fflach – yn aml mae dau dîm yn cystadlu am bum diwrnod a neb yn ennill! Roedd criced yn cael ei gyplysu â physgota a *croquet* – fawr ddim yn digwydd! Ac mae'r rheolau mor gymhleth. Trïwch eu hegluro i Americanwr. "Mae'r batwyr sy' mewn yn mynd mas, a phan mae un mas, mae e'n dod nôl mewn a'r dyn nesa' yn mynd mewn tan ei fod e mas. Ac ambell waith ma' 'na rai mewn ond dy'n nhw ddim mas".

Yn y chwedegau, newidiwyd rhywfaint ar y rheolau er mwyn cwblhau'r chwarae mewn diwrnod. Mewn un gêm trigain pelawd yn 1963, ro'dd y chwaraewyr yn dal mas ar y ca' am ugen muned i ddeg y nos a neb, gan gynnwys y cefnogwyr, yn gw'bod yn union lle ro'dd y bêl! Ond o ganlyniad i'r newid trefn, gwelwyd cynnydd aruthrol yn niferoedd y gwylwyr, ar y caeau ac ar deledu. Roedd y BBC ac eraill yn effro i botensial y gamp; y nod bellach oedd sgorio'n gyflym gan fod gornestau cyfartal yn rhan o hanes. Er fod yna ddiddordeb yn y gêm draddodiadol pum diwrnod, denwyd cynulleidfa o'r newydd i'r gemau undydd.

O gwmpas 2003 penderfynwyd ar newidiadau chwyldroadol a'r rheiny yn eu tro yn creu cynnwrf yn lleol, yn genedlaethol ac yn rhyngwladol. Denwyd miloedd o gefnogwyr o bob oed, rhai yn gw'bod fawr ddim am y gêm ond wedi'u cyfareddu gan glitz a razzmatazz yr ornest ugain pelawd – y 20/20. Mae pob dim drosodd mewn teirawr a hanner, y cyffro'n heintus a'r pecyn gorffenedig yn ymdebygu i ddathliadau a *hype* Mardi Gras New Orleans a Rio.

Mae trigolion India'r Gorllewin wedi anwesu a pherchnogi'r gystadleuaeth – merched golygus yn dawnsio'n osgeiddig, bandiau dur a grwpiau calypso yn taro'r nodyn a'r criced can milltir yr awr yn llwyddo i gadw tempo â'r adloniant ar yr ymylon. Ai gêm griced yw hon dwedwch, neu garnifal Caribïaidd?

Mae criced ugain pelawd wedi cydio yn nychymyg y werin – y cefnogwyr traddodiadol wedi gwirioni yn ogystal â chynulleidfa gwbl newydd oedd yn gw'bod dim am fympyrs, iorcers a'r gri owzat! Ma' pawb bellach wedi'u swyno gan y clatsho a'r cledro. Yn syml, mae cenhedlaeth o gefnogwyr wedi'u gwefreiddio gan gêm gyflym a chyffrous.

Criced yw 20/20, ond ar ffurf ffresh, ffrenetig, ffwrdd-â-hi. Mae'r cricedwyr yn paradan mewn pyjamas, y bêl naill ai'n wen neu'n binc (shwd fydd aelodau stiff yr MCC yn eu siwts Harris Tweed yn ymateb i hynny tybed?) a'r timau'n brasgamu i'r cae i gerddoriaeth Queen a'r Killers. Wir i chi! Bwriad y tîm sy'n batio gynta' yw sgorio cymaint o rediadau â phosib mewn ugain pelawd, y bowlio'n gorfod bod yn gywrain a'r maeswyr yn carlamu'n athletaidd o gwmpas y maes. Petai'r bowlwyr yn bowlio pelen wag (*no-ball*) neu belen lydan (*wide*), mae yna ergyd dim ots (*free hit*). Mae pawb yn cadw llygad ar gyfradd clatsio'r batiwr (*strike rate*) a'r tîm sy'n bowlio yn gorfod cadw saith chwaraewr o fewn cylch mewnol am chwe pelawd – cyfnod y pweroed (*power play*). Fe fydd angen i Bruce fwrw ati i gyhoeddi ail gyfrol o'i eiriadur yn y dyfodol agos!

Rhwng 2010 a 2013 bu criw diddorol yn cyflwyno ar S4C – Huw Llywelyn Davies a John Hardy yn sylwebu, gyda chymorth cricedwyr o stamp Alan Jones, Jeff Evans a Robert Croft. Ac o gwmpas roedd Dot Davies a Steffan Rhodri yn holi'r cefnogwyr tra roedd un neu ddau yn cyfathrebu â'r gwylwyr drwy'r technegau electronig diweddara' – Twitter oedd y cyfrwng a Shakey Diane ymhlith eraill yn cael eu hanfarwoli o Gaerdydd i Gaergybi. Y gobaith oedd gweld Morgannwg, fel y bêl wen, yn dringo i'r entrychion a chyrraedd y Rowndiau Terfynol. Ar ôl y dair gêm gynta', roedd y cefnogwyr yn dechrau ad-drefnu'u gwyliau ar gyfer mynychu Rownd Derfynol ar y Rose Bowl yn Southampton. Yn anffodus, dirywio wnaeth y perfformiadau a Morgannwg yn siomi'u cefnogwyr a'u hunain.

Yn narpariaeth S4C roedd yna griw o brifeirdd wrthi'n canu clodydd y criced a'r cricedwyr a wele islaw englyn o waith Ceri Wyn ar gyfrinach y gêm ugain pelawd:

Dal yr haf yn dy afel am ryw hyd
lle mae'r haul yn uchel,
a gad i'r bat gario'r bêl
draw, o'r sgwâr, dros y gorwel.

Dros y blynyddoedd, clywais am enghreifftiau di-ri o bobol oedd o'r farn fod criced yn ddi-batrwm ac yn ddi-bwrpas – gêm Seisnig, sidêt. Bellach diolch i 20/20 mae'n slic ac yn *sexy*. A hyd yn oed pan mae hi'n arllwys y glaw, fe ddaw Duckworth-Lewis i'r adwy i gynnig cymorth i'r cricedwyr a'r sylwebwyr . . .

Faint o amser sy' 'da chi i mi egluro? Ry'n ni'n mawr obeithio y bydd y gêm fer yn denu sylw S4C yn hir i'r dyfodol ac y bydd Morgannwg yn ailadrodd rhai o berfformiadau'r gorffennol.

Treuliwyd diwrnod yn paratoi ar gyfer cyfnod darlledu S4C ar gae criced Llandysul ar lannau Teifi, y clwb lleol yn chwarae yn erbyn Morgannwg mewn gêm dysteb i'r troellwr Dean Cosker. Mae'r cae yn un o'r prydfertha' yng Nghymru ac wrth gerdded o gwmpas, tynnais nifer o luniau yn cynnwys un lle roedd cefnogwyr yn ishte'n hamddenol braf yn gwylio'r chware. Ryw dri mis wedi hynny mewn cystadleuaeth a drefnwyd gan gylchgrawn *The Wisden Cricketer*, gofynnwyd i ffotograffwyr amatur anfon lluniau ar y thema '*The village green*'. Ces i fodd i fyw pan gyhoeddwyd y canlyniadau a'r llun ar dudalen 58 ymhlith yr enillwyr. A'r wobr – y pleser o weld y llun ar un o dudalennau'r cylchgrawn!

Pennod 53

2013: Canu'r anthem yn Osaka

Croeso twymgalon yn Siapan.

Roedd 1905 yn flwyddyn arwyddocaol yn hanes y campau yng Nghymru. I leddfu rhywfaint ar effeithiau seicolegol yr Haka, cafwyd caniatâd Walter Rees a Tomos Williams, dau o wŷr mawr Undeb Rygbi Cymru, i'r cryse cochion ganu 'Hen Wlad fy Nhadau' (a gyfansoddwyd gan y tad a'r mab, Evan a James James o Bontypridd yn 1856) yn y munudau cyn y gic gynta'. Yn dilyn yr Haka, torrwyd ar y distawrwydd gan Fand Ail Fataliwn y Catrawd Cymreig ynghyd â phymtheg chwaraewr yn canu "Mae hen wlad fy . . . " A chyn iddyn nhw orffen y llinell gynta', roedd torf o 47,000 wedi ymuno a chreu naws ddisgwylgar o gwmpas y maes.

> *Imagine some forty thousand people singing their National Anthem with all the fervour of which the Celtic heart is capable . . . It was the most impressive incident I have ever witnessed on a football field.*
>
> [Disgrifiad o'r hyn ddigwyddodd yn y *Lyttleton Times*, y papur â'r cylchrediad mwya' yn Seland Newydd ar y pryd]

Yn ddiweddarach, cyfaddefodd capten Seland Newydd, Dave Gallaher, fod canu'r anthem Gymreig wedi ysbrydoli'r Cymry a chreu braw ac arswyd yn rhengoedd y Crysau Duon.

Cafwyd *hype* rhyfeddol am wythnosau cyn yr ornest. Cyrhaeddodd y Crysau Duon dre' Caerdydd wedi chwarae 27 o gemau ac ennill pob un; sgoriwyd 801 o bwyntiau ac ildio dim ond 21. Roedd record Cymru hefyd yn un anrhydeddus – yn ddiguro yng Nghaerdydd ers 1899; enillwyd tair Coron Driphlyg rhwng 1900 ac 1905 a cholli tair gêm yn unig mas o ddeunaw. Dangosodd papurau dyddiol Llundain ddiddordeb anarferol yn yr ornest, a hynny ar ôl cymharu record ddiweddar y ddau dîm. Yn dilyn eu gwaith cartref, daeth un neu ddau ohebydd craff i sylweddoli mai hon i bob pwrpas oedd yr ornest am bencampwriaeth y byd.

Gwerthwyd 40,000 o docynnau ymlaen llaw gyda threnau yn cyrraedd o bob cwr o Brydain yn cario Cymry alltud o siroedd Efrog a Chaerhirfryn, o Ganolbarth Lloegr ac o Lundain. Ymdebygai Caerdydd i ddiwrnod Ffair y Byd, yr hen dre' wedi deffro drwyddi gan stondinau wedi'u catrodi ar y palmentydd yn gwerthu rhaglenni, rosettes, cnau castan, *brandy snaps*, losin mint, a thatws wedi'u pobi ar fasgedi o dân. Yn ôl yr adroddiadau, gwerthwyd yr holl gennin yn y farchnad cyn hanner dydd; roedd y tai bwyta ar gyrion y maes yn darparu prydau bwyd am swllt ac yn denu cannoedd o gwsmeriaid. Wythnosau cyn yr ornest, cytunodd perchnogion y dociau i gau'r clwydi am hanner dydd er mwyn i'r gweithwyr weld y gêm. Am y tro cynta' erioed mewn gêm rygbi, camodd y ddau dîm i'r cae yn gwisgo crysau â rhifau ar eu cefnau.

Oddi ar diwrnod y fuddugoliaeth fawr yn erbyn Seland Newydd ar Barc yr Arfau ar yr 16eg o Ragfyr 1905, daeth 'Hen Wlad Fy Nhadau' yn ddefod ac yn Anthem Genedlaethol i ni'r Cymry mewn gornestau cenedlaethol, cyngherddau, cystadlaethau, Eisteddfodau, cyfarfodydd a seremonïau. Mae'r dôn yn cael ei chymharu â'r goreuon – *Nkosi Sikelel' iAfrika* (De Affrica), *Il Canto degli Italiani* (yr Eidal), *La Marseillaise* (Ffrainc) *Orientales, La Patria O La Tumba* (Uruguay), *Gosudarstvenny Gimn Rossiyskoy Federatsii* (Rwsia) a *The Star-Spangled Banner* (yr Unol Daleithiau). Cyfaddefodd y gwleidydd David Mellor ar Classic FM fod 'Hen Wlad Fy Nhadau' yn uchel ar ei restr o hoff anthemau: "*It's the kind of tune which makes me wish I was Welsh*".

Fel cefnogwr a sylwebydd, canais 'Hen Wlad fy Nhadau' â balchder rhyfeddol yng Nghaerdydd, Abertawe, Wrecsam, Manceinion, Llundain, Caeredin, Paris, Vannes, Bricquebec, Rhufain, Dulyn, Porth Madryn, Buenos Aires, Tucuman, Hamilton, Sydney, Pretoria, Bologna, Tokyo ac . . . Osaka.

Mae'n ysfa gan rai i gynilo, treulio mis mewn *camper van*, gwisgo crys coch a dilyn hynt a helynt y Llewod yn Hemisffer y De. Do'n i byth yn un o'r rheiny ond rhaid cyfadde' 'mod i'n genfigennus o 'nhad a dystiodd i fuddugoliaethau hanesyddol tîm John Dawes mas yn Seland Newydd yn 1971. Fe weles i a John Pugh, ffrind ers cyfnod ysgol yn Rhydaman, y tîm cymysg chwedlonol o Brydain ac Iwerddon yn chwarae ar un achlysur yn Hong Kong yn 2013 pan faeddodd y Llewod y Barbariaid mewn gêm ddiflas ac unochrog o 59-8.

Treuliwyd pedwar diwrnod yn crwydro'r ddinas cyn esgyn i'r entrychion i gyfeiriad Osaka yn Siapan ar siwrne hanesyddol/hamddenol. Am dridie fe'n hatgoffwyd o erchyllterau'r Ail Ryfel Byd yn Hiroshima, gan dderbyn gwers hanes yn ninas hynafol Kyoto yng nghwmni tywyswyr proffesiynol oedd yn wybodus a diddorol. Siapanaeg oedd iaith y mwyafrif llethol ond doedd hynny'n fawr o broblem i John a minne. Yn y stesion, os am gymorth, y peth i 'neud oedd aros yn ein hunfan ac edrych yn chwilfrydig ar fap. O fewn eiliadau byddai rhywun yn cyrraedd; finne'n pwyntio at ben siwrnai a'r unigolyn (yn hytrach na cheisio egluro) yn ein harwain i'r union blatfform!

O gwmpas amser cinio ar y Sadwrn ro'dd hi'n amser teithio o Stesion Osaka ac Umeda (dwy stesion anferthol o dan yr un to) ar lein Kintetsu Namba i Stadiwm Hanazono lle roedd Siapan a Chymru yn chwarae'r cynta' o ddau brawf. Hon yw'r bedwaredd stesion fwya' bishi yn y byd gyda dwy filiwn a hanner o deithwyr yn ei throedio'n ddyddiol. O'r hanner cant o orsafoedd prysura'r byd, mae deugain a chwech ohonynt yn Siapan. Mae hyn yn dweud llawer am bolisïau trafnidiaeth effeithiol ei llywodraeth. Ac os y'ch chi'n digwydd colli un trên, does dim angen gofidio gan fod un arall ar fin cyrraedd.

Tu fas i'r stadiwm roedd *plaza* anferthol lle roedd bwydydd a diodydd ar werth yn ogystal â degau ar ddegau o stondinau yn gwerthu pob math o nwyddau a pharaffernalia. Roedd hyfforddwr Siapan, Eddie Jones, yn gymharol hyderus gogyfer â'r ddau brawf yn Osaka a Tokyo, gan fod deuddeg o chwaraewyr blaenllaw Cymru yn teithio gyda'r Llewod yn Awstralia. Gyda'r stadiwm yn araf lenwi, sylweddolais fod yr awdurdodau wedi llwyddo i ddenu miloedd o blant a phobol ifanc drwy farchnata'r achlysur yn yr ysgolion. Pan ymddangosodd y chwaraewyr o'r 'stafelloedd newid, cyhoeddwyd fod 21,000 yn bresennol a ninne yng nghanol y *locals* ar y teras gyferbyn â'r eisteddle.

Pan darodd y band pres y nodyn cynta', cododd pawb ar eu traed gyda John a finne, yr unig Gymry ar y teras gorllewinol, mewn man canolog o gwmpas hanner ffordd. Fe ganon ni 'Hen Wlad Fy Nhadau' ag angerdd, arddeliad ac argyhoeddiad. Fe fydde Evan a James James wedi'u bodloni! Roedd canlyniad y gêm yn ddibwys; ro'n ni'n dau yn canu dros Gymru. Yn ein tyb ni, concrwyd Osaka! Canwyd ein hanthem â chywirdeb, clirder ac emosiwn. Ar y terfyn, fe drodd y miloedd o'n cwmpas tuag atom a churo dwylo'n ddidrugaredd – am rai eiliadau ni'n dau oedd sêr y sioe.

Mehefin 8fed, 2013:	Osaka	Siapan 18	Cymru 22
Mehefin 15fed, 2013:	Tokyo	Siapan 23	Cymru 8

Pennod 54

2014: Tour de France

Beicwyr tîm SKY ar y Champs-Élysées.

Anghredadwy! A bod yn onest, bu bron i mi lewygu pan dderbyniais alwad ffôn oddi wrth Cerith Williams, o gwmni Sunset & Vine Cymru, i fod yn rhan o dîm sylwebu S4C a fyddai'n darlledu'n ddyddiol am dair wythnos ar y Tour de France, un o ddigwyddiadau pwysica' calendr chwaraeon y byd. Yn achlysurol, dros ddeng mlynedd ar hugain, bûm yn paratoi adroddiadau a sylwebu'n fyw ar ystod eang o gampau, ond do'n i'n gw'bod fawr ddim am seiclo er fod y beic Raleigh yn y garej wedi mynd trw' sawl set o deiars adeg dyddie plentyndod.

"Paid â gofidio dim," meddai'r cynhyrchydd. "Ry'n ni am i ti gasglu gwybodaeth am hanes, daearyddiaeth a daeareg *route* y Tour de France. Fe fydd lluniau golygfeydd eiconig Ffrainc yn cael eu ffilmio ar dir ac o'r awyr. R'yn ni am i ti oleuo'r gwylwyr o'r hyn fyddwn ni'n ei weld ar y sgrin." Er enghraifft:

Lluniau o'r Alpau:
Ffurfiwyd yr Alpau bron i gan miliwn o flynyddoedd yn ôl – platiau tectonig yn gwrthdaro yn benna' gyfrifol – y golygfeydd yn codi arswyd – mae modd syllu a sylwi ar rewlifoedd, nentydd, afonydd, dyffrynnoedd a Mont Blanc (15,774 troedfedd), mynydd ucha' Ewrop i'r gorllewin o gadwyni'r Caucasus yn Rwsia.

Y beicwyr yn gwibio drwy ddinas Briançon:
Dinas hanesyddol o 12,000 o drigolion – wedi gwrthsefyll ymosodiadau ar hyd y canrifoedd – modd teithio o Briançon ar hyd bwlch y Col de Montgenèvre i ddinas Turin yn yr Eidal. UNESCO o'r farn fod rhannau o'r ddinas o bwysigrwydd eithriadol – ei muriau, ei chaerau, a'i phontydd. Yma y ganed y mathemategydd Oronce Fine a dreuliodd flynyddoedd yn ceisio canfod gwir werth Pi.

Derbyniais y cynnig hael ar unwaith gan fy mod yn lled gyfarwydd â mynyddoedd y Massif Central, yr Alpau a'r Pyrénées, yn ogystal â dyffrynnoedd afonydd Dordogne, Loire, Garonne a Rhône. Gyda rhywfaint o waith cartref, teimlais yn gymharol hyderus y gallwn gynorthwyo'r arbenigwyr yn y blwch sylwebu.

Datganiad am y wlad, ei phobol a'i maint:
Mae Ffrainc yn cynnig ei hun yn berffaith i ras feics faith – poblogaeth o 67 miliwn, arwynebedd o hanner miliwn cilometr sgwâr sy'n glytwaith o fynyddoedd, dyffrynnoedd ac arfordiroedd. Denir 85 miliwn o ymwelwyr yn flynyddol i'r wlad – nifer go dda yn cyrraedd ym mis Gorffennaf i wylio'r rasio. I'r Ffrancwyr, mae La Grand Boucle yn fwy na ras feics – mae'n ddigwyddiad cenedlaethol.

Gofynnwyd i mi hefyd gasglu gwybodaeth diddorol am yr hyn ddigwyddodd yn y Tour de France oddi ar y ras gynta' un yn 1903.

Y blynyddoedd cynnar:
Roedd cyfnod cynta'r ugeinfed ganrif yn dreth ar gorff ac enaid. Gofynnwyd i'r beicwyr bedlo am bedair mil cilometr heb dîm wrth gefn i'w cynorthwyo. Heddi' mae'r beicwyr yn stwffo darnau o leder chamois yn eu shorts i ddiogelu'u ceilliau ond

yn negawd cynta'r ugeinfed ganrif defnyddid beic pren un gêr a sêt cragen crwban. Roedd yr offer, y dillad a'r paratoadau yn gyntefig.

"Ac un peth arall Alun. Ry'n ni am sylwadau bach diddorol – darnau bach a alle arwain gwylwyr i ymateb ar y gwefannau cymdeithasol."

Ffeithiau quirky:
Nicolas Frantz o'dd y ceffyl bla'n ar y Tour yn 1927 ac i brofi mai y fe oedd y beiciwr mwya' galluog fe bedlodd e un cymal ar feic pinc merch ifanc o'dd yn digwydd gwylio. Roedd basged y beic yn llawn *baguettes*!

Cwestiwn: Pryd oedd y ras feics gynta'?
Ateb: Yn syth ar ôl i'r gwneuthurwyr gwblhau'r ail feic!

Gwnaethpwyd y beic cynta' yn Ewrop yn y bedwaredd ganrif ar bymtheg ac oddi ar hynny mae BILIWN wedi'u cynhyrchu.

British Eagle Cycles Ltd – y ffatri ym mhentre' Mochdre ger y Drenewydd. Daeth y cwbl i ben tua 1994.

Enillydd ifanca'r Tour de France o'dd Henri Cornet yn 1904. Roedd e'n bedair ar bymtheg mlwydd oed – y fe yw'r unig unigolyn yn ei arddegau i gael ei goroni'n bencampwr. Bu bron i'r awdurdodau ohirio'r ras gan fod y pedwar cynta' wedi'u diarddel ar ôl teithio rhan o'r daith mewn trên.

Yn ystod y bedair blynedd ddiwetha', mae S4C wedi darlledu'r Tour de France yn fyw am ryw deirawr bob prynhawn. Yn ogystal, darlledir rhaglen uchafbwyntiau gyda'r hwyr. Yn y blwch sylwebu yn Llanelli (pan lofnodes i'r cytundeb ro'n i'n ffyddiog y bydde'r tîm yn sylwebu o Antibes neu St Tropez) ro'dd yna res fla'n o sylwebwyr a rhaid cyfadde' eu bod nhw'n gw'bod eu stwff. O'u blaenau gosodwyd sgrin bron yr un maint â'r un yn sinemâu'r View a'r Odeon.

Rhyfeddais at wybodaeth y ddau frawd Rheinallt a Peredur ap Gwynedd (ymunodd Dewi Owen â nhw'n ddiweddarach a ro'dd e hefyd yn 'nabod ei bwnc yn drylwyr) a'r seiclwyr proffesiynol Gruff Lewis o Aberystwyth ac Eifion Weinzweig o Faesteg. Mae'r criw wedi'u trwytho yn y gamp, yn treulio pob muned sbâr yn darllen cylchgronau beicio, yn cywain manylion o wefannau a chysylltu'n uniongyrchol â wynebau amlyca'r gamp. Roedd eu cyfraniadau yn amhrisiadwy.

'Slawer dydd, ro'n i'n canmol Peter O'Sullevan am ei adnabyddiaeth o geffylau a jocis adeg y Grand National a'r Derby a myrdd o rasys eraill. Yn yr un modd, llwyddai'r sylwebwyr Wyn Gruffydd, John Hardy a Gareth Rhys Owen enwi beicwyr, timau, beics a theiars a hynny pan ma' cant a mwy ohonynt yn glynu at ei gilydd mewn peleton. Anhygoel!

A ga' i ganmol Wyn Gruffydd, yn anad neb arall, am ei allu i fathu termau perthnasol sy' ar ôl pedair blynedd o ddarlledu, wedi cael eu derbyn gan wylwyr y sianel a'u defnyddio'n rheolaidd – dihangiad (*breakaway*), cyrn (*handlebars*), dringfa (*climb*), sgilffrydio (*slipstreaming*), gwas bach (*domestique*), gêr mamgu (*y gêr lleia' un*), gambo – ar gyfer y beicwyr araf (*broom wagon*).

A pheidier ag anghofio'r criw ar leoliad sy'n cynnwys Rhodri Gomer, Llinos Lee, Sara Elen a'r beicwyr o Gymru sef Geraint Thomas a Luke Rowe sy'n dod â *La Grande Boucle* yn fyw ac yn real i ni fel cenedl. Pwy, tybed, fydd y Cymro cynta' i gael ei goroni'n bencampwr ar y Champs Élysées?

Pennod 55

Gwirioni ar Gymru yn yr Euros Ffrainc 2016

Ashley Williams

Trosglwyddais y cyfrifoldeb o ramantu am berfformiadau tîm pêl-droed Cymru ym Mhencampwriaethau Ewrop 2016 i Lowri, y ferch. Wedi'r cwbwl ro'dd hi yno gydol y gystadleuaeth a finne'n dibynnu'n llwyr ar ddarpariaeth ardderchog S4C a BBC Radio Cymru.

Pasbort – check; gwerth pythefnos o ddillad glân – check; offer darlledu – check. Yn llwythog ond cyffrous, ffarweliais â'm teulu ar 6 Mehefin gan ddisgwyl dychwelyd o fewn dwy neu dair wythnos (tasen i'n gwbl onest). Dinard fyddai pen y daith y diwrnod hwnnw, ond mi aeth hi'n daith dipyn pellach a hirach na'r disgwyl, diolch i gampau Chris Coleman a'r gwŷr mewn coch. Tra roedd fy ngŵr adre yn cadw trefn ar glybiau brecwast, diwrnodau mabolgampau a sioeau diwedd tymor, ro'n i'n dilyn hynt a helynt Gareth Bale o Dinard i Bordeaux, Lens i Toulouse, Paris, Lille a Lyon. Ydy, mae bywyd gohebydd chwaraeon yn fêl i gyd!

Roedd yr wythnos gyntaf yn gyfuniad o ymgyfarwyddo â lleoliad y gwersyll ymarfer a chynadleddau'r wasg, darlledu'n fyw o draeth Dinard ac anfon adroddiadau dyddiol yn ôl i *Newyddion 9*. A oedd coes Joe Ledley yn gwella? Pryd fyddai Gareth Bale yn siarad â'r wasg? Beth oedd Aaron Ramsey wedi'i wneud i'w wallt? Y cwestiynau dyrys yr oedd angen eu hateb cyn y gêm gyntaf honno yn Bordeaux yn erbyn Slofacia. Ac am ddiwrnod oedd hwnnw! Roedd Cymru wedi disgwyl 58 o flynyddoedd i gael bod yma – ac roedd pawb mewn coch yn benderfynol o wneud y mwyaf o'r diwrnod a'r profiad. Gyda'r haul yn gwenu, y cefnogwyr yn eu hwyliau a'r chwaraewyr wedi eu cyflyru, enillodd Cymru o 2-1, diolch i droed chwith Gareth Bale ac athrylith Hal Robson-Kanu. Oherwydd dylanwad fy nheulu, dwi 'di profi nifer o ddigwyddiadau chwaraeon tan gamp ar hyd y blynyddoedd – Morgannwg yn ennill pencampwriaeth y siroedd a'r cynghrair undydd 'nôl yn y nawdegau, Castell-nedd yn codi cwpan Schweppes ac ennill uwch gynghrair Cymru drosodd a thro, a Chymru'n ennill y gamp lawn deirgwaith. Ond does na 'run sy'n cymharu â'r diwrnod hwnnw yn Bordeaux. A fydd dim – byth!

Profiad tra gwahanol oedd y gêm yn erbyn Lloegr . . . y lleoliad, y tywydd a'r canlyniad yn siomedig. Ond doedd dim amser i lyfu ein clwyfau . . . rhaid oedd dal yr awyren i dde Ffrainc a Toulouse. Byddai canlyniad y gêm yn erbyn Rwsia yn pennu gweddill ein taith – ai hedfan yn ôl i Stansted fyddai'n tynged neu a fydden ni'n rhedeg i Baris? Mi wnaeth goliau Ramsey, Taylor a Bale y penderfyniad droston ni. 3-0 i Gymru a ninne ar frig y grŵp! Doedd dim dewis felly ond dal trên i Baris a gêm yn yr un ar bymtheg olaf yn erbyn Gogledd Iwerddon.

Erbyn hyn ro'n i 'di colli arholiad piano, noson agored yr ysgol gyfun a sawl parti pen-blwydd, ond Parc des Princes Paris? Cymru yn rownd 16 olaf yr Euros? Doedd wybod am ba hyd y byddai'r freuddwyd yn para . . . ond parhau y gwnaeth hi. Anlwc Gareth McAuley yn rhoi'r fuddugoliaeth ar blât i Gymru a lle yn y chwarteri yn erbyn gwlad Belg.

Os o'n i'n brin o ddillad glân ym Mharis, roedd hi'n ymylu ar fod yn argyfwng erbyn i ni gyrraedd Lille er gwaetha sawl ymweliad â'r *launderette* yn Dinard. Ond doedd hynny yn poeni dim arna i â Chymru o fewn dwy gêm at gyrraedd y rownd derfynol. Roedd record ddiweddar Cymru yn erbyn gwlad Belg yn ffafriol ac felly oeddwn, mi ro'n i'n dechrau breuddwydio am gael dathlu fy mhen-blwydd yn Lyon! A ches gyfle i wneud hynny maes o law, diolch i goliau Williams, Robson-Kanu a Vokes.

Er taw Portiwgal enillodd yn Lyon a mynd ymlaen i ennill y gystadleuaeth, byddaf i – fel y miloedd o Gymry deithiodd i Ffrainc yn ystod haf 2016, neu a wyliodd ar setiau teledu adre, yn fythol ddiolchgar i'r chwaraewyr, y rheolwyr a'r swyddogion wrth gefn am bencampwriaeth fythgofiadwy. Braf oedd cael rhannu'r balchder, y boddhad a'r angerdd gyda'r cefnogwyr wrth groesawu'r garfan adref y diwrnod canlynol. Mynegiant o werthfawrogiad cenedl gyfan i sêr 2016.

Y Gwrhyd – darn o dir pedair milltir ar ei hyd lle bu Arthur a'i farchogion yn hela'r twrch trwyth a lle'r oedd gwreiddiau Eic. Ecel yw'r afon sy'n tarddu'n y blaenau hyn.

Pennod 56

Eic Davies – Y Gwrhyd

Ychydig iawn o Gymry sy'n gwybod am fodolaeth ardal y Gwrhyd. Mae hyd yn oed tirfesurwyr yr *Ordnance Survey*, am ryw reswm, wedi anwybyddu'r darn tir hudolus hwnnw rhwng Rhyd-y-fro a Chwmllynfell – darn tir oedd mor annwyl i'r diweddar Eic Davies.

Ar ôl cyrraedd pentre tawel Cefn-bryn-brain o gyfeiriad Brynaman, ewch mla'n i Gwmllynfell, pentre genedigol Watcyn Wyn a Ben Davies. Gyferbyn â Neuadd Les y Glowyr neu *Hall* Cwmllynfell, mae yna hewl fach yn troi i'r dde rhwng Capel Cwmllynfell a'r ysgol. Dyma'r hewl sy'n arwain i Fynydd y Gwrhyd. Mae'r Neuadd yn dal yno, wedi'i hadnewyddu ac ar ei newydd wedd:

> Chwi oedd plastai ein pleser swllt a naw
> ym mhentrefi'r Cwm,

yn cynnig eich cyffuriau seliwloid bob nos
yn eich gwyll melfedaidd,
ac yn ein cymryd ar dripiau teirawr
ymhell o afael y Mynydd Du.

I fyny â ni, heibio i Dafarn y Boblen a fu'n gartre i Glwb Rygbi'r pentre am flynyddoedd lawer, a Chae Rygbi'r Bryn lle bu Eic yn sgriblo nodiadau ar brynhawnie Sadwrn cyn raso am ei fywyd yn ei A30 i stiwdios y BBC yn Abertawe. Yn ystod y ddwy ganrif ddiwethaf, mae sawl crwtyn ifanc wedi cerdded lan Hewl y Bryn yn llawn gobeithion ar fin dechre gyrfa dan ddaear – rhai yn gweithio yn y pylle bach niferus a greithiodd y bryniau cyfagos, ac eraill yn troedio dros y comin i Dairgwaith ac i byllau'r Steer, yr East a'r Maerdy.

Am ychydig, mae dyn yn ffarwelio â'r cwm diwydiannol; 'dyw hewl y Gwrhyd ddim yn gwegian dan bwysau pobl a cheir. Gwelir defaid mynydd fel smotiau gwynion yn pori yn y pellter ac ar y chwith nifer o dai cerrig, cadarn a adeiladwyd â gofal ac sy'n dal yno yn gwrthsefyll grym y gwyntoedd gorllewinol. Yna'n sydyn, daw olion o'r oes a fu; tri gwaith glo bach – y Gover, y Glen a Gwaith y Tyle lle collodd Bryn Williams ei olwg mewn tanchwa yn y tridegau. Roedd un o gyn-berchenogion y Gover yn ŵr dysgedig, yn ymddangos o'r ffas am dri yn y prynhawn yn golier o'i gorun i'w sawdl ac yna o bryd i'w gilydd yn diflannu mewn siwt drwsiadus i bellteroedd byd, gan ei fod yn berchen ar gadair Ddaeareg mewn Prifysgol yn y Dwyrain Pell. Cynhyrchir glo caled o ansawdd da yng nglofa'r Glen o hyd, ond bellach mae'r gweithfeydd mor brin â gwiwerod cochion.

Tan yn ddiweddar, wrth lywio'r car ar hyd yr hewl fwaog i Goedffalde, roedd modd bwrw golwg i gyfeiriad Ystradowen a chael cip sydyn ar dip glo Gwaith Cwmllynfell. Symudwyd y cyfan yn yr wythdegau cynnar gan beiriannau astrus yr oes fodern ac i radde, gwireddwyd breuddwyd y bardd lleol Bryan Martin Davies:

Mae eich düwch yn dal yn y dyffryn
oni ddaw rywdro
laswellt hen obaith
i'ch troi
yn wyrdd.

Roedd nifer yn yr ardal yn anfodlon symud y pyramid du ac yn awyddus i'w gadw yn yr unfan er mwyn atgoffa'r oes bresennol o ddioddefaint y gorffennol a dangos shwd oedd pobl wedi torri at yr asgwrn er mwyn cael deupen y llinyn ynghyd.

I lawr i'r pant ac i Goedffalde a man geni'r bardd a'r llenor Dyfnallt Owen. Yn ddeuddeg oed, aeth i ennill ei damaid yng ngweithiau glo Cwmgilfach, Hendreforgan a Brynhenllys a thyfodd i fyny yn rhan o gymdeithas werinol Gymraeg y talcen glo. Cafodd yr ychydig addysg ffurfiol yn nhymor plentyndod yn Ysgol Fwrdd Cwmllynfell, lle nad oedd sôn am Lyn y Fan nac am hela'r Twrch Trwyth nac am ddim o draddodiadau cyfoethog cylch y Mynydd Du. Dim ond plentyn oedd Dyfnallt Owen pan godwyd yr ysgoldy ar y Rhiwfawr ac yr oedd yn un o'r to cyntaf i gael llwyfan a chyfle i eisteddfota. "Yno y cyfrennid y wir addysg, yr addysg a ddug ffrwyth ar ei chanfed."

Un a symudodd i Goedffalde yn ystod y blynyddoedd diwethaf, yw Michael Sheen (Dyffryn Afan a Hollywood), sy'n wyneb cyfarwydd ar y sgrin fawr fel actor sy'n fawr ei barch.

Ar waelod Tyle'r Roc mae yna lôn yn disgyn i bentre cysglyd Rhiwfawr, ac o fewn tafliad carreg, yn ymyl Fferm Hendreforgan, mae yna banorama anhygoel yn ymagor yn ddiarwybod o flaen ein llygaid. Yn wir, yn yr hydref, mae lliwiau caleidosgopig y coed o gwmpas afon Twrch yn atgoffa dyn o Vermont ar ei orau, ac wrth ddilyn y tirlun i'r gorwel, gellir gweld bryniau ardal Llyn y Fan lle mae afonydd Tawe, Wysg, Haffes, Giedd, Gwys a Thwrch yn tarddu.

Dringo lan y tyle fydde Eic Davies, yn enwedig pan fydde

Peter O'Toole yn ymweld. Roedd cartref Siân Phillips, gwraig yr actor byd-enwog, yng Nghwmllynfell, ac mae'n debyg fod seren y seliwloid wedi gwirioni'n llwyr ar Dafarn y Roc. Yno yr eisteddai, yn ymlacio'n braf tra'n yfed peint o gwrw Evans Bevan ac yn ôl Eic roedd e'n reit gartrefol yng nghwmni'r ffermwyr a'r coliars. Pallodd anadl yr hen dafarn yn y chwedegau ac mae'r adeilad erbyn hyn yn rhydu'n hamddenol ar y llethrau.

Cyn cyrraedd yr ucheldiroedd rhaid concro un tyle arall hynod serth – y Cilfer. Mae sawl cerbyd pwerus yr oes bresennol yn cael anhawster dringo i'r tir uchel, a dychmygaf mai tuchan a bwldagu fydde ambell i Morris Minor ac MG o'r gorffennol. Ond ar ôl llwyddo, mae'r golygfeydd yn syfrdanol. Ar ddiwrnod clir mae modd gwerthfawrogi Bannau sir Gâr, y Fan Hir, Fan Gyhirych, Fan Nedd, Pen y Fan, a Chraig-y-Llyn uwchben Glyn-nedd.

Ar ôl gwledda'n llygaid ar brydferthwch digymar yr olygfa, trown i gyfeiriad Rhyd-y-fro a'r mynydd-dir eang yn ymledu am filltiroedd. Mae yma ryw dawelwch marwaidd ac annaturiol ond, hwnt ac yma, gwelir enghreifftiau o'r hacrwch o waith dyn – gweithfeydd glo Bryngorof, Lefel y Parc, Pwll Bach ac ymgais cwmni glo brig i ddinistrio'r tirwedd. Yn ymyl fferm Troedrhiwfelen, yn nhyddyn di-nod y Parc y ganwyd Eic, ac o fewn lled cae ym mwthyn Ca' Du Ucha', roedd mam-gu a thad-cu Rhys Haydn Williams yn arfer byw. Llosgwyd y lle yn ulw yn y pumdegau. Chwaraeodd Rhys Haydn yn yr ail reng i Lanelli, i Gaerdydd, i Gymru a'r Llewod, ac ar daith yn Seland Newydd yn 1959 fe'i disgrifiwyd gan Colin Meads fel un o gewri'r gêm. Parablodd Eic yn hir ac yn faith amdano a sgrifennodd sawl llith am y blaenwr dawnus.

Cyn canfod Capel y Gwrhyd, mae yna hewl fach gul yn igam-ogamu ei ffordd i waelod y cwm ac i gyfeiriad Ystalyfera. Mewn ffermdy diarffordd y trigai'r brodyr Gelliwarrog. Agorodd y ddau waith glo bach a'r drifft yn eu tywys at ffas hynod broffidiol. Yn dilyn ymweliad gan un o Arolygwyr Ei Mawrhydi, gofynnodd am weld y stretsiar. Gan mai'r ddau oedd yr unig weithwyr cyflogedig, dychwelodd Wil â whilber gan ddweud, "Dyma'r unig stretsiar sy'n mynd i achub bywyde yn y lle 'ma, syr!"

Ryw ganllath o'r capel mae yna olygfa sy'n ein hatgoffa nad yw'r trefi poblog ddim ymhell. Mae'r llanastr llwyd o gwmpas Pontardawe, a ddisgrifiwyd mor gywrain gan Gwenallt yn ei gyfrol Ffwrneisi, wedi hen ddiflannu, ond ceir cip brysiog ar brysurdeb y ffatrïoedd newydd a'r parciau busnes prysur ar gyrion Treforys ac Abertawe.

Syml a phlaen yw'r capel o ran ei adeiladwaith, ond mae modd cysgodi rhywfaint, ymlonyddu a myfyrio, gan glywed y gwynt yn rhuo a gwrando cân yr ehedydd yn dyrchafu mawl. O'r tir uchel mae'r wlad yn graddol ymagor a sawl fferm yn ymddangos – Cwmnantstafell. Cwmnantllici, Gellifowy, Crachlwyn, Pentwyn, Perthigwynion, Llwynpryfed, Fforchegel, Gwrhyd Ucha, Gellilwca, Ynyswen a'r Pant. Gyferbyn â'r capel saif sgerbwd o adeilad – bu am gyfnod yn ysgoldy ac yna'n ysbyty i gleifion a ddioddefai o glefydau marwol y gorffennol. Draw ar y chwith, ar gesail y bryn, mae Fferm Blaenegel ac islaw gwelir afon Egel yn tasgu dros y cerrig gwynion ar ei thaith i gyfarfod â Chlydach Ucha ac yna Tawe ym Mhontardawe. Cyn cyrraedd pen y daith, yn ymyl tafarn y Travellers yn Rhyd-y-fro, mae yna ddwy hewl yn troi i'r chwith – un i bentre Ynysmeudwy a'r llall i Eglwys Llan-giwg.

Dyw enw'r Gwrhyd ddim wedi'i gynnwys mewn llythrennau bras mewn unrhyw atlas, a bydde rhai, gan gynnwys y diweddar Eic Davies, yn hynod ddiolchgar am hynny!

Rhaid diolch i Eic Davies am fathu geirfa gyfoethog yn y Gymraeg i sylwebwyr rygbi'r gorffennol, y presennol a'r dyfodol – John Ifans, Lyn Davies, Huw Llywelyn Davies, Gareth Charles, Wyn Gruffydd, Alun Tudur Jenkins,

Cennydd Davies, Gareth Rhys Owen, Rhodri Llywelyn a Rhys ap Wiliam. Bellach mae'r termau yn gyffredin, yn gyfarwydd ac ar dafod leferydd, nid yn unig i sylwebwyr a chyflwynwyr BBC Radio Cymru ac S4C, ond hefyd i genedlaethau o wylwyr a chefnogwyr y bêl hirgron.

Epilog

Rhaid i'r llen ddisgyn ac ar ôl i Wasg Carreg Gwalch dderbyn bron i drigain o ysgrifau, daeth cyfarwyddyd pendant ei bod hi'n amser cau pen y mwdwl er mwyn osgoi cyfrol o drwch *War and Peace*. Byddai'n braf bod wedi cynnwys hanesion am y teithiau ar hyd llwybrau Glyndŵr a Chlawdd Offa, sôn am y profiad o ddilyn y mynyddwr profiadol Ken Maddocks ar hyd rhewlifoedd Norwy ac ucheldiroedd yr Alban ac ymweld â safleoedd Gemau'r Hen Fyd yn Ephesus yn Nhwrci ac Olympia yng Ngroeg.

Yn ystod yr ugain mlynedd ddiwetha' bûm yn trafod, hel atgofion a chymdeithasu gyda rhai o enwogion byd y campau – John Gwilliam, yr unig gapten i arwain y cryse cochion i ddwy Gamp Lawn (1950 ac 1952), yr athletwr dawnus Daley Thompson a'r cricedwyr Shane Warne a Conrad Hunte. Ro'n i'n dyst i fuddugoliaeth gynta' tîm merched Cymru yn erbyn Lloegr, diolch i gic funud ola' Non Evans. Mawr o'dd y dathlu ar gae rygbi Ffynnon Taf. A dim ond rai misoedd yn ôl gwyliais ag anghrediniaeth pan redodd Josh Griffiths o Ddyffryn Aman Farathon ei fywyd yn Llundain a chael ei ddewis yn aelod o dîm Prydain ar gyfer Pencampwriaethau Athletau'r Byd yn Llundain ym mis Awst. O fewn ychydig dros ddwy awr gwelwyd Josh yn camu o'r cysgodion i wres y goleuadau llachar. Rhyfeddol! A phetai modd i mi olynu Jodie Whittaker fel Doctor Who, yna Berlin 1936 fydde'r daith gynta' i'r Tardis er mwyn i mi fod yno a gwerthfawrogi campau Jesse Owens yn y Stadiwm Olympaidd.

Ond carwn orffen drwy gyfeirio at un digwyddiad bythgofiadwy. O'r holl gemau a fynychais dros y trigain mlynedd ddiwetha', fe erys un ornest, un canlyniad, un perfformiad sy' ddeugain mlynedd yn ddiweddarach mor fyw ag erioed. Serch hynny, prin yw'r dystiolaeth weladwy; does dim modd troi at YouTube gan nad oedd Rownd Derfynol Pencampwriaeth Undeb y Gorllewin ar y Rec yn Rhydaman rhwng Brynaman a Chydweli ym mis Ebrill 1977 wedi golygu fawr ddim i gynhyrchwyr radio a theledu'r cyfnod nac i olygyddion y papurau dyddiol.

'Nôl yn y saithdegau doedd fawr o sôn am ychwanegolion, diet, amddiffyn, cytundebau, ffitrwydd, noddwyr, a thystiolaeth fideo. Y freuddwyd i'r mwyafrif oedd gwisgo crys y pentre' gan obeithio cystadlu am y prif anrhydeddau ddiwedd tymor. Fe ddethon nhw yn eu cannoedd i'r Rec – Cydweli a Brynaman wedi creu cyffro drwy'r tymor â dos o rygbi cyffrous a chynhyrfus. Roedd clybiau'r gynghrair yn gelfydd, yn gorfforol a chystadleuol gyda'r chwaraewyr a'r hyfforddwyr yn mynnu dilyn patrwm agored y tîm cenedlaethol. John Elgar Williams oedd hyfforddwr Brynaman a phawb o'r farn ei fod yn gamstar ar ddehongli a dadansoddi tactegau. Mynnodd fod yr haneri yn derbyn y bêl yn gyflym: "Ma' eiliad yn oes," oedd ei gri yn y sesiynau ymarfer.

Crëwyd *extravaganza* o rygbi drwy'r tymor, gyda'r cefnwr a'r capten Robert Davies yn ysbrydoli'i dîm drwy dorri fel cyllell o safle'r cefnwr. Roedd yr ornest yn un gystadleuol a chorfforol gyda'r ddau dîm yn ymosod yn ddi-baid ac yn amddiffyn yn arwrol. Bu'n rhaid i'r dyfarnwr Ken Parfitt chware amser ychwanegol gyda chic gosb John Rees, ddim ond munudau cyn y diwedd, yn dyngedfennol. Da chi, peidiwch dweud hyn wrth neb arall ond mae'n wir i wala. Gwisgo gwyrdd fydden i petai Brynaman yn wynebu Cymru yn Rownd Derfynol Cwpan y Byd.

Dymuna'r awdur ddiolch:

* i Myrddin ap Dafydd a Gwasg Carreg Gwalch am y cyfle i lunio'r gyfrol ac i olygyddion a chysodwyr y wasg am gymoni, cywiro a llu o awgrymiadau.

* i Ceri Wyn am ei eiriau caredig yn y Cyflwyniad.

* i Jill, y wraig, am gadw llygad barcud ar yr ysgrifau a mynnu fod y campau eraill yn cael cymaint os nad mwy o sylw na'r bêl hirgron.

* i ffotograffwyr ac artistiaid megis:
Asiantaeth Luniau Huw Evans (Caerdydd), Gareth Everett (llun y clawr), Dr Andrew Hignell ac Archifau Clwb Criced Morgannwg, y ffotograffydd bywyd gwyllt Andy Rouse, Alun Jones a'r diweddar Wyn Jones (Craig-cefn-parc), David Jones (cyn ffotograffydd y Press Association), Alun Morris Jones (Pont-y-brenin), Rhodri Llywelyn (Caerdydd), Bethan Jones (Francis gynt – Brynaman), Owain Jones (Rhydaman), Rhodri Gomer (Trap), Owen Hughes (Llanelli), Joe Davies (Betws), Nick Webb (BBC Cymru), y diweddar Arthur Jones (Brynaman), Brian ac Enid Davies (Creigiau), y diweddar John Harris (Y Dyfnant).

* i'r canlynol am bob cymorth:
Mairlynne Davies, Canolfan y Mynydd Du ym Mrynaman, Mari Gravell, Gareth Richards, Gareth Phillips, Alan a Meg Jones, Lowri Roberts, Trystan Bevan, Hywel Owen a'r teulu, Maldwyn Thomas, Antonio Mirantes Patterson ac Ivan Williams (Y Gaiman).